WAC BUNKO

よく分かる！日本の歴史 読む年表

渡部昇一

JN230060

読む年表　日本の歴史

◉目次

第1章　古代篇

第2章　中世篇

第3章　戦国篇

第4章　江戸篇

第5章　明治篇

第6章　大正・昭和篇

第7章　戦後篇

装幀／神長文夫＋柏田幸子

第1章　古代篇

神武天皇と金色の鵄（とび）／神武東征→16ページ

天照大神《あまてらすおおみかみ》と素戔嗚尊《すさのおのみこと》の誓約《うけい》

高天原《たかまがはら》を追われた出雲族《いずもぞく》と天孫降臨《てんそんこうりん》した大和族《やまとぞく》

日本の神話における最初の男女の神である伊弉諾尊《いざなぎのみこと》・伊弉冉尊《いざなみのみこと》から大日孁貴《おおひるめのむち》（天照大神《あまてらすおおみかみ》）、月読尊《つくよみのみこと》、素戔嗚尊《すさのおのみこと》の三人の神様が生まれた。天照大神と素戔嗚尊は姉弟にあたるが、「神代系譜」を見ると両者は点線で結ばれ、「誓約《うけい》」という関係になっている。

『古事記《こじき》』『日本書紀《にほんしょき》』によれば、素戔嗚尊が高天原《たかまがはら》（神々の住む天上界《てんじょうかい》）にやって来ると、その性質があまりに猛々《たけだけ》しいので、天照大神は「弟がやってくるのは善《よ》い心からではなく、国を奪おうとしているのだろう」と疑い、素戔嗚尊を問い詰める。すると、素戔嗚尊は、そんなつもりはないことを証明するために「誓約」を申し出て、互いに子供を生むことを提案し、「もし自分から生まれたのが男の子であれば、自分の心が清いことを示すものだと思ってください」と言う。そして、天照大神からは三人の女の子が、素戔嗚尊からは五人の男の子が生まれた。

つまり「誓約」とは「結婚」という意味である。姉と弟、兄と妹の結婚は古代日本では珍しいことではなかった。そして、二人のあいだに生まれた男の子は天照大神が、女の子は素戔嗚尊が引き取る。結局、素戔嗚尊は高天原を追放されることになるが、ここから天照大神の天孫降《てんそんこう》臨《りん》系(大和族)と素戔嗚尊《すさのおのみこと》の出雲《いずも》系(出雲族)に分かれたと考えられる。

天照大神が引き取った男の子のなかで、天照大神が最も可愛がられたのは天忍穂耳尊《あまのおしほみみのみこと》であった。この神様が高皇産霊尊《たかみむすびのみこと》の娘と結婚して、饒速日命《にぎはやひのみこと》と瓊瓊杵尊《ににぎのみこと》が生まれた。この瓊瓊杵尊が高天原《たかまがはら》から天孫降臨して、木花開耶姫《このはなさくやひめ》という大山祇神《おおやまつみのかみ》の娘と結婚している。この大山祇神はそ

神代の系譜

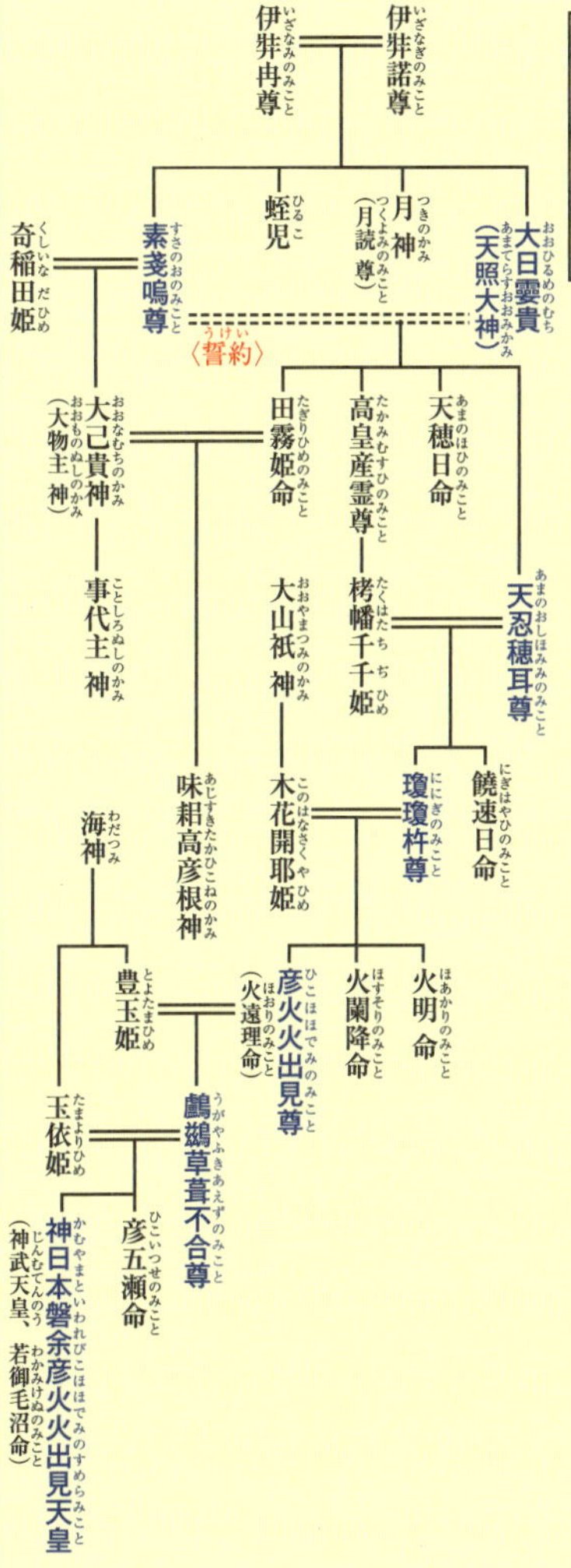

『皇室事典』(角川学芸出版)より ※神名の表記は『日本書紀』による(青字は渡部)

高天原から降臨する瓊瓊杵尊（中央）
『天孫降臨』狩野探道・画／神宮徴古館所蔵

れ以前から日本にいた先住民の部族の長と考えていいであろう。瓊瓊杵尊《ににぎのみこと》と木花開耶姫《このはなさくやひめ》とのあいだには火明命《ほあかりのみこと》、火闌降命《ほすそりのみこと》、彦火火出見尊《ひこほほでみのみこと》という三人の息子が生まれた。

彦火火出見尊は豊玉姫《とよたまひめ》という海神《わだつみ》の娘と結婚している。これはおそらく瀬戸内海あたりにいた部族長の娘であろう。その息子の鸕鶿草葺不合命《うがやふきあえずのみこと》も海神の娘である玉依姫《たまよりひめ》と結ばれているが、これもやはり海を本拠とする部族から妻を迎えたものと考えられる。そして、そのあいだに生まれたのが彦五瀬命《ひこいつせのみこと》と神日本磐余彦火火出見天皇《かむやまといわれびこほほでみのすめらみこと》、つまり神武《じんむ》天皇である。

こうして見ていくと、神武天皇に至る系図は神代といえども明らかに男系である。天照大《あまてらすおお》神《みかみ》が女系だから天皇は女系でもいいという人もないわけではないが、その論は成り立たないことが、これでわかるであろう。

天照大神（天孫系）と素戔嗚尊《すさのおのみこと》（出雲系）は誓約《うけい》を結んで子供をつくった。そして、男の子を引き取った天孫系の子孫が神武天皇につながる。その間、妻になるのは土着の豪族の娘であることを思わせる女性である。そして男系を継承して神武天皇へと続いているのである。

紀元前660
皇紀元年
（日本書紀）

神武東征《じんむとうせい》

もう一つの天孫降臨族《てんそんこうりんぞく》・長髄彦《ながすねひこ》との戦い

神武天皇《じんむてんのう》は「東征《とうせい》」を行って大和朝廷《やまとちょうてい》を建てる。日向国《ひゅうがのくに》（現宮崎県）を出て北九州までは陸を行き、そこからは船で瀬戸内海を行くが、まっすぐ東をめざしたのではなく、各地に立ち寄り、大和に至るまで十年近くかかっているが、その間に大きな戦争の記載は『日本書紀《にほんしょき》』にないから、その途中の土着の人々は大きな抵抗をすることもなく、天皇に従ったようである。

いよいよ河内国草香邑《かわちのくにくさかのむら》（日下村）の白肩津《しらかたのつ》に着き、生駒山《いこまやま》を越えて大和に入ろうとすると、土地の豪族長髄彦《ながすねひこ》（那賀須泥毘彦）の軍隊がこれを迎え討ち、孔舎衛坂《くさえのさか》で激戦になる。このとき神武天皇の兄彦五瀬命《ひこいつせのみこと》の肘脛《ひじはぎ》に矢が当たり、それがもとで彦五瀬命は進軍中に亡くなっている。

長髄彦は、やはり天孫降臨《てんそんこうりん》した饒速日命《にぎはやひのみこと》に仕える者で、饒速日命は長髄彦の妹と結婚し、子供もいると記されている。天孫降臨といえば瓊瓊杵尊《ににぎのみこと》ということになるが、それとは別に、饒速日命も、天磐船《あまのいわふね》に乗って河内に天降《あまくだ》っていたというのである。

これは、南方から来た日本の支配階級である「天孫降臨民族」が一つではなく、いくつかの集団が日本に渡ってきていて、河内のあたりに先に来ていた一族の者が、土着の強力な酋長《しゅうちょう》の妹と結婚したということではないだろうか。つまり、その酋長が長髄彦《ながすねひこ》というわけである。

苦戦を強《し》いられた神武天皇は「自分は日神《ひのかみ》の子孫であるのに、日に向かって進み敵を討つのは天道にさからっている。背中に太陽を負い、日神《ひのかみ》のご威光《いこう》を借りて戦うのがよいだろう」と考え、いったん船で紀州《きしゅう》へ向かう。この紀国《きのくに》の竈山《かまやま》で、孔舎衛坂《くさえのさか》の戦いで深傷《ふかで》を負った兄の彦《ひこ》五瀬命《いつせのみこと》は亡くなり、この地に葬《ほうむ》られた。現在も和歌山市には彦五瀬命を祀《まつ》った竈山《かまやま》神社がある。

熊野《くまの》から大和に赴《おもむ》こうとしたとき、八咫烏《やたがらす》という大きなカラスが現れて先導してくれたという。これは山城《やましろ》（現京都府南部）の賀茂《かも》氏の祖であり、賀茂御祖《かもみおや》神社（下鴨《しもがも》神社）の祭神《さいじん》である鴨建津之身命《かもたけつぬみのみこと》の化身《けしん》だとも言われているが、おそらく土着の人間が道案内をしてくれたということだろう。このときに大伴《おおとも》氏の先祖である日臣命《ひのおみのみこと》が大軍を率いて八咫烏《やたがらす》のあとにしたがい、ついに宇陀《うだ》（現奈良県）に着いた。

いよいよ長髄彦との決戦に臨《のぞ》んだとき、金色の不思議な鵄《とび》が飛んできて、神武天皇の弓の先にとまった。その鵄は稲妻《いなづま》のように光り輝き、長髄彦の軍勢は目がくらんで戦えなかったという話が残っている。明治以来、軍人に与えられる最高の名誉だった金鵄《きんし》勲章は、この神話からきている。

結局、長髄彦は神武天皇を「天神の子」と認めたあとも改心しなかったということで、これも「天孫降臨族」である妹婿饒速日命《にぎはやひのみこと》は長髄彦を殺して、神武天皇に帰順《きじゅん》した。この饒速日命が物部《もののべ》氏の先祖であるという。

紀元前660
皇紀元年
（日本書紀）

大和平定《やまとへいてい》

平和宣言「八紘一宇《はっこういちう》」による日本建国――天孫《てんそん》系と出雲《いずも》系の合体

神武《じんむ》天皇は大和《やまと》を平定《へいてい》して橿原《かしはら》に都を開き、この地で即位式を行った。これが橿原神宮（奈良県）のもとであるが、そのときにこういうことを言っている。

「六合《りくごう》を兼ねて都を開き、八紘《はっこう》を掩《おお》いて宇《いえ》となさん。また可《よ》からずや」

この八紘というのは「天《あめ》の下《した》」という意味で、六合は「国のうち」である。ここから「八紘一宇《はっこういちう》」という言葉が生まれた。これは、「世界を一つの家とする」ということである。

戦後は、この「八紘一宇」は、日本の侵略戦争を正当化した言葉として批判されるが、もともとは決してそんな意味ではない。『日本書紀《にほんしょき》』の原文を読めばわかるように、これは即位式に集まったもろもろの氏族に対して、「これからは国じゅう一軒の家のように仲よくしていこう」という、長い戦争のあとの平和宣言なのである。

そしてまた神武天皇は、事代主神《ことしろぬしのかみ》と玉櫛媛《たまくしひめ》の娘である媛蹈鞴五十鈴媛命《ひめたたらいすずひめのみこと》と結婚して正式の妻にした。事代主神というのは大物主神《おおものぬしのかみ》（大国主《おおくにぬし》）の子で、素戔嗚尊《すさのおのみこと》の孫にあたる。天孫《てんそん》系の天照大神《あまてらすおおみかみ》の子孫である神武天皇が、出雲系の素戔嗚尊の曾孫《ひまご》にあたる娘と結婚したということは、大和朝廷と出雲国とが完全に和解したことの象徴ととらえてもいいだろう。

『日本書紀』によれば、神武天皇は辛酉《かのととり》の正月庚辰《かのえたつ》の一日に橿原《かしはら》神宮で即位した。これは新暦では二月十一日になるので、明治になってからこの日を「紀元節《きげんせつ》」としたのである。

戦後は、天照大神《あまてらすおおみかみ》の高天原《たかまがはら》系（天孫族）と素戔嗚尊《すさのおのみこと》の出雲《いずも》系があたかも別の国のように争ったようにも言われたが、天孫族も出雲族も姉弟《きょうだい》の神々の子孫であり、同族である。一族同士のなかで別々の土地に移り住み、交渉があったと考えるほうが適切だろう。というのは、天孫族と出雲族それぞれに、国の始まりを婚姻《こんいん》の歌としてうたった和歌が残っているからである。

葦原《あしはら》の繁《しげ》こき小家《をや》に　菅畳《すがだたみ》　いや清《さや》敷きて　我が二人寝し（神武天皇）

八雲《やくも》立つ　出雲八重垣《いづもやへがき》　妻籠《つまご》みに　八重垣作る　その八重垣を（素戔嗚尊《すさのおのみこと》）

これは両者が同じ民族同士であり、言葉も同じであったことを明らかに示している。多少の衝突《しょうとつ》はあったかもしれないが、やがて穏《おだ》やかに合併《がっぺい》して、大和側（天孫族）が上位に立ったということではないだろうか。そうでなければ、素戔嗚尊を祀《まつ》った祇園《ぎおん》神社が畿内《きない》にあることの説明がつかない。天照大神と素戔嗚尊が〝誓約《うけい》〟を交わし、子供である三人の女神と五人の男神を交換し、その子孫が再び結婚によって結ばれることによって、天孫系と出雲系は平和裡《へいわり》に合体《がったい》したのである。

神功皇后《じんぐうこうごう》の三韓征伐《さんかんせいばつ》

強大な中央政権があったことを広開土王碑《こうかいどおうひ》は物語っている

「神功皇后《じんぐう》の三韓征伐《さんかんせいばつ》」も、戦後は史家からさまざまな異論が出て、あまり語られなくなった。『日本書紀《にほんしょき》』によれば、これは西暦二〇〇年ごろ、仲哀《ちゅうあい》天皇（第十四代）が急死したので、その后《きさき》である神功皇后がかわって朝鮮を征服したという話だが、韓国側の史料でも、三六九年から三九〇年代にかけて、日本はかなり大規模な遠征《えんせい》を行ったことになっている。

北朝鮮との国境に近い旧満洲《まんしゅう》（現在の中国吉林《きつりん》省・鴨緑江《おうりょくこう》中流北岸）に残っている高句麗《こうくり》の広開土王《こうかいどおう》の碑《ひ》には、倭《わ》の軍隊が平壌《へいじょう》近くまで攻め込み、「百残《くだら》・新羅《しらぎ》を破って臣下にしてしまった」と、次のように書いてある。

百残新羅旧是属民／由来朝貢而倭以辛卯年来渡□破百残□□新羅以為臣民
九年己亥百残違誓与倭和／通王巡下平壌而新羅遣使白王云倭人満其国境潰破城池以奴客為民帰（□は欠字。『国史大辞典』吉川弘文館より）

百残新羅《くだらしらぎ》は旧是《もとこ》れ属民《ぞくみん》なり。由来朝貢《ちょうこう》す。而《しか》るに倭《わ》、辛卯《かのとう》の年を以《もっ》て来《きた》り、海を渡り、百残□□新羅を破り、以て臣民《しんみん》と為《な》す。

九年己亥《つちのとい》、百残誓《ちかい》に違《たが》い倭と和通す。王巡《めぐ》りて平壌《へいじょう》に下る。而《しか》るに新羅使《つかい》を遣《つか》わして王に白《もう》していわく、倭人《わじん》国境に満ち、城池《じょうち》を潰破《かいは》し、奴客を以て民となして帰る。

広開土王（三七四～四一二）は好太王《こうたいおう》とも呼ばれる高句麗の第十九代の王で、南は百済《くだら》、北は契丹《きったん》、西は後燕《こうえん》に侵攻して領土拡大につとめた。広開土王碑は息子の長寿王《ちょうじゅおう》がその功績を称《たた》えて四一四年に建てたものと言われる。

そこに刻まれた右の碑文《ひぶん》からして、神功皇后の三韓征伐が、『日本書紀』の記述どおりでなかったにせよ、当時の日本が朝鮮半島で軍事力を発揮していたことは間違いのない事実であるとしか言いようがない。

当時の日本にはすでに強大な中央政権があったこともわかる。広開土王碑は東アジア最大の碑であり、何しろ当時の実物が残っているのだから疑う余地はないのだが、いまも韓国はこれを認めず、「百済・新羅を支配下においた（以て臣民と為す）」という碑文の主語は高句麗であると主張している。在日朝鮮人の学者などは、「日本陸軍が広開土王碑を改竄《かいざん》・捏造《ねつぞう》した」という説まで唱えた。

しかし、改竄・捏造説は現代シナ人の研究によっても否定され、「主語は高句麗である」とい

神功皇后と皇子（応神天皇）を抱いてひざまずく武内宿禰（たけしうちのすくね）
『神功皇后』佐々木尚文・画／神宮徴古館所蔵

う韓国の主張も碑文全体から見ると無理があり、『日本書紀』ばかりでなく、シナの正史や、そもそも朝鮮初の史書である『三国史記《さんごくしき》』の記述とも矛盾《むじゅん》することが指摘されている。

古代朝鮮半島史・日朝関係史を知るうえで非常に貴重な、一次史料といえる広開土王碑《こうかいどおうひ》が朝鮮半島になかったことは本当に幸いであった。もし半島にあったらコリア人の手によって破壊されていたであろう。皮肉なことに、シナ民族が守ってくれているわけだ。

この「三韓征伐」のとき、神功《じんぐう》皇后は応神《おうじん》天皇を身ごもっていて、腹帯《はらおび》を締めて出征《しゅっせい》したと『日本書紀』には書いてある。朝鮮から凱旋《がいせん》すると、待ちかまえていたように応神天皇が生まれた。その産み給うた場所をウミ（宇瀰、宇美）と名づけたという。その応神天皇の子、つまり神功皇后の孫が仁徳《にんとく》天皇である。

前方後円墳《ぜんぽうこうえんふん》の仁徳天皇稜は、少なくとも底面積の広さからいえば世界最大の墓である。

このことは、四世紀には日本に強大な統一国家ができていたことを示すものである。だからこそ朝鮮半島に出兵《しゅっぺい》して、広開土王碑に記録されるほどの大きな戦闘が行われたのである。天孫民族はすでに地方の一部族ではなかった。海外に大遠征軍を送るほどの力があったという証拠になるであろう。

552

仏教伝来

日本の伝統の礎《いしずえ》となった「神」と「仏」の共存共栄《きょうそんきょうえい》

仏教が伝来したのは、第二十九代欽明《きんめい》天皇の十三年（五五二。五三八年とする説もある）のこととされる。実際には北九州など大陸との交通が多かった地域や、帰化人《きかじん》のあいだでは、それ以前から仏教はある程度広まっていたと考えられるが、この年、百済《くだら》の聖明王《せいめいおう》から仏像と経典《きょうてん》が献上《けんじょう》されて仏教の正式渡来ということになったのである。

このとき欽明天皇に仏像を祀《まつ》ることを強く勧めたのは朝鮮半島と関係の深い武内宿禰《たけしうちのすくね》の子孫蘇我《そが》氏の稲目《いなめ》であった。これに対して、神武天皇以来の氏族である大伴《おおとも》・物部《もののべ》・中臣《なかとみ》氏らの国《こく》粋《すい》派は、「外国の神を祀れば国つ神の怒りを招くことになりましょう」と猛反対する。

そこで欽明天皇は蘇我稲目に仏像を下げ渡し、稲目は自分の屋敷のなかに寺を建て仏像を拝み始めたが、その年、疫病《えきびょう》が大いに流行し、多くの死者を出した。これは外国の神を拝んだからだというので、物部・中臣両氏は仏像を奪い、寺を焼き払った。

第二十八代宣化《せんか》天皇の皇女石姫《いしひめ》と欽明天皇とのあいだに生まれた次の第三十代敏達《びだつ》天皇は仏教を信じなかった。しかし、欽明天皇の他の二人の妃《きさき》、堅塩媛《きたしひめ》とその実妹小姉君《おあねのきみ》はどちらも蘇我稲目の娘だから、間違いなく仏教信者であった。そして、堅塩媛の産んだ長男、第三十一代用明《ようめい》天皇は、初めて仏教を信じるようになった天皇である。

ちなみに、用明天皇の妹は豊御食炊屋姫《とよみけかしきやひめ》（のちの第三十三代推古《すいこ》天皇）であり、小姉君が産んだ末の皇子はのちの第三十二代崇峻《すしゅん》天皇、皇女は穴穂部間人皇女《あなほべのはしひとのひめみこ》で、この方は腹違いの兄の用明天皇と結婚して聖徳太子《しょうとくたいし》を生む。いずれも仏教と縁の深い方々であり、したがって、敏達天皇自身は仏教を信じないにせよ、すでに仏教は皇室に入り込んでいたことになる。

考えようによっては、「天皇が外国の宗教を信じはじめた」というのは大変なことで、一種の革命のようなものである。にもかかわらず、当時もいまも、日本人はこれを問題とはせず、それどころか用明天皇に無関心でさえある。これはどういうことだろうか。

当時の仏教というのは護国《ごこく》、つまり国を護るのに役立つというイメージでとらえられていたようである。それはたとえば、「明治天皇は西洋の憲法を参考にしようと考えられた」と言っても、別にどうということはないのと似たようなものだったと思われる。極言《きょくげん》すれば、宗教というよりは、新しい学説を導入したという感じに近いのではないか。

『日本書紀』には、用明天皇は「仏の法《のり》を信じられ、神の道《みち》を尊《とうと》ばれた」とある。仏教も信じたけれども神道も尊んだということだが、「法《のり》」と「道《みち》」とでは、やはり「道」が優先されるはずである。そして仏のいいところは信じようとした。この神と仏の共存共栄《きょうそんきょうえい》は以後、日本の伝統になる。

十七条憲法制定《じゅうしちじょうけんぽうせいてい》

現代にも通じる世界初の〝近代的〟憲法

推古《すいこ》天皇の十二年（六〇四）の夏四月に聖徳太子《しょうとくたいし》が定めた「十七条憲法《じゅうしちじょうけんぽう》」は現代にまで大きな影響を与えている。

用明《ようめい》天皇の死後、物部《もののべ》・蘇我《そが》という大氏族の争いが皇位継承《こういけいしょう》問題にからみ、穴穂部皇子《あなほべのおうじ》の殺害、崇峻《すしゅん》天皇の暗殺にまで至る争いがあった。だから憲法第一条を「和をもって貴《とうと》しとなす」としたのである。

これは長期にわたる戦争と、それに続く敗戦という手痛い経験から生じた現在の日本国憲法が繰り返し世界平和を訴えているのと、その精神においてはまことに似ている。ただ、平和を訴える対象が、太子の場合は各氏族など国内に向けているのに対し、現憲法は平和をまったく外国まかせ（他人まかせ）にしている点が大きく違っていると言えるだろう。

第二条は、「篤《あつ》く三宝《さんぼう》を敬《うやま》へ。三宝とは仏《ほとけ》・法《のり》・僧《ほふし》なり」となっている。これは「新しい学問、新しい文化を尊《とうと》べ」ということである。

当時の仏教はすぐれた宗教哲学としてのみ認識され、「法」とはすぐれた学説、「僧」は学者を意味していた。明治以後の「西洋の学問を尊べ」というのと似たような発想なのである。神道にまったく触れていないのは、日本の神を崇《あが》めるのは先祖を敬えということであって、あたりまえすぎてわざわざ憲法で規定するまでもなかったからである。

もう一つ重要なのは、第十七条において、政治の重大事は「独断すべからず、必ず衆と論ずべし」と言っていることである。これは、それからおよそ千二百五十年後に出された明治天皇の「五箇条《ごかじょう》の御誓文《ごせいもん》」の第一条「広く会議を興《おこ》し、万機《ばんき》公論に決すべし」の条文に驚くほどよく似ている。

太子の「十七条憲法」は単なる掟《おきて》ではなく、現代の日本人も自然に肯《うなず》ける「理念」を打ち出した点において、近代的な意味でも憲法の名にふさわしいものであった。

元来「体質」という意味である英語のコンスティテューション(constitution)という単語が、国の体質、国体というところから、今日でいう憲法を意味するようになったのは十七世紀から十八世紀にかけてのことであり、最初にはっきりした定義を示したのはイギリスの政治家ボリングブルック(一六七八〜一七五一)の『政党論』であると言われる。

世界最初の成文《せいぶん》憲法といわれるアメリカ合衆国憲法(一七八八)の約千二百年前に、わが国が単なる掟ではない「憲法《コンスティテューション》」を持っていたことは驚くべきことだが、何よりも、太子がそこに込めた理念が、現代にまで受け入れられているということ、つまり日本の「国としての体質」を示すものであることを考えると感嘆《かんたん》せざるを得ない。

大化《たいか》の改新《かいしん》

中央集権国家《ちゅうおうしゅうけんこっか》をめざした宮中《きゅうちゅう》のクーデター「乙巳《いっし》の変《へん》」

蘇我稲目《そがのいなめ》が外戚《がいせき》として皇室への影響力を強め、さらにその息子である馬子《うまこ》が、厩戸皇子《うまやどのおうじ》（聖徳太子《しょうとくたいし》）と泊瀬部皇子《はつせべのみこ》（崇峻天皇《すしゅん》）と力を合わせて反仏教派の物部氏《もののべ》を滅ぼし、さらに崇峻天皇を暗殺してから、蘇我氏の力はますます強大化し、政権は蘇我氏の一極支配となった。

馬子の子蝦夷《えみし》、さらにその子入鹿《いるか》の時代になると、その専横《せんおう》ぶりがいよいよ目立ち、聖徳太子の子である山背大兄王《やましろのおおえのおう》も、皇位をめぐる争いによって一族もろとも入鹿に討たれてしまう。こうして聖徳太子の血を引く上宮王家《じょうぐうおう》も滅亡した。

やがて入鹿自身が皇位を狙うまでになった。臣下《しんか》が皇位を狙うなど、日本では通常あり得ないことだが、この時代にはまだ朝廷の権威が固まっていなかったと考えるべきであろう。なにしろ聖徳太子が十七条憲法《じゅうしちじょうけんぽう》で「国に二君《にくん》なく、民《たみ》に両主《りょうしゅ》なし」と皇室の権威を成文化してからまだ四十年ほどしかたっていなかったのだから。

この蘇我氏の横暴をとくに憎んだのが、代々神事《しんじ》・祭祀《さいし》職をつとめ、かつて仏教受け入れ問題で蘇我氏と争った中臣《なかとみ》氏の若き秀才鎌足《かまたり》であった。彼は神祇官《じんぎかん》の長官に任ぜられたのを固辞《こじ》し、摂津《せっつ》に移って蘇我氏を討つ計画をすすめていた。

そのクーデターの中心となるべき人物として中臣鎌足が選んだのが中大兄皇子《なかのおおえのおうじ》（のちの天智《てんち》天皇）である。鎌足は皇子の蹴鞠《けまり》の会に参加し、皇子の鞋《くつ》が鞠と一緒に脱げ落ちたのを拾って、跪《ひざまず》いて皇子に奉《たてまつ》った。これが縁で二人は親しくなり、心を許し合う仲になったという。二人は蘇我氏打倒計画が洩《も》れるのを恐れ、儒学者南淵請安《みなみぶちのしょうあん》の私塾にともに通うことにして、その往復の路上で策謀《さくぼう》をめぐらした。鎌足の提案により、入鹿の従兄弟《いとこ》である蘇我倉山田石川麻呂《そがのくらやまだいしかわまろ》の娘を中大兄皇子の妃として石川麻呂を同志に引きいれた。

皇極《こうぎょく》天皇の四年（六四五）、三韓《さんかん》（新羅《しらぎ》・百済《くだら》・高句麗《こうくり》）から進貢《しんこう》の使者が来朝した。入鹿も出席してその儀式が行われ、石川麻呂が皇極天皇の前で上表文を読んでいるあいだに、潜《ひそ》んでいた皇子と鎌足が、佐伯子麻呂《さえきのこまろ》と葛城稚犬飼連網田《かずらきのわかいぬかいのむらじあみた》とともに躍り出て入鹿を斬り殺した。

息子の入鹿が殺されたことを知ると、蝦夷は自宅に火を放って自害した。このとき、聖徳太子が蘇我馬子とともに編纂《へんさん》したとされる『天皇記』『国記』が一緒に焼けてしまったのは残念であった。こうして中大兄皇子と中臣鎌足のクーデター（乙巳《いっし》の変《へん》）は成功し、いわゆる「大化《たいか》の改新《かいしん》」がはじまる。

皇太子となった中大兄皇子はまず、新たに即位した孝徳《こうとく》天皇とともに群臣《ぐんしん》を召集し、「帝道《ていどう》はただ一つである。天はわが手をお借りになって暴虐《ぼうぎゃく》の徒（蘇我氏）を誅滅《ちゅうめつ》した。これより後は君《くん》に二政《にせい》なく、臣《しん》に二朝《にちょう》なし」と神々に誓わせた。

乙巳の変　首をはねられた蘇我入鹿。奥は皇極天皇（女帝）
『多武峯縁起絵巻』／談山神社所蔵

このころは唐《とう》の時代で、その勢力がきわめて強大であったので、このクーデターによる政権交代は蘇我《そが》氏との権力闘争というよりもむしろ、東アジア情勢に対応する天皇への権力集中と国政改革にその狙《ねら》いがあったと言われる。そのために、唐の律令《りつりょう》制を手本として中央集権国家《ちゅうおうしゅうけんこっか》の建設をめざしたのが「大化《たいか》の改新《かいしん》」であった。

仏教を朝廷に入れた蘇我氏を討ったクーデターの総参謀《そうさんぼう》は中臣鎌足《なかとみのかまたり》であった。鎌足の先祖は、蘇我馬子《そがのうまこ》に滅ぼされた中臣勝海《なかとみのかつみ》であり、鎌足の母もまた、同時に滅ぼされた物部守屋《もののべのもりや》の子孫であった。父系から見ても母系から見ても、仏教支持派に滅ぼされた神代以来の神道派の反撃のように思える。それが単なる国粋派《こくすいは》の捲《ま》き返《かえ》しでなかったところがおもしろいのである。

鎌足がクーデターの準備をしていたころのブレーンになったのは、聖徳太子によってシナに送られ帰朝した僧旻《みん》や南淵請安《みなみぶちのしょうあん》であった。中臣氏や大伴《おおとも》氏は元来、反大陸の国粋派であったはずだが、一度政権を握ると、鎌足は唐の制度にならった政治機構をつくろうとしたのである。その新政府の顧問《こもん》に僧旻と、渡来人《とらいじん》の子孫であり小野妹子《おののいもこ》とともに隋《ずい》に派遣された高向玄理《たかむこのくろまろ》が参加していた点など、幕末の攘夷《じょうい》派が国政を握るやたちまち開国に切り換えたやり方とよく似ているではないか。

是日雨降潦水溢
庭以席障子掩入
鹿屍時人以為應
大誅逆

646
大化2年

公《こう》地《ち》公《こう》民《みん》制《せい》の施行

失敗に終わった私有財産廃止と土地国有化

蘇我蝦夷《そがのえみし》・入鹿《いるか》が討たれた、時の天皇（女帝）皇極《こうぎょく》天皇の四年を大化《たいか》元年とし、翌二年、「改《かい》新《しん》の詔《みことのり》」が出され、「大化の改新」が始まった。この「大化」が日本初の元号と言われる。

これによって日本は唐《とう》の法制の影響を受けた律令《りつりょう》国家となり、その後に出された大宝《たいほう》律令（七〇一）、それを改めた養老《ようろう》律令（七一八）によって、一応の完成を見た。

「改新の詔」には地方行政の整備（国郡《こくぐん》制度）なども含まれているが、その中心となるのは「公《こう》地公民《ちこうみん》制」であった。これは私有財産の廃止ということでもある。つまり、すべての土地と人民は公有化する、すなわち天皇に帰属するものとした。

それ以前は、天皇も豪族もそれぞれ私的に土地・人民を所有し、支配していた。「改新の詔」第一条はこれを禁止し、私地私民制から公地公民制への転換を宣言するものであった。

ところが、この制度はうまくいかなかった。「公地公民制」の基本であり、律令制の根幹でもあった「班田収授法《はんでんしゅうじゅのほう》」は、天皇のものである公地を公民に貸し与えるという形をとった。そのために戸籍《こせき》をつくり、細かい規定にしたがって農民に土地を分け与えたが、その土地は六年後には返還しなければならなかった。これは猛烈な反発を生んだようだ。

農民は土地を大切にし、土を肥《こ》やして多くの収穫をあげようとするものだからである。苦労して育てた田畑が六年後に取り上げられることがわかっていたら、熱心に畑を耕《たがや》し、土地の改良などするわけがない。農業は社会主義ではうまくいかないようなのだ。

奈良時代前期の七二三年には「三世一身法《さんぜいっしんのほう》」が発布された。これは溝や池（灌漑施設《かんがいしせつ》）を新たにつくって開墾《かいこん》した土地は三世（本人・子・孫、あるいは子・孫・曾孫《ひまご》）まで所有を許す、ただし、既存《きそん》の灌漑施設を再利用して墾田《こんでん》した場合は一代限りとする、というものであった。

しかし、そのわずか二十年後の七四三年、聖武《しょうむ》天皇の時代には、「墾田永年私財法《こんでんえいねんしざいのほう》」が出され、新たに開墾した土地はすべて私有が認められた。ただし、身分によってその広さは異なり、十町から五百町までという開きがあったから、貴族や寺院は広大な土地を私有することができた。

こうして結局、「改新の詔」からはじまった土地政策は失敗した。大化の改新の土地国有化は、およそ百年後には実質的に廃止されたことになる。

とはいえ、いったんは豪族の土地もすべて公地化したのだから、旧来の豪族の勢力は衰退した。そして、律令制度による中央集権国家の官僚たちが、代わって力を持つようになった。彼らは自分たちやその一族に便宜《べんぎ》をはかって土地を私有し、かつ広げるようになった。

こうして新しい貴族たちが生まれ、気がついてみたら、中臣鎌足《なかとみのかまたり》を始祖とする藤原氏《ふじわらし》が圧倒的に多くの土地を所有し、力を持っていた。これも歴史の流れというものであろう。

６７２

壬申《じんしん》の乱《らん》

天智《てんち》天皇直系の相続を阻《はば》んだ古代最大の戦乱

天智《てんち》天皇がまだ中大兄皇子《なかのおおえのおうじ》の時代に、同盟国である百済《くだら》（百残）が唐《とう》・新羅《しらぎ》に攻められた。皇子は百済救援軍を朝鮮半島に派遣《はけん》するが、白村江《はくそんこう》の戦い（六六三年）に敗れ、日本軍は百済の亡命貴族とともに帰国した。こうして外交的危機に直面した中大兄皇子は、対馬《つしま》・壱岐《いき》・筑《つく》紫《し》に防人《さきもり》（兵士）や烽《とぶひ》（烽火《のろし》を上げる設備）を置き、筑紫に水城《みずき》と呼ばれる堤を築くなどして西国の防備を固めた。おそらくこれも国防上の理由によって都を飛鳥《あすか》から近江大津《おうみおおつ》へ移し、翌年即位して天智天皇となった。

天智天皇は自分の息子である大友皇子《おおとものおうじ》（弘文《こうぶん》天皇）を皇太子とし、跡を継がせるつもりでいたが、天皇が歿《ぼっ》すると、出家《しゅっけ》して吉野《よしの》にいた天皇の弟大海人皇子《おおあまのおうじ》（天武《てんむ》天皇）がすかさず地方豪族を味方につけて兵を挙げた。近江朝廷の軍は大敗を喫し、弘文天皇は自害してしまう。これが「壬申《じんしん》の乱《らん》」と呼ばれる大乱である。

弘文天皇の在位期間は八カ月にも満たなかった。天皇として認められ、弘文天皇として諡号《しごう》されたのは明治三年（一八七〇）になってからのことであった。

大海人皇子が反乱を起こした背景には、近江京遷都《せんと》にともなう負担や、唐を手本にした公地公民制に対する豪族たちの不満があったのではないかともいわれる。天智天皇が弟の大海人皇子ではなく、息子の大友皇子を後継にしたのも、唐の嫡子《ちゃくし》相続制にならったものだった。

とはいうものの、天武天皇（大海人皇子）は、天智天皇の遺志を継いで律令《りつりょう》国家の確立につとめた。また、篤《あつ》く仏教を信じ、諸国に大乗経典《だいじょうきょうてん》である金光明経《こんこうみょうきょう》や仁王経《にんのうぎょう》（仁王般若経《はんにゃきょう》）を講ぜしめ、薬師寺《やくしじ》を建立《こんりゅう》した。そして六八五年には大和法起寺《ほうきじ》に三重塔を完成させ、しかも全国の家ごとに仏壇をつくって仏像を拝むように命じた。

しかし、まさにその六八五年に、同じ天武天皇が伊勢《いせ》神宮の式年遷宮《しきねんせんぐう》（正遷宮《しょうせんぐう》。原則として二十年ごとに、定期的に神宮を建て直すこと）を決めているのである。この定めにしたがって持統《じとう》天皇の御代《みよ》に第一回の式年遷宮（六九〇）が行われて以来、戦国時代におよそ百年間にわたる中断もあったが、平成の今日まで千三百年以上にわたって行われているのは、世界史上の奇蹟《きせき》といっていい。神武天皇以来の日本の歴史は生きているのである。もっとも、外国人には遷宮の意味がわからず、「伊勢神宮は築《ちく》二十年の木造建築だ」と言った人もいるそうだ。

さらに天武天皇は伊勢神宮に限らず、日本中の神社の修理を命じてもいる。神も仏も平等に扱っているわけである。この天武天皇的発想がそのまま、新年には神社に初詣《はつもうで》に出かけ、お盆にはお寺詣《まい》りをし、クリスマスには教会へ讃美歌を聞きに行ってみるといった現代の平均的日本人のメンタリティとなっているのである。

『古事記《こじき》』『日本書紀《にほんしょき》』成立

日本人の歴史観を形づくった公平・良心的な史書

国史編纂《へんさん》を命じた天武《てんむ》天皇（在位六七三～六八六）の遺志を継ぎ、息子の草壁皇子《くさかべのみこ》の后《きさき》であった元明《げんめい》天皇が太安万侶《おおのやすまろ》に命じて、舎人《とねり》（天皇・皇族の身の回りの世話をした役人）の稗田阿礼《ひえだのあれ》による口述《こうじゅつ》を筆録・編纂させたのが『古事記《こじき》』である。天武天皇の意図は、『古事記』にくわしく書いてあるとおり、天皇家の系図や古い伝承を保存することにあった。

『古事記』は正規の漢文ではなく、漢字を日本語の表音《ひょうおん》文字として用いているのに対し、八年ほど後、これも女帝である元正《げんしょう》天皇（草壁皇子と元明天皇の娘）が舎人親王《とねりしんのう》を総裁にして編纂させた『日本書紀《にほんしょき》』は堂々たる漢文で書かれている。これには帰化人《きかじん》も参加したと思われ、多くの編集員ができるだけの材料を集めて書いたものである。

『日本書紀』が漢文で書かれたのは、シナ人など外国人に見せてもわかるように、また、シナに対しても恥ずかしくないものをつくろうという意図があったのだろう。とはいえ、シナの官選の歴史書と大いに違うのは、第一巻で神代《かみよ》を扱っている点である。前漢《ぜんかん》の司馬遷《しばせん》は『史記《しき》』を書いたとき、神話・伝説の類《たぐい》を切り捨てる態度で歴史に臨《のぞ》んだ。

日本ではわざわざ神代巻をつくり、しかも、一つの話には多くのバリエーションが伝承されていることを認め、それをもすべて記録している。「一書ニ曰《イワ》ク」という形で、ある本にはこう書いてある、またある本ではこう言っていると、いろいろな部族のそれぞれの伝承を集めて、異説をズラリと並べているのである。こんな書き方はほかに例がない。現代から見ても、歴史書としては類《るい》がないほど良心的である。

『日本書紀』は明らかにシナの歴史書を意識してつくられたものであるが、しかし、素材に対する態度がまるで違っている。この点では日本の立場が確立している。

その理由は、シナでは王朝が何度も替わってしまっているので、古代の伝承そのものに対して司馬遷自身の愛着がなかったのではないかとも思われる。

それに対して『日本書紀』は、編纂した人々にとっては自分たちの属する王朝の正史である。文字がなかった時代のいろいろな伝承を、できるだけ広く集めて編集するしかなかったわけであるが、その範囲内における客観性への意図は、十分に表れていると見なければならない。現代においてすら、これほど客観性を重視した歴史書を持たない国はいくらでもある。

『古事記』『日本書紀』は先の敗戦まで日本人の歴史観の根底をなしていた。現代において神話を事実と考える人はいないだろうが、しかし、それを信じた人たちが日本を動かしてきたのだということはしっかり認識しておくべきであろう。いにしえのことをいにしえの目で見ようという姿勢を忘れてはならない。

東大寺大仏建立《とうだいじだいぶつこんりゅう》

民衆がボランティアで参加した国家的プロジェクト

752

天平勝宝4年

和銅《わどう》三年（七一〇）に藤原京《ふじわらきょう》（現奈良県橿原市《かしはらし》）から平城京《へいじょうきょう》（奈良）への遷都《せんと》があり、第四十四代元正《げんしょう》天皇を経《へ》て、聖武《しょうむ》天皇が神亀《じんき》元年（七二四）に即位する。

だが、聖武天皇は仏事に専念することを望んで娘の孝謙《こうけん》天皇に譲位《じょうい》して隠居《いんきょ》し、日本各国に七重の塔を持つ国分寺《こくぶんじ》と国分尼寺《こくぶんにじ》を建て、かつ東大寺《とうだいじ》を建造するという大事業を行った。

そもそも聖武天皇が在位していた八世紀前半に文化の光を浴び、建築や彫刻の美を輝かせていたのはバグダードに都したサラセン国、もう一つはインドのカノージ——つまり当時の曲女《きょくにょ》城を首府にしていた戒日《かいじつ》王朝（ターネースワル王朝）、そしてもう一つは長安《ちょうあん》に都していた唐《とう》であり、なかでも唐の輝きが最も強かった。

その時代にあって、東の小さな島の天皇が唐《から》にも天竺《てんじく》にもない大寺院を造ろうと決心したのみならず、それを実現してみせたのである。当時としてはまことに壮大な事業であり、これには朝鮮やシナからだけでなく、インドのバラモン（指導的立場にある身分の高い僧侶）やトルコ人まで参加したのである。

そして東大寺大仏殿《だいぶつでん》は、聖武天皇がめざしたとおり、まさに「三国一《さんごくいち》の大伽藍《だいがらん》」であり、当時では文句なく世界最大の木造建築である。唐にもインドにもこれ以上の規模を持つものはなかった。また、そこに安置《あんち》されている盧遮那仏《るしゃなぶつ》、いわゆる「奈良《なら》の大仏《だいぶつ》」も、鋳造《ちゅうぞう》された仏像としては世界最大のものである。

しかし、この大仏造営《ぞうえい》の意義は、その事業の規模にあるのではない。聖武天皇は河内国《かわちのくに》の知識寺《ちしきじ》という寺で盧遮那仏像を見て大仏造営を発願《ほつがん》した。この場合の「知識」というのはいわゆるノレッジ（knowledge）ではなく、仏と縁を結ぶ（結縁《けちえん》）ため、寺や仏像の建立《こんりゅう》に私財や労力を寄進する信者の集団のことである。一種の信仰団体と言ってもいい。知識寺は、その名のとおり、地元の人々が財産や労力を持ち寄って建てられたものである。寺の本尊《ほんぞん》である盧遮那仏像も同様であろう。聖武天皇は「大仏造営の詔《みことのり》」で次のような主旨のことを言っている。

自分は天皇であるから、天下の富も力も、すべて自分が有している。だから、自分だけで大仏像を建てることもできる。しかし、そうではなくて「知識」が集まって協力して、一枝《ひとえだ》の草、一握《ひとにぎ》りの土でもいいから資材を持ち寄ってみんなで建設しようではないか——。

万里《ばんり》の長城《ちょうじょう》のようなものは本質的にボランティアで建てるというわけにはいかない。ところが聖武天皇は、「一木一草でも持ち寄って、みんなの力で建てよう」「権力者が建てるのではない、みんなで建てるのだ」と民衆に呼びかけたのである。これは古代の権力者としてはじつに斬新《ざんしん》かつ画期的《かっきてき》な発想であった。

『万葉集《まんようしゅう》』成立

「歌の前に万人《ばんにん》平等」だった「言霊《ことだま》」の栄える国

山上憶良《やまのうえのおくら》は、『万葉集《まんようしゅう》』に収められた「好去好来《こうきよこうらい》の歌」で、日本という国を「皇神《すめろぎ》の厳《いつく》しき国」であり、「言霊《ことだま》の幸《さき》はふ国」であると定義している。これは神話の時代から王朝が絶えることなく続き、古代から歌があり、古代語で書かれた神話があるという意味である。

『万葉集』の本質にかかわる大きな特徴は、作者が上は天皇から下は兵士、農民、遊女、乞食に至るまで各階層におよび、身分の差がまったく見られないことである。もちろん、男女の差別もない。地域も東国、北陸、九州の各地方を含んでいる。文字どおり国民的歌集なのである。

では、その選ぶ基準は何であったかといえば、純粋に「いい歌かどうか」ということだけであった。当時の観念から言えば、「言霊」(言葉に宿る霊力《れいりょく》)が感じられるかどうか、である。言霊さえ感じられれば身分は問わない。言い換えれば、日本人は「歌の前に平等」であった。

ユダヤ＝キリスト教圏においては「万人《ばんにん》は神の前に平等である」という考え方が支配的である。教会でどれほど高い地位を占めようと、神の目から見れば法皇《ほうおう》も奴隷《どれい》も同じなのだ。またローマでは「法の前に平等である」というのを建前《たてまえ》としていた。ローマ帝国は多くの異民族を含んでいたので、それをローマの忠実な市民とするためには公平に扱わなければならず、その基準を「法」におかねばならなかったのである。

近代の欧米諸国では、だいたいこの二つの「平等」をよりどころにして人々は生きている。毎日の生活においては法の規範《きはん》に頼り、死後は神の正義に頼るのである。

ところが日本の万葉時代の人々は、言霊をあやつることについて平等だった。「和歌の前に万人は平等である」という発想がなければ、『万葉集』のような体裁《ていさい》はとれなかったであろう。『万葉集』に現れた歌聖《かせい》として尊敬を受けている柿本人麿《かきのもとのひとまろ》にせよ山部赤人《やまべのあかひと》にせよ、身分は高くない。とくに柿本人麻呂は、石見国《いわみのくに》の大柿の木の股《また》から生まれたという伝説があり、これは素性《すじょう》も知れぬ下賤《げせん》の生まれであることを暗示《あんじ》している。その人麻呂が和歌の神様として崇拝《すうはい》されるのである。

もっとも、「大宝律令《たいほうりつりょう》」などを経《へ》て身分制度がやかましくなってくると、あまり身分の低い者や問題のある人物の名前を出すことをはばかって「読み人知らず」とするようになる。これは言霊思想と「和歌の前に平等」という意識が緩《ゆる》んできたということにほかならない。

それでも、和歌の前に身分の上下はないという感覚はかすかながら生き残っていて、現在でも新年に皇居で行われる「歌会始《うたかいはじめ》」には誰でも参加できる。毎年、皇帝が歌（詩）の題、つまり「勅題《ちょくだい》」を出して、誰でもそれに応募でき、作品がよければ皇帝の招待を受けるというような優美な風習は世界中どこにもないであろう。

769
神護景雲3年

道鏡事件《どうきょうじけん》

女帝が引き起こした古代における皇統《こうとう》最大の危機

聖武《しょうむ》天皇と光明《こうみょう》皇后の娘が第四十六代孝謙《こうけん》天皇である。権勢《けんせい》をほしいままにしていた藤原不比等《ふじわらのふひと》の曾孫《ひまご》であり、孫でもある孝謙天皇が聖武天皇のあとに即位するのは当然ともいえるが、彼女には子供がいなかった。女帝というのは天皇の未亡人か、あるいは結婚しない女性に限られている。しかたがないので、藤原仲麻呂《なかまろ》（恵美押勝《えみのおしかつ》）が強く推《お》す、天武《てんむ》天皇の孫にあたる淳《じゅん》仁《にん》天皇にいったん譲位《じょうい》する。この天皇は藤原氏とは血縁関係がない。そこで、「恵美押勝の乱」が起こると、その責めを負わされて廃位《はいい》となり、孝謙天皇が称徳《しょうとく》天皇として再び即位される。

このころは、持統《じとう》天皇（第四十一代）以来、元明《げんめい》天皇（第四十三代）、元正《げんしょう》天皇（第四十四代）、孝謙天皇（第四十六代）と女帝が多かったが、女帝のときには皇室の危機が起こりやすい。その最大のものが孝謙上皇《じょうこう》のときの「弓削道鏡《ゆげのどうきょう》」問題であった。

淳仁天皇に皇位を譲り、退位した孝謙天皇は上皇となるが、天平宝字《てんぴょうほうじ》四年（七六〇）に光明皇太后《こうたいごう》が崩御《ほうぎょ》し、翌年、上皇も病《やまい》に伏せった。このとき弓削氏の出身である道鏡が祈禱《きとう》を行って病を癒《いや》し、宮廷に深く入り込んだだけでなく、上皇の深い寵愛《ちょうあい》を受けることになる。

これを諌《いさ》めた淳仁天皇と上皇との関係は悪化し、孝謙上皇は天皇の実権を取り上げようとした。ちょうどこのころ、光明皇太后の後ろ盾《うしろだて》をなくした藤原仲麻呂が挙兵した（恵美押勝の乱）が、淳仁天皇はそれに関与したわけではなかったにもかかわらず、仲麻呂と関係が深かったことを理由に追放され、上皇が称徳天皇として再び即位したのである。

こうして道鏡の権力はますます強まり、ついに法王の称号を賜《たまわ》って、儀式は天皇に準ずるようになった。その背後には、女帝と道鏡のあいだに特殊な関係があったようで、ついには道鏡を天皇としようという動きさえ出てきた。

道鏡を中心に、一門の僧侶たちも政治の中心に加わったから、僧俗混合《そうぞくこんごう》のさぞ珍奇な光景であったろう。これは日本の皇位の正統にとって真の危機を意味することとなった。

しかし、「道鏡を皇位につければ天下泰平になるであろう」という宇佐八幡《うさはちまん》の神託《しんたく》があったと、道鏡自身から聞かされた称徳天皇はさすがに迷い、臣下《しんか》の和気清麻呂《わけのきよまろ》に命じて、もう一度宇佐八幡の神託を受けに行かせた。

もちろん清麻呂には、道鏡から賞罰をちらつかせての圧力があったが、清麻呂が持ち帰った神託は以下のようなものであった。

「天《あま》つ日嗣《ひつぎ》は必ず皇儲《こうちょ》を立てよ。無道《むどう》の人は宜《よろ》しく早《すみやか》に掃《はら》い除《のぞ》くべし」

要するに、「天皇となる者は皇孫《こうそん》でなければならない。道鏡を絶対に皇位につけてはならぬ」ということだ。この神託のおかげで、危《あや》ういところで皇統は救われたのである。

『源氏物語《げんじものがたり》』成立

「世界史上最高の文明」が生んだ傑作

『源氏物語《げんじものがたり》』の作者の紫式部《むらさきしきぶ》は、藤原道長《みちなが》の長女彰子《しょうし》（一条《いちじょう》天皇の皇后）に仕える女房《にょうぼう》であり、和泉《いずみ》式部も同僚であって、彰子の周囲には華麗な文芸サロンが形成されていた。

言うまでもないことだが、『源氏物語』は一〇〇一年頃に書かれた世界最古の小説で、しかも女性の手によるものである。

イタリアのボッカチオが書いた『デカメロン』（一三四八）、フランスのラブレーの『ガルガンチュアとパンタグリュエル』（一五三二）、スペインのセルバンテス『ドン・キホーテ』（一六〇五）などと比較しても、三百年から六百年も早いのである。

女流小説家として考えると、夏目漱石《なつめそうせき》が『三四郎《さんしろう》』で名前をあげたことで日本でも有名になったイギリスの女流小説家アフラ・ベーンの『オルノーコ』も、『源氏物語』から六百五十年後のことだし、いまも通用する小説家としては、やはり漱石がほめた『高慢《こうまん》と偏見《へんけん》』で知られるイギリスのジェーン・オースティンがいるが、これは八百年後のことである。

オースティンより八百年も前に、彼女よりスケールが大きく洗練された女流作家が日本にいたことは一般の欧米人には信じられないことのようだ。

英国の黄金期といわれるヴィクトリア朝時代の道徳心が緩《ゆる》んで、自由主義的な雰囲気が高まっていた第一次大戦の前後に、インテリや芸術家たちによるブルームズベリー・グループという組織がロンドンに生じた。その仲間であったアーサー・ウェイリー（一八八九〜一九六六）が『源氏物語』の英訳『*The Tale of Genji*』を出版したのはその当時のことだが（一九二一〜三三）、そのときブルームズベリー・グループが受けたショックは大きかった。

ブルームズベリーのインテリたちは自分たちが世界でいちばん進んだ文化人であり、男女のつきあいを含めて最も洗練された生活をしていると思っていた。ところが、『源氏物語』を読んでみると、およそ千年前の日本で、自分たちよりも洗練された細やかな情緒をたたえながら男女が自由につきあっているというので驚愕《きょうがく》し、その絢爛《けんらん》たる世界に圧倒されたのである。

アメリカの代表的な日本学者であるドナルド・キーン氏は平安朝を「世界史上最高の文明」と絶賛《ぜっさん》した。二十世紀の傑作であるマルセル・プルーストの『失われた時を求めて』と並ぶ世界の二大小説と評価する声もある。

紫式部は『源氏物語』を単にフィクションとして書いただけではない。この物語のなかで紫式部は主人公の光源氏《ひかるげんじ》を通じて、フィクションというものは人間の生き方を『日本書紀《にほんしょき》』より忠実に示していると言わせているのである。そして、そういう空想でつくり上げた物語の実用的価値も、非常に大きいと言っている。これは実に先進的な文学論である。

われわれは古い物語の実用的価値といえば勧善懲悪《かんぜんちょうあく》を思い起こすが、紫式部が言っているのはそんなことではない。彼女が言うのは、小説によって人間性というものを描くことができるから価値があるのだということである。西欧の近代の文学論が、さも大発見のように言い出したことを、彼女はそれより九百年も前に言っているのである。

もし、わが国の平安朝《へいあんちょう》文学に『源氏物語』しかなかったら、それは大天才の作品という特異現象とも言えたであろう。しかし、『源氏物語』は富士山の頂《いただき》であって、その裾野《すその》が広大なのである。清少納言《せいしょうなごん》の『枕草子《まくらのそうし》』は女性の書いたエッセイとしてはやはり世界最古のものであろうし、そのエスプリは今日でも輝きを失っていない。そのほか、『伊勢物語《いせものがたり》』をはじめ、物語の類《たぐい》は数多くあるし、紫式部も和泉式部《いずみしきぶ》も日記を残している。女性の日記文学というのも、やはり日本の平安朝が最初であろう。そして宮廷人《きゅうていじん》は同時に歌人としてもすぐれていた人が多い。

平安時代は平和と安穏《あんのん》の三百年であった。武力という男性的原理を発揮する必要がなくなって、優れた感性、つまり女性的原理が尊ばれる時代となり、女性文化が花開いた。

男たちは武力を軽蔑し、せっせと女のところに通うばかりであった。『紫式部日記』によると、ある年末に盗賊が入ったが、宮中には警護の武者《むしゃ》どころか、男は一人もいなかったという。当時の男性をだらしないと批判することもできるし、事実、だからこそ武士の時代に移ったともいえるのだが、逆にそれほどの平和な時代を何百年も維持したのは藤原時代の男たちである。それは決して不名誉なことではなく、むしろ立派なものと言わなければなるまい。

『紫式部』川崎小虎・画／神宮徴古館所蔵

藤原氏《ふじわらし》の栄華《えいが》

日本の権力者はなぜ「慎《つつし》み」を忘れなかったのか

道鏡《どうきよう》を寵愛《ちようあい》した孝謙《こうけん》天皇（称徳《しようとく》天皇）は女帝であるから、当然、生涯独身で、それまでの権力闘争のせいで適当な跡継ぎもなかったため、崩御《ほうぎよ》された後は天智《てんち》天皇の孫である白壁王《しらかべおう》が六十二歳で皇位につき、光仁《こうにん》天皇となる。これで天武《てんむ》天皇系の皇統は途絶え、次の桓武《かんむ》天皇のとき、長岡京《ながおかきよう》、ついで平安京《へいあんきよう》に遷都《せんと》があり（延暦《えんりやく》十三年＝七九四）、ようやく世の中は落ち着いた。

平和が訪れると、再び藤原氏の時代になる。ハプスブルク家同様、戦争などすることなく、結婚政策によって権力を握るのである。先祖の藤原不比等《ふじわらのふひと》にならって、皇位に野心を抱かず、その政治的野心は武力によってではなく、娘の質によることになる。もちろん女帝こそ出さないが、皇后・中宮《ちゆうぐう》には藤原氏ならざる女性を見つけるのがむずかしいほどであった。それは昭和の御代《みよ》まで続き、美智子妃殿下が皇后になられるまで、天皇のお手のつく女性は、皇后はじめすべて藤原氏につながると言われていた。

平安朝において、不比等にも劣らぬ濃密な血縁関係を皇室に築き、藤原氏の最盛期をつくったのが藤原道長《みちなが》（九六六〜一〇二七）である。その後宮《こうきゆう》政策はめざましいものであった。

長女の彰子《しょうし》は一条《いちじょう》天皇（第六十六代）に嫁《か》して後一条《ごいちじょう》天皇（第六十八代）と後朱雀《ごすざく》天皇（第六十九代）を生み、二女の妍子《けんし》は三条《さんじょう》天皇（第六十七代）に、次の娘の威子《いし》は後一条天皇に嫁《とつ》ぎ、また別の娘の嬉子《きし》は後朱雀天皇とのあいだに後冷泉《ごれいぜい》天皇（第七十代）を生むという具合である。

一時は、長女彰子が太皇太后《たいこうたいごう》、二女妍子は皇太后《こうたいごう》、三女威子が中宮（皇后）になり、「一家立《いっかりつ》三后《さんごう》」と呼ばれたほど、前代にも後代にも、おそらく世界中どこを探してもないであろう閨閥《けいばつ》をつくりあげた。道長から見れば、後一条天皇と後朱雀天皇は孫、後冷泉天皇は曾孫《ひまご》ということになる。三代にわたって孫・曾孫で皇位を独占したのである。

道長の次の有名な歌は、このときに詠まれた。

此の世をば　わが世とぞ思ふ　望月《もちづき》の　欠けたることも　無しと思へば

それなら、自分が皇位につけばいいではないか、と言う人もいよう。ほかの国なら、間違いなく王位を奪うところであろう。しかし、絶対に自分が皇位につこうとはしない。それは自分たちの一族が神話時代から皇室に仕えるものであるという意識があるからだ。

道長ほどでなくても、皇室との関係が深かった藤原氏の者はいくらでもいるが、その誰もが娘を天皇に差し上げて、つねに孫を天皇にしようとするのである。この慎《つつし》みと節度があったからこそ、あれほどの栄華《えいが》を極めながら、藤原氏は亡《ほろ》びずに現代まで続いているのであろう。

第2章

中世篇

源義経 渡邊重圀・画 講談社の繪本『國史繪話』(昭和13年 大日本雄辯會講談社刊)より

1051
永承6年
1083
永保3年

前九年《ぜんくねん》の役《えき》／後三年《ごさんねん》の役《えき》

源《みなもとの》頼義《よりよし》・義家《よしいえ》父子の活躍から武士が台頭《たいとう》し始めた

武士は元来、源氏《げんじ》も平家《へいけ》も皇室から分かれた家系で、天皇家に近い高貴な人たちに仕《つか》える身分であった。

源氏では清和《せいわ》天皇から三代目に多田満仲《ただのみつなか》（源満仲。九一二〜九九七）という人物が出て、その子に源頼光《みなもとのよりみつ》、頼親《よりちか》、頼信《よりのぶ》という三人の息子がいた。「大江山《おおえやま》の鬼（酒呑童子《しゅてんどうじ》）退治《たいじ》」で有名な長男頼光の家系を摂津《せっつ》源氏、二男の頼親は大和《やまと》源氏、三人兄弟の末弟《まってい》である頼信は河内《かわち》源氏と称したが、この河内源氏の二代目源頼義《よりよし》は宮廷から蝦夷《えぞ》征伐を命じられ、手柄を立てる。このとき頼義にしたがって戦ったのが頼義の長男八幡太郎義家《はちまんたろうよしいえ》である。

この頼義・義家父子が、奥州《おうしゅう》における「前九年の役《ぜんくねんのえき》」で、大変苦戦を強いられながらも陸奥国《むつのくに》の豪族安倍《あべ》氏を攻め滅ぼして河内源氏の名を高め、源氏の基盤を固めたと言われる。

「前九年の役」は、永承《えいしょう》六年（一〇五一）から康平《こうへい》五年（一〇六二）の十二年にわたり、朝廷に敵対する陸奥の豪族安倍頼時《よりとき》・貞任《さだとう》父子と、朝廷から派遣《はけん》された源頼義・義家父子が争った戦いであった。

それからおよそ二十年後に、「後三年《ごさんねん》の役《えき》」と呼ばれる戦いが起こる。安倍氏の滅亡後、前九年の役で頼義・義家を助けて戦った清原氏《きよはらし》が安倍氏に代わって奥州で勢力を伸ばしていたが、この清原氏に内紛《ないふん》があり、そこに義家が介入《かいにゅう》して永保《えいほう》三年（一〇八三）から寛治《かんじ》元年（一〇八七）にかけて戦った。最終的に義家・清原清衡《きよはらのきよひら》連合軍が清原家衡《いえひら》・武衡《たけひら》軍を滅ぼし、この後、清衡は父方の姓である藤原《ふじわら》に復し、藤原清衡として奥州藤原氏の祖となった。

もともと下総国《しもうさのくに》を根拠にしていた平将門《たいらのまさかど》のように、関東には平家もいたのである。ところが、源氏が頼義・義家と二代続いて関東の豪族を率いて奥州で戦ったため、平家の系統でも源氏の恩を受ける者が多かった。

前九年の役のときには、その功によって頼義は正四位下《しょうしいげ》・伊予守《いよのかみ》に任ぜられたが、他の功労者には恩賞《おんしょう》がなかった。そこで頼義は朝廷にかわって自らの財産を分け与えたのである。豪族たちは感激した。

後三年の役の場合は、清原氏の内輪《うちわ》争いと義家の私戦であるということで、やはり恩賞はなく、それどころか朝廷は戦費を出そうともしなかった。そこで義家が自腹《じばら》で恩賞を与えたのである。

このため、頼義・義家の二代で、関東地方の豪族、とくに地名を苗字《みょうじ》にしているような有力豪族を、源氏はほとんど味方につけることになった。北条《ほうじょう》氏も元来は平家だったが、やがて源頼朝《よりとも》の後《うし》ろ盾《だて》となり、源氏とともに戦うことになる。

1156
保元元年
1159
平治元年

保元《ほうげん》の乱《らん》／平治《へいじ》の乱《らん》

源氏と平家の「氏《うじ》の長者《ちょうじゃ》」源 義朝《みなもとのよしとも》と平 清盛《たいらのきよもり》の戦い

第七十二代白河《しらかわ》天皇は、法皇となって政治の実権を握ること四十余年、第七十三代堀河《ほりかわ》天皇、第七十四代鳥羽《とば》天皇、第七十五代崇徳《すとく》天皇の三代の即位を決定した。

その次の第七十六代天皇は、鳥羽天皇の名目上の長男である崇徳天皇の子がなるべきところだが、鳥羽天皇にとって崇徳天皇は、自分の后《きさき》である藤原璋子《たまこ》に実の祖父白河法皇が産ませた「我が子にして祖父の息子（叔父）」であったため、法皇の没後、実権を握った鳥羽上皇は、藤原得子《なりこ》（美福門院《びふくもんいん》）に産ませた躰仁《なりひと》親王（第七十六代近衛《このえ》天皇）、つまり崇徳天皇の〝弟〟を即位させた。その近衛天皇が十七歳で亡くなると鳥羽上皇は、自分と璋子とのあいだに生まれた、崇徳天皇にとっては同母弟である雅仁《まさひと》親王（後白河《ごしらかわ》天皇）を即位させる。

さらに、後白河天皇のあとは、その長男、美福門院が可愛がっていた守仁《もりひと》親王が皇位についた（第七十八代二条《にじょう》天皇）。崇徳天皇の皇子は皇位継承《こういけいしょう》の順位を無視され、はずされてしまった。

この推移《すいい》に強い不満と恨《うら》みを抱いた崇徳上皇は、法皇となっていた鳥羽院が亡くなると、一週間足らずのうちに後白河天皇に対して兵を挙げた。かくして崇徳上皇と後白河天皇とのあいだで「保元《ほうげん》の乱《らん》」が起こる。

崇徳上皇の挙兵に、鳥羽法皇から疎《うと》んじられていた藤原頼長《よりなが》が応じた。この戦いに、崇徳上皇も後白河天皇もそれぞれ武家の力を借り、後白河天皇側には、源氏では源《みなもとのよしとも》 義朝、平氏では平《たいらのきよもり》 清盛が味方した。いずれも「氏《うじ》の長者《ちょうじゃ》（氏族の首長）」である。

これに対して崇徳上皇・藤原頼長側には、義朝の父源為義《ためよし》と、義朝の弟である源為朝《ためとも》、それに清盛の叔父平忠正《ただまさ》らがついた。

義朝に攻められた崇徳院側は、為朝の奮闘空しく敗走する。捕えられて讃岐《さぬき》に流された崇徳上皇は生きながら天狗（悪魔）となり、八年後に亡くなった後は怨霊《おんりょう》と化して皇室に祟《たた》るようになったと言われている。

崇徳上皇の呪《のろ》いが現れたかのように、都では後白河上皇、二条天皇を中心にいくつかのグループに分かれ、再び争いが起こる。これが「平治《へいじ》の乱《らん》」である。

この争いが源氏の義朝と平家の清盛の戦いに収斂《しゅうれん》して、義朝は敗れ、平家隆盛の時代となる。この戦いには義朝の長男義平《よしひら》（十九歳）、二男朝長《ともなが》（十六歳）、三男頼朝《よりとも》（十三歳）も参加したが、生き延びたのは落ちて行く途中で一行からはぐれた頼朝のみであった。

父義朝が源氏の正統と見なしていた頼朝は平家に捕えられたが、清盛の義母池禅尼《いけのぜんに》が助命を懇願《こんがん》したため、伊豆に流され、そこで北条政子《ほうじょうまさこ》を娶《めと》り、その実家である北条《ほうじょう》氏の庇護《ひご》を受けることになった。

1167
仁安2年

平清盛《たいらのきよもり》が太政大臣《だじょうだいじん》となる

平家の栄華を築いたのは清盛にまつわる〝噂〟だった

「平治《へいじ》の乱《らん》」に勝利した平清盛《たいらのきよもり》は栄進を続け、ついには太政大臣《だじょうだいじん》にまでなった。そして清盛は自分の娘徳子《とくこ》（後の建礼門院《けんれいもんいん》）を高倉《たかくら》天皇の后《きさき》にし、この二人のあいだに安徳《あんとく》天皇が生まれる。
保元《ほうげん》の乱《らん》も平治の乱も、皇室が武家を使って起こした戦争である。はじめのうち、武家は侍《さむらい》、つまり「侍《さぶら》ふ者」であって、公家の家来にすぎなかった。系図をたどれば桓武《かんむ》天皇や清和《せいわ》天皇に至るのだが、それから各地方に下って久しく、宮廷からはガードマン程度にしか見られていなかった。

源氏は蝦夷《えぞ》征伐で関東に、平家は瀬戸内海の海賊退治などで関西に、それぞれ勢力を得ていたが、にもかかわらず、依然として公家《くげ》からは見下される存在であった。ところが、戦争ということになればものを言うのは武力である。保元《ほうげん》の乱《らん》によって源氏の正統である義朝《よしとも》と平家の正統である清盛が力を得て、平治《へいじ》の乱《らん》以後は、清盛は武士として初めて太政大臣になり、天皇の外祖父にまでなった。まるで藤原氏のごとくである。

清盛がそれほど出世したのは単に武力のせいだけではない。清盛はある意味で別格だったのである。

清盛は当時、祇園女御《ぎおんのにょうご》という白河《しらかわ》天皇の寵姫《ちょうき》の落とし子であるという説が有力だった。最近の研究では、祇園女御が預かっていた妹の子供だったのが間違われたのだという説もあるが、当時としてはそういう話になっていたのである。天皇のご落胤《らくいん》だということで、貴族社会も、清盛の異常とも言える昇進を止められなかったのだという。

豊臣秀吉《とよとみひでよし》も天皇のご落胤であると自ら語っていたし、周囲の者にもそう記録させている。これは清盛の例をまねたのだと思われる。そういう虚構《フイクシヨン》がなければ武家が関白《かんぱく》太政大臣にはなれなかったのだろう。清盛は武家として政治の実権を握りながら、天皇家と縁戚《えんせき》関係を結び、平氏は公家化《くげか》して、清盛の継室《けいしつ》である時子《ときこ》の弟、平時忠《ときただ》が「平家に非《あら》ざれば人に非ず」と言ったといわれるほどの栄華を謳歌《おうか》した。

治承《じしよう》四年（一一八〇）六月、清盛は突然、孫の安徳天皇を奉じて摂津福原《せっつふくはら》（現神戸市）への遷《せん》都《と》を強行した。一説には宋《そう》との貿易を考えてのことだったとも言われるが、この遷都は、公家はもちろん平氏一門にさえ歓迎されず、源頼朝《みなもとのよりとも》の挙兵もあって、半年足らずで再び都を平安京（京都）に戻した。清盛は熱病で急死し、やがて平家は滅びる。朝廷に対して権力を振るいすぎた「天罰」とも言われたが、捕えた頼朝を生かしておいたのが結局、一門の命取りになった。

頼朝は清盛とは異質の政権を建てて武家政治を確立し、以後、武家政権が明治維新《めいじいしん》まで続くことになる。

源頼朝《みなもとのよりとも》挙兵

「以仁王《もちひとおう》の令旨《りょうじ》」と「平家の夢の醒《さ》めはじめ」

平家に恨《うら》みを抱いていた源三位《げんざんみ》源頼政《みなもとのよりまさ》が、同じく平清盛の専横《せんおう》に不満を抱いた以仁王《もちひとおう》を担《かつ》いで治承《じしょう》四年（一一八〇）、平家追討《ついとう》の兵を挙げた。時期尚早《しょうそう》だったこともあって、以仁王も頼政も宇治《うじ》で討たれ、平家打倒は失敗に終わった。しかし、このとき全国の源氏に以仁王の「平家追討の令旨《りょうじ》」が発せられたことが諸国に雌伏《しふく》する源氏の蜂起《ほうき》を促《うなが》し、平家滅亡の端緒《たんしょ》となった。

この以仁王の令旨を、源頼朝も、その従弟《いとこ》の源（木曾《きそ》）義仲《よしなか》も受け取った。

頼朝はしばらく静観《せいかん》していたが、京都にいる三善康信《みよしのやすのぶ》から、「以仁王の令旨の件が京都で露《ろ》見《けん》したから、奥州《おうしゅう》の藤原氏を頼って逃げるように」という手紙が届いた。しかし頼朝は逃げるよりも戦うことを選び、父義朝の時代から縁故《えんこ》のある関東の豪族たちに挙兵を呼びかけた。

頼朝はまず伊豆を支配している山木兼隆《やまきかねたか》を討つことに成功したが、相模国《さがみのくに》石橋山（現小田原市）の戦いで、大庭景親《おおばかげちか》率いる平家側の大軍に頼朝軍は大敗する。

頼朝は箱根から真鶴《まなづる》に出て、船で房総《ぼうそう》に逃れ、安房《あわ》（現千葉県）であらためて源氏の兵を集めた。このとき、上総《かずさ》の平広常《たいらのひろつね》が二万の大軍を引き連れ、遅ればせながら参陣した。さぞかし頼朝が有難がるだろうと思っていたら、「なぜいまごろ来るのか」と、逆に広常は怒鳴りつけられた。石橋山の戦いで負けて逃げてきたにもかかわらず、大軍を連れてきた大将を叱《しか》りつける毅然《きぜん》とした態度に、場合によっては頼朝に背《そむ》く気でいた広常も、「さすがに源氏の棟梁《とうりょう》である。これは大物だ」と感じ入って、忠誠《ちゅうせい》を誓うことになった。

この時期の動きを見ると、源氏の正統であることがいかに重要だったかがわかる。頼朝の身に備わった、源氏の棟梁《とうりょう》としての資質と自然な威厳《いげん》に大軍がついてきたのである。

福原《ふくはら》の新都にいた平清盛は頼朝追討軍《ついとうぐん》五千余騎の派遣を決め、九月二十二日、福原を出発せしめた。進軍の途中で兵を募《つの》り、駿河国《するがのくに》に着いたときにはおよそ五万の軍勢となっていた。

頼朝はこれを迎え撃つべく、二十万とも言われる大軍を率いて鎌倉を発した。駿河の黄瀬川《きせがわ》まで来たときに、奥州の藤原秀衡《ひでひら》の保護を受けていた弟の源義経《よしつね》が駆けつけて、有名な兄弟の対面を果たす。

かくして頼朝の大軍と平維盛《これもり》率いる平家の軍勢は、富士川で相まみえることになる。ところが、平家は一戦も交えずに逃げ出してしまった。

富士川にいた多くの水鳥の羽音を夜中に聞いた維盛の軍勢は、源氏の大軍の総攻撃が始まったと思い込み、あわてふためいて武器も食料も放り出したまま、われ先に逃げてしまったのである。まさに、このときの敗戦が平家の栄華の夢の醒《さ》めはじめであった。

義経軍の鵯越（ひよどりごえ）の逆落とし
『坂落しの事』（平家物語絵巻）
㈶林原美術館所蔵

1185
寿永4年
（元暦2年）

平家《へいけ》滅亡

義経《よしつね》「英雄譚《えいゆうたん》」のクライマックスに演じられた悲劇

源頼朝《みなもとのよりとも》に代わって京へ攻め込んだのは、同じく以仁王《もちひとおう》の令旨《りょうじ》によって信濃《しなの》で挙兵した従弟《いとこ》の源（木曾《きそ》）義仲《よしなか》であった。寿永《じゅえい》二年（一一八三）、十万余と称する平家の大軍は越中《えっちゅう》と加賀《かが》の国境にある礪波山《となみやま》の倶利伽羅《くりから》峠で木っ端微塵《こっぱみじん》に打ち砕かれた。義仲が数百の牛の角に炬火《たいまつ》をつけて敵陣を奇襲したという、有名な「倶利伽羅峠の戦い」である。

それからの平家軍は敗戦に次ぐ敗戦を続けた。その前々年に突如病死した清盛《きよもり》から後を託《たく》された三男宗盛《むねもり》は寿永二年七月、幼少の安徳《あんとく》天皇を奉《ほう》じ、三種《さんしゅ》の神器《じんぎ》とともに京都を去っていったん福原《ふくはら》に逃げ、ついに九州筑前《ちくぜん》に落ちていく。

平家に圧迫されていた後白河《ごしらかわ》法皇はすぐさま義仲に平家追討の宣旨《せんじ》を下した。官軍の立場が逆転したのである。しかし、京に入った義仲軍の狼藉《ろうぜき》もあって法皇と義仲の関係は悪化し、法皇は頼朝に義仲討伐《とうばつ》を命じる。都を手中にする機会を狙《ねら》っていた頼朝は、弟の範頼《のりより》と義経《よしつね》に命

じて義仲《よしなか》追討軍を都へ向かわせた。義仲は京都の守りを固め、これを迎え撃ったが、義仲軍は惨敗《ざんぱい》する。義仲も近江国粟津《おうみのくにあわづ》で討ち取られた。源氏が同じ源氏を滅ぼしたのである。

義仲が従兄《いとこ》の軍勢に滅ぼされた後、範頼《のりより》と義経に平家追討の院宣《いんぜん》が下った。

この源平合戦《げんぺいがっせん》（治承《じしょう》・寿永《じゅえい》の乱《らん》）で目覚《めざ》ましい活躍をしたのが義経である。平家が滅びるまでの戦いは、そのまま義経の英雄譚《えいゆうたん》であった。

平家はこのときまでに勢力を盛り返していた。瀬戸内海までの西国を制圧し、讃岐国屋島《さぬきのくにやしま》を本拠として、かつて清盛が一時的に都を置いた福原に進出し、京都奪還《だっかん》を狙《ねら》っていた。一ノ谷《いちのたに》の砦《とりで》に陣を敷いた平家は自信満々であった。

この一ノ谷を、本隊を率いる範頼が正面から攻め、義経は迂回《うかい》して鵯越《ひよどりごえ》の難路を進み、わずか七十騎の兵を率いて断崖絶壁《だんがいぜっぺき》を馬で駆け下り、背後を突いて平家陣営を壊乱《かいらん》せしめた。これが有名な「鵯越《ひよどりごえ》の逆落《さかお》とし」である。まさに日本軍事史に例のない、目の醒《さ》めるような戦いぶりであった。

さらに範頼《のりより》を主力とする追討軍が山陽道から九州へ遠征したが、途中で兵糧《ひょうろう》が尽き、範頼軍は崩壊寸前に陥った。やはり源平合戦は義経の戦いだったのである。あらためて義経が出陣し、屋島・壇《だん》ノ浦《うら》で血沸《わ》き肉躍《おど》る戦いを繰り広げた。

義経の屋島攻撃は一ノ谷の戦い以上に激烈なものであった。義経はわずかな兵力で次々に敵陣を破り、圧倒的に優勢だった平家を海上に追い落とす。

追いつめられた平家軍は関門海峡《かんもんかいきょう》の壇ノ浦《だんのうら》で義経の水軍を迎え撃った。これが源平最後の戦いとなるが、この戦いでは、平家を滅ぼすだけでなく、三種《さんしゅ》の神器《じんぎ》を奪い返すことが重要であった。

海戦を得意とする平家の水軍は潮《しお》の速さを利して圧倒的に有利な戦いを進めたが、やがて潮の流れが変わって形勢が逆転したという。平家軍は壊滅《かいめつ》状態となり、敗北を悟《さと》った平氏一門は次々と海に身を投じた。平家随一《ずいいち》の猛将といわれた平教経《のりつね》は敵の大将と刺し違えようと義経の舟に飛び乗ったが、義経は身軽に舟から舟に飛び移って逃げた。いわゆる「義経の八艘《はっそう》飛び」である。教経は組みついてきた源氏の安芸《あき》兄弟（太郎・次郎）を道連れとして両脇に抱えたまま海に飛び込んだという。

こうして平家は寿永《じゅえい》四年（元暦《げんりゃく》二年。一一八五）、壇ノ浦で滅びた。

悲惨だったのは数え六歳の安徳《あんとく》天皇が、祖母にあたる二位尼《にいのあま》（平時子《ときこ》。清盛の正室）に抱かれたまま海に沈んだことである。安徳天皇の母建礼門院《けんれいもんいん》と、安徳天皇の異母弟守貞《もりさだ》親王も入水《じゅすい》したが、二人は助け上げられた。

二位尼と安徳天皇とともに海中に没した神器《じんぎ》のうち、八咫鏡《やたのかがみ》と八尺瓊勾玉《やさかにのまがたま》は回収されたが、天叢雲剣《あまのむらくものつるぎ》すなわち草薙剣《くさなぎのつるぎ》はついに見つからなかった。もっとも、この剣は崇神《すじん》天皇の時に作られた儀式用の形代《かたしろ》（神器に準ずる複製品）で、本物は日本武尊《やまとたけるのみこと》の歿後《ぼつご》、熱田《あつた》神宮に奉納されている。現在の剣は後に伊勢《いせ》神宮より奉《たてまつ》られた。

壇ノ浦の戦いで平家滅亡
六歳の安徳天皇も祖母・二位の尼とともに水中に没した
『先帝の御入水』(平家物語絵巻)／㈶林原美術館所蔵

源氏政権の終焉《しゅうえん》

骨肉《こつにく》の争いと暗殺で滅びた源氏には平家のような美学がない

数々の武功《ぶこう》を立て、ほとんど一人で平家を倒したかの観さえある源義経《みなもとのよしつね》は、京都と宮廷で非常に人気があり、後白河《ごしらかわ》法皇は義経を従五位下《じゅごいげ》に叙《じょ》して検非違使太夫尉《けびいしたゆうのじょう》、通称「判官《ほうがん》」の位を与えている。兄頼朝《よりとも》がこれを快く思わず、自分を脅《おびや》かす存在とみたのは当然であろう。壇ノ浦《だんのうら》で捕えた平宗盛《たいらのむねもり》・清宗《きよむね》父子を護送して義経は凱旋《がいせん》したが、頼朝は義経の鎌倉入りを許さなかった。空しく京へ戻った後、義経は藤原秀衡《ひでひら》を頼って奥州《おうしゅう》に逃げた。

初代清衡《きよひら》が平泉中尊寺《ひらいずみちゅうそんじ》を建てたことで知られる名門、奥州藤原氏の第三代当主秀衡は義経をかくまったが、それから九カ月後に病に倒れた。

秀衡は息子の国衡《くにひら》・泰衡《やすひら》・忠衡《ただひら》に、義経を主君に仰ぎ、頼朝と戦うよう遺言《ゆいごん》したが、頼朝の圧力に負けた泰衡がこれに背《そむ》き、忠衡ら義経派を殺して衣川館《ころもがわのたち》にいた義経主従を討って、義経の首を頼朝に差し出したが、愚かにもその後たちまち頼朝軍に攻め滅ぼされた。

頼朝はさらにもう一人の弟である範頼《のりより》も討って兄弟を皆殺しにしてしまう。頼朝は、平家と戦った近親者を義仲《よしなか》、義経、範頼の順で殺し、さらに義仲の長男で自分の長女と結婚していた清水冠者源義高《しみずかじゃみなもとのよしたか》をも殺している。

頼朝は義経を追うために、全国の行政・軍事・警察権を持つ総追捕使《そうついぶし》という位を朝廷からもらい、国司のかわりに守護《しゅご》・地頭《じとう》を置いた。これによってあっというまに全国を自分の御家人《ごけにん》で占める体制ができた。最後に残った奥州藤原氏を征伐したことによって、頼朝は日本全国を初めて一人の力で統一し、建久《けんきゅう》三年（一一九二）、征夷大将軍《せいいたいしょうぐん》となり、鎌倉幕府《かまくらばくふ》を開いた。

二代将軍の座には頼朝の嫡男《ちゃくなん》の頼家《よりいえ》がついたが、妻の実家の比企《ひき》家と、母政子《まさこ》の実家である北条《ほうじょう》家との争いに巻き込まれ、追放されて伊豆の修善寺《しゅぜんじ》で北条氏に殺されてしまう。このとき頼家二十三歳。将軍としての器量がなかったのであろう。

その跡を継いで第三代将軍となった弟の実朝《さねとも》は歌人としても有名だが、彼も武家としてはものたりなかったようだ。実朝は、頼家の二男、つまり甥《おい》である公暁《くぎょう》によって承久《じょうきゅう》元年（一二一九）、鎌倉の鶴岡八幡宮《つるがおかはちまんぐう》で殺された。実朝二十八歳であった。実朝が謀《はか》って父頼家を殺害したと公暁が信じたためだと言われるが、その公暁も二日後には北条氏によって誅殺《ちゅうさつ》された。

頼家には公暁のほかに一幡《いちまん》、栄実《えいじつ》、禅暁《ぜんぎょう》という三人の男子がいたが、一人残らず非業《ひごう》の最期《さいご》をとげている。実朝には子がなく、頼家の子はみな若いうちに殺されて子供がないから、鎌倉幕府創設者の頼朝の男系は簡単に絶えてしまった。そして傍系《ぼうけい》にも将軍職を継ぐべき血縁者がいなかった。武家政治を確立した鎌倉幕府の源氏政権は、三十年たらずで北条政権に移ってしまう。平家は戦場で滅びたが、源氏は骨肉《こつにく》の争いと暗殺で滅びたのである。

1219
承久元年

北条氏《ほうじょうし》の執権《しっけん》政治が始まる

日本独自の「フィギュアヘッド」現象とキングメーカー

日本は二千年近く前からずっとキングメーカーによる政治を行っていたと言ってもよい。日本の場合はフィギュアヘッドに歴《れっき》とした系統がある。つまり皇室であるが、これはその淵源《えんげん》を神話時代に持つフィギュアヘッドである。その存在は政権に不満な人間が利用するには都合がよかった。

フィギュアヘッドというのは元来、船首に付ける飾りの彫刻像である。それで、政治的には単なる飾りにすぎない高位の職を指すのである。舳先《へさき》に付いているから一見、偉そうだけれども、実権は何もない。フィギュアヘッドは外国にもあるが、日本、とくに「建武《けんむ》の中興《ちゅうこう》」以前の北条《ほうじょう》時代ほど極端な例はないであろう。誰もが思い当たるのが、宮廷がフィギュアヘッドで、幕府が実力者という構図だが、それだけでなく、幕府内でも将軍がフィギュアヘッドになってしまうという特異な現象もあった。

鎌倉幕府の場合、初代将軍が源頼朝《みなもとのよりとも》で、頼朝の息子二人、頼家《よりいえ》・実朝《さねとも》が二代・三代将軍になった。しかし、頼家の時代から実際上は頼朝の妻北条政子《ほうじょうまさこ》、およびその背後《はいご》にいる北条家が実権を握り始めた。頼朝はすでに亡《な》く、実朝のときに実権は北条家に移り、北条幕府と呼ぶべきものに変わっていた。

三代実朝の死後は源氏の血統が絶えるが、北条氏にしてみると、とくに源氏にこだわることはないが、形の上での将軍は必要だからと、四代目からは公家《くげ》から五歳とか七歳とかの幼い子供を連れてきて将軍職につけるようになる。北条氏は執権《しっけん》として実権を握り、政治を行う。そうして、その幼児に近い将軍が成人するとすぐに放り出し、また幼児を公家から連れてきて次の将軍にする。しまいには親王《しんのう》まで将軍につけているのである。すさまじいやり方である。

北条氏の前には藤原氏という存在があった。いちばん上にいるのはもちろん天皇だが、藤原氏は娘を皇后にして天皇の外祖父《がいそふ》になるという方法で何百年ものあいだ実権を握ってきた。これは生物学的な血縁関係によって天皇をフィギュアヘッドにするという形だった。

西洋の言葉で、もし天皇を「キング」と呼ぶとすれば、藤原氏も北条氏も「キングメーカー」だが、藤原氏のやりかたは婚姻《こんいん》政策一本のキングメーカーだった。それに対して北条氏は、まったく政治的な手法によるキングメーカーである。

北条氏のキングメーカーとしての役割は、頼朝の時代から数えると、実に百五十年以上にもなる。一世紀半もキングメーカーであり続け、にもかかわらず、名目上の地位は地方派遣軍司《はけんぐん》令官（将軍）の下である。きわめて重層的《じゅうそう》だが、しかし、有能でもあった。元《げん》の大軍が押し寄せて来たとき、みごとに武力で国を守った北条時宗《ときむね》はキングメーカーの頭だったのである。

承久《じょうきゅう》の乱《らん》

第三回目の「国体変化《こくたいへんか》」――変化すれども断絶せず

「承久の乱《じょうきゅうらん》」は、幕府に対して不満を抱いていた後鳥羽上皇《ごとばじょうこう》が討幕の兵を挙げ、敗れた内乱である。これによって、第三回目の国体《こくたい》の変化が起こったと私は思う。

「日本の国体は変化すれども断絶せず」というのが日本史を考えるうえでのキーポイントである。このことを明らかに認識すれば、日本の歴史がほかの国の歴史とどこが違うかもよくわかるし、日本人の国民性も理解しやすくなる。

第一回目の国体変化は第三十一代用明《ようめい》天皇が仏教に帰依《きえ》したときのことである。それまでの天皇は日本の神を祀《まつ》る代表者であったが、仏教という新しい宗教をも受け入れることになった。

第二回目は源頼朝《みなもとのよりとも》が鎌倉幕府を開いたことによって起こった。宮廷と関係なく天下を武力で征服し、守護《しゅご》・地頭《じとう》を置いたのであるから、政治の原理の根本的変化である。土地所有者の任命権が幕府に移り、宮廷には実質上の支配権がなくなった。しかし建前《たてまえ》としては、古代律《りつ》令《りょう》は廃止されず天皇も残った。つまり、国体は断絶しないが変化した。

「承久の乱」では、第三回目のさらに大きな変化が起こった。これは執権《しっけん》・北条泰時《ほうじょうやすとき》のときのことで、乱を制圧した後、幕府は討幕《とうばく》の兵を挙げた後鳥羽上皇をはじめ、三人の上皇を島流しにした。後鳥羽上皇は隠岐《おき》、順徳《じゅんとく》上皇は佐渡に流され、そして討幕計画に反対していた土御門《つちみかど》上皇も、自らすすんで四国の土佐（のち阿波《あわ》に移る）に配流《はいる》された。順徳上皇の子で四歳だった仲恭《ちゅうきょう》天皇は、在位わずか七十日間で幕府から廃され、代わりに守貞親王《もりさだしんのう》の第三皇子が第八十六代後堀河《ごほりかわ》天皇となった。

これ以降、皇位継承《こういけいしょう》を幕府が管理することになった。後鳥羽天皇の直系《ちょっけい》ではない守貞親王の系統から後堀河、四条《しじょう》と二人の皇位継承者を出し、第八十七代四条天皇が十二歳で急死した際には、摂政《せっしょう》の九条道家《くじょうみちいえ》が順徳上皇の皇子岩倉宮忠成王《いわくらのみやただなりおう》（仲恭天皇の異母弟）を次の天皇に推薦したが、北条泰時は、承久の乱の協力者である順徳上皇の血筋だからと、これを許さず、討幕に反対していた土御門上皇の第二皇子を選んだ（後嵯峨《ごさが》天皇）。

つまり、きわめて位の低い武家の頭領《とうりょう》が皇位継承を決めていることになる。これは、太政大臣《だじょうだいじん》など位の高い公家《くげ》が選ぶというそれまでのしきたりが覆《くつがえ》されたわけで、宮廷を「官」とすれば鎌倉は「民」であるから、ある意味では主権在民のようなものだ。

第四回目の国体変化は明治憲法発布、第五回目は敗戦による占領憲法の制定である。憲法というのは英語でいえば「コンスティトゥーション　constitution」だが、この言葉は元来「体質」という意味だから、国の体質が変わったと考えてもいいのではないか。

ただ、いずれの場合も、国体は変わったが、断絶はしなかったということが重要である。

御成敗式目《ごせいばいしきもく》制定

明らかに「二重法制《にじゅうほうせい》」の国になった日本

源頼朝《みなもとのよりとも》は、宮廷に対しては恭順《きょうじゅん》な態度をとり、つとめて衝突《しょうとつ》を避けていた。義経追討《よしつねついとう》の名目で文治《ぶんじ》元年（一一八五）に守護《しゅご》・地頭《じとう》を設置したのは、実質的な日本支配でありながら、古代の律令《りつりょう》をそのままにして公家《くげ》を立てているのである。そして問題が起こるたびに頼朝自身が従来の不文律《ふぶんりつ》の慣習によって判断していった。これは完全なる慣習法の手続きである。

この頼朝の実質主義、慣例主義をもとに貞永《じょうえい》元年（一二三二）に成文化《せいぶんか》したのが執権《しっけん》・北条泰時《ほうじょうやすとき》の「御成敗式目《ごせいばいしきもく》」（貞永式目）である。五十一カ条の簡単なものだが、「神を尊《とうと》び、仏を尊べ」をはじめとして、当時の武士たちが納得できる理《ことわり》を主としていたから、武士たちに対して非常に効き目があった。頼朝が尊敬された理由の一つに裁判が公平だということがあったから、訴訟《そしょう》について慣習だけによらず、その目安となるものを与えたのである。

その方針は頼朝以来の「慣習」と、武家の目から見た「道理」を一つにしたものであった。泰時は、「京都には律令があるが、それは漢字のようなものである。それに対してこの式目は仮名《かな》のようなものである。したがって、これができたからといって律令が改まるわけではまったくない」と言明《げんめい》している。式目は多少形を変えながらも武家の規範《きはん》として明治維新まで続いた。

しかし律令と食い違うところも当然出てくるわけだから、このとき以来、日本は明らかに二《に》重法制《じゅうほうせい》の国になった。八世紀初頭に定められた大宝《たいほう》律令など、宮廷の律令制度はそのまま存在しているので、太政《だじょう》大臣をはじめとする昔ながらの官位や名目は残る。ところが、武家を実際に支配するのは新しい武家法だ。つまり、二重の法律ができたことになるのである。

律令は元来シナの模倣《もほう》から生じた、言ってみれば借り物にすぎないからあまり効き目はなく、宮廷からの命令があっても単なる〝触《ふ》れ流《なが》し〟ということが多かった。一方、武家法はみんなの納得ずくで決めたものだから、内容は簡単だけれども、生活に密着していた。

律令と武家の式目が相違した場合はどうなるかと言えば、もちろん武家式目のほうが優先される。だから、実際の生活上では一般の日本人は律令を意識しないですんだ。

しかし、いったん建前《たてまえ》のことになると律令がものを言う場合が出てくる。どちらかに割り切らないで両方を立てておくというのは、神道と仏教並存《へいぞん》以来の日本的アイデンティティである。

明治維新は実質的な革命でありながら、眠っていた律令を復活させ、太政官《だじょうかん》などという名称を復活させた点では断絶がなく、それが国民を一挙に団結させて近代国家にした重要な原因の一つであったと思う。今日でも「大臣」などという八世紀初頭の律令の名称が用いられているかと思えば、共産党がプロレタリア「執権」などという武家式目のような名称を持ち出すのもおもしろい現象である。

1274
文永11年
1281
弘安4年

元寇《げんこう》 文永《ぶんえい》の役《えき》／弘安《こうあん》の役《えき》

日本の国難を救ったのは「神風《かみかぜ》」ではなかった

「承久《じょうきゅう》の乱《らん》」の結果、天皇の皇位継承《こういけいしょう》までが武家に左右されるということになると、当時の歴史観としては「もう世も末《すえ》だ」という考え方も現れる。そんなときに蒙古《もうこ》が襲来する。いわゆる「元寇《げんこう》」である。

文永《ぶんえい》五年（一二六八）、ジンギスカンの孫の世祖《せいそ》クビライ・カンが朝鮮（高麗《こうらい》）を通じて日本に国書を送ってきた。クビライはすぐに返書がくるものだと思っていたが、当時十七歳の執権《しっけん》北条時宗《ほうじょうときむね》は、返書を送ろうとする朝廷の意向を拒絶し、朝鮮の使者を追い返してしまった。内容が無礼かつ脅迫的だったからである。

時宗が使者を追い返したことによって、クビライは日本攻撃の命令を出した。かくして文永十一年（一二七四）、「文永《ぶんえい》の役《えき》」が始まる。元《げん》（蒙古）軍はおよそ四万人、そのうち八千人は高麗兵である。対馬《つしま》・壱岐《いき》を侵《おか》し、島民を惨殺《ざんさつ》した元軍は十月二十日に博多湾から箱崎《はこざき》附近に上陸した。これを迎え撃つ鎮西《ちんぜい》（九州）の日本軍およそ五千と激烈な戦いが始まった。

宋や朝鮮では向かうところ敵なしで、日本もすぐに屈服するものと考えていた元軍は、日本軍の強い抵抗にあって驚いたが、数百数千の兵が集団戦法で攻めて来る元軍に、初めて外国との戦いを経験する日本軍も困惑した。日没近くになって日本軍は水城《みずき》方面に退却を始める。このとき博多正面の指揮官であった少弐資能《しょうにすけよし》の息子景資《かげすけ》が追撃する敵将劉復亨《りゅうふくこう》を矢で馬から射落《いお》とした。これで元軍も追撃をあきらめて船に引き揚げる。

優勢だった元軍がなぜ引き上げたのか、日本軍はわからなかった。敵将を射たことに気づかなかったのである。しかもその夜、嵐があって多くの船が沈んでしまったこともあって、元軍は風雨のなかを撤退していく。

当時の人々が、これを「神風《かみかぜ》」と呼んだのは、まさに実感であったろう。

元が再び攻めて来ることはわかっていたから、時宗は、鎮西《ちんぜい》（九州）の御家人《ごけにん》だけでなく、全国の御家人に呼びかけて博多の守りを固めた。文永の役の戦訓をふまえ、御家人の持っている土地一反につき石一つという割り当てで海岸に石垣を築かせ、防塁《ぼうるい》をつくった。

クビライ・カンは数年間の準備期間を置き、弘安《こうあん》四年（一二八一）、今度は十数万の大軍を博多湾に派遣した。これが「弘安《こうあん》の役《えき》」である。

二カ月にわたって沿岸各地で激しい戦いが展開されたが、堅固《けんご》な海岸防備と、敵船に斬り込むなどの日本軍の果敢《かかん》な攻撃によって、元軍は優勢を保ちながらも海上に長期間の停泊を余儀《よぎ》なくされた。やがて閏《うるう》七月、大暴風雨があって海上の元軍は全滅した。十数万の元軍のうち、帰国できたのは二割にも満たなかった。再び「神風」が吹いたのである。

蒙古《もうこ》襲来に対して、朝廷では諸社寺に国難打開《こくなんだかい》の祈禱《きとう》を命じ、亀山《かめやま》上皇自身も伊勢《いせ》神宮に参拝して、「国難に身を以て代わらん。この命を召されるとも敵を滅ぼしたまえ」と奏上《そうじょう》した。だから「神風」が吹いたのだと朝廷は思いこんだ。夏から秋口にかけてずっと博多湾あたりにいれば、一度くらい台風に襲われるのは当然だろうが、そうは考えない。元寇《げんこう》の勝利は、一生懸命お祈りしたり、護摩《ごま》を焚《た》いたりしたご利益《りやく》だというわけである。

「神風」ばかりが強調され、蒙古軍が内陸に入ってくるのを阻止《そし》するため戦った武士のことはすっかり忘れられている。その証拠に、時宗《ときむね》の功績に対する朝廷の評価もきわめて低く、従五《じゅご》位上《いじょう》から正五位下《しょうごいげ》に位が一級上がっただけであった。

武士たちにしてみれば、自分たちが働いたという意識があるから、恩賞《おんしょう》を求める。ところが、倒した敵の土地を奪って手柄を立てた者に分けることができたこれまでの国内戦争とは違い、今回はこれだけ戦いながら、何も得たものがない。

さらに、蒙古襲来に幕府が対応できたのは、義時《よしとき》以来、北条家が倹約につとめて財を蓄《たくわ》え、贅沢《ぜいたく》をせず、備えを怠《おこた》らなかったからであった。ところが、その富も今回の戦いで使い果たしてしまった。こうして北条幕府の根底が揺らいできたのとともに、時宗が三十四歳（満三十二歳）の若さで病死する。まことに元寇から国を守るために生まれてきたような武将であった。

弘安の役において元の船に斬り込む鎌倉武士たち
『蒙古襲来図油画　第十二図』矢田一嘯・画／靖國神社遊就館所蔵

1318
文保2年

後醍醐《ごだいご》天皇即位

「稽古《けいこ》の君《きみ》」が打ち出した宋学《そうがく》の「大義名分《たいぎめいぶん》」と「正統論《せいとうろん》」

第八十八代後嵯峨《ごさが》天皇が私情《しじょう》によって、第一皇子であった後深草《ごふかくさ》天皇を退位させ、第二皇子の恒仁《つねひと》親王（亀山《かめやま》天皇）を皇位《こうい》につけたことから天皇家の相続問題が起こった。そのため幕府主導のもとに後深草系（持明院統《じみょういんとう》）と亀山系（大覚寺統《だいかくじとう》）を交互に皇位につけることとした。

したがって、持明院統の花園《はなぞの》天皇のときの皇太子は大覚寺統の尊治《たかはる》親王（後の第九十六代後醍醐《ごだいご》天皇＝一二八八〜一三三九）であったが、尊治親王は気性が激しく、学問に熱心で「稽古《けいこ》の君《きみ》」と言われていた。花園天皇も一目《いちもく》置かざるを得ない又従兄《またいとこ》であった。

この尊治親王（後醍醐天皇）が勤《いそ》しんでいた学問というのが重要で、それは宋学《そうがく》であった。

宋学（朱子学《しゅしがく》）とは鎌倉時代に主に禅僧が宋から日本に持ち込んだもので、宋という国は蒙《もう》古族《こぞく》の元《げん》に押されて南へ逃れた王朝だから、異民族蒙古の支配に対して自分たちこそ正統《せいとう》であるという意識と大義名分《たいぎめいぶん》に敏感であった。だから宋学はとりもなおさず正統を明らかにすることに力を注いだ「正統論」の朱子学なのである。

宋学の立場から見れば、日本の正統たる天皇の地位が幕府の意向で決まり、皇位継承《こういけいしょう》に対して幕府が干渉《かんしょう》するのは許すことのできない不遜《ふそん》な行いであるということになる。

後醍醐天皇は三十一歳で即位した。当時、こういう気鋭・壮年の天皇は稀《まれ》であった。

天皇は、皇太子となっていた邦良《くになが》親王（大覚寺統。後二条《ごにじょう》天皇の子）が亡くなると、自分の子である護良《もりなが》親王を皇太子にしたいと考えたが、執権《しっけん》・北条高時《ほうじょうたかとき》は、九十三代後伏見《ごふしみ》天皇（持明院統）の子、量仁《かずひと》親王（後の北朝初代光厳《こうごん》天皇）を皇太子に立てた。

これは持明院統と大覚寺統がかわるがわる皇位につくという原則にしたがった処置だから、べつに幕府が悪いわけではないが、これにも後醍醐天皇は非常に腹を立て、以後、絶対に鎌倉の言うことは聞くまいと決心するのである。これはとりもなおさず、皇位は持明院統系にわたさないということにもなる。十年交替で皇位を両統の回り持ちにするという方式は執権貞時《さだとき》の決めたことであり、宋学の大義名分論からはそれはおかしいと考えたのだ。

この正統に対する信念が、明治維新のときと同じであることは注目してよい。明治維新の志士たちも、その行動の原理は朱子学の正統思想、大義名分論によっていた。そして維新、つまり革新という名の復古《ふっこ》運動をなしとげたのである。維新に際しては実践倫理《じっせんりんり》を説く陽明学《ようめいがく》の影響がよく言われるが、陽明学的に行動に移る前に、志士たちは朱子学の名分論によって、幕府の体制を非としていたのである。

後醍醐天皇は、正統を守り、立てていくためには、当然のことながら、それに介入《かいにゅう》する幕府を討たねばならないと考え、討幕《とうばく》復古の計画を立てるのである。

1331
元弘元年
～33
元弘3年

元弘《げんこう》の乱《らん》・鎌倉幕府滅亡

突如《とつじょ》として歴史の舞台に登場した楠木正成《くすのきまさしげ》「千早城《ちはやじょう》」の奮戦

後醍醐《ごだいご》天皇「ご謀反《むほん》」の計画が幕府に知られ、側近《そっきん》の日野資朝《ひのすけとも》らが捕えられた「正中の変《しょうちゅうのへん》」（正中元年＝一三二四）のときには天皇はいっさい関わりがないという弁明がとおり、後醍醐天皇には何の処分もなかった。ところが、元弘《げんこう》元年、再び幕府討伐の計画が幕府側に洩《も》れ、天皇は三種《さんしゅ》の神器《じんぎ》を持って御所《ごしょ》を脱出し、山城国笠置山《やましろのくにかさぎやま》で挙兵《きょへい》した。「元弘《げんこう》の乱《らん》」のはじまりである。

このとき、突如《とつじょ》として歴史の舞台に現れた河内《かわち》の武将、楠木正成《くすのきまさしげ》が後醍醐天皇に呼応《こおう》して赤坂城で兵を挙げた。天皇軍は笠置で籠城《ろうじょう》して、一説によれば五十万ともいう北条《ほうじょう》幕府軍とよく戦ったが、結局陥落《かんらく》した。後醍醐天皇は楠木正成が立てこもる赤坂城に向かう途中で幕府軍に捕まり、謀反人《むほんにん》として元弘二年（一三三二）三月、隠岐《おき》に流された。

ところが笠置が落ちてからも、赤坂城では楠木正成がさまざまな奇策を用いて幕府軍と激しい攻防戦を続けた。結局、城に火を放って逃げた正成は戦死したものと思われたが、その一年後、幕府の留守部隊が入っていた赤坂城を突如逆襲してこれを占領してしまった。さらに正成軍は勢力を拡大し、金剛山《こんごうざん》に千早城《ちはやじょう》を築いて本拠とし、徹底抗戦を始めたのである。

驚いた幕府は再び動員令を下して八十万といわれる大軍を送り込んだ。しかし正成軍は意気盛んで、かえって摂津《せっつ》に出兵したりしたため、京都は戦々兢々《せんせんきょうきょう》であった。

しかし何といっても幕府は大軍である。赤坂城が落ち、後醍醐天皇の子、大塔宮護良《だいとうのみやもりなが》親王の立てこもっていた吉野城も陥落して、護良親王は高野山《こうやさん》に逃れた。

しかし、最後の拠点《きょてん》である千早城だけはどうしても落ちない。幕府軍が総力をあげて攻めかかっているのに、ゲリラ戦を続ける正成に悪戦苦闘し、何カ月たっても落とせないのである。幕府があんな小城一つをどうしても落とせないということが天下に知られてくると、幕府に不満を持っていた連中がほうぼうで反幕府の兵を挙げはじめた。幕府軍にいた新田義貞《にったよしさだ》も足利高氏《あしかがたかうじ》（尊氏《たかうじ》）も北条幕府を見限り、討幕軍に加わった。さらに護良親王の令旨《りょうじ》を受けた播磨《はりま》の赤松円心《あかまつえんしん》も挙兵し、官軍として真っ先に京へ攻め入った。隠岐島《おきのしま》を抜け出した後醍醐天皇は、伯耆国《ほうきのくに》（現鳥取県）の名和長年《なわながとし》に迎えられ、船上山《せんじょうさん》（現鳥取県琴浦町《ことうらちょう》）で兵を挙げる。正成一人の抵抗をきっかけに天下の大勢は突然一変し、あれよあれよというまに形勢は大逆転した。

北畠親房《きたばたけちかふさ》が『神皇正統記《じんのうしょうとうき》』で特筆しているように、本当に、ひと月の間にバタバタッと勝敗が決まってしまった。足利高氏が京都の六波羅《ろくはら》を落としたのが五月八日。新田義貞が鎌倉を滅ぼしたのは同二十二日。九州の鎮西探題《ちんぜいたんだい》が落ちたのは五月二十六日。通信機器も汽車もない時代であるにもかかわらず、たった二十日足らずのあいだに関東から九州まで幕府の拠点がすべて潰《つぶ》され、鎌倉幕府はあっというまに滅亡してしまったのである。

建《けん》武《む》の中興《ちゅうこう》

あまりに恣意的《しいてき》で武士を無視した後醍醐《ごだいご》天皇の恩賞《おんしょう》

源頼朝《みなもとのよりとも》が幕府を開いてから百四十年ぶりに政権は朝廷にもどり、後醍醐《ごだいご》天皇による親政《しんせい》がはじまった。いわゆる「建武《けんむ》の中興《ちゅうこう》」がなされたのである。後醍醐天皇は、武士にまかせるのではなく、あくまで天子《てんし》自らが「武《ぶ》」を握るという姿勢を示した。

ところが、北条《ほうじょう》幕府が元寇《げんこう》後の恩賞《おんしょう》問題をきっかけに衰退《すいたい》していったように、「建武の中興」も、恩賞が恣意《しい》的で、後醍醐天皇の気分によって行われたために崩壊していく。

この頃「女謁《じょえつ》」、つまり女が謁見《えっけん》するという言葉があった。女が口を出して恩賞を左右するという意味である。後醍醐天皇の寵愛《ちょうあい》がとくに深かった阿野廉子《あのれんし》という側室《そくしつ》の意見が「建武の中興」における恩賞を大いに左右したのである。

そもそも「建武の中興」の理念そのものが、源平の争乱以来、武家の手にわたっていた政権を朝廷が取り返し、平安時代のような王朝にもどすことであった。また、後醍醐天皇は天皇親政が実現したのは宋学《そうがく》的理念のおかげだと思っている。武家などは見下すべき存在であった。もっと言えば武家なき世こそ望ましい。だから武士たちは必ずしも報《むく》われなかったのである。

「建武の中興」の立役者《たてやくしゃ》というべき楠木正成《くすのきまさしげ》でさえ勅約《ちょくやく》を違《たが》えられ、もともとの領地である河《かわ》内《ち》と摂津《せっつ》を与えられただけで、将軍にもされなかった。

例外は足利尊氏《あしかがたかうじ》と新田義貞《にったよしさだ》である。北条方から寝返ったこの二人が優遇されたのは、源氏という「出自《しゅつじ》のよさ」の故《ゆえ》である。これは「家柄」を重んずる宮廷風のやり方であった。

系図から見れば足利家は八幡太郎《はちまんたろう》源《みなもとの》義家《よしいえ》の子義国《よしくに》の二男義康《よしやす》の子孫であり、また、新田家はその義国の長男義重《よししげ》の子孫である。長男を優位とすればむしろ新田家のほうが上だが、新田家は有力な名家とはいえ、代々上野国《こうづけのくに》新田郡《にったごおり》に住んでいた田舎の豪族にすぎない。

一方、足利家は代々北条家から嫁をとり、先祖の妻には源頼朝《よりとも》の義妹もいる。さらに祖母は六波羅探題《ろくはらたんだい》北条時茂《ときしげ》の娘で、母は藤原氏出身の家柄、また妻は鎌倉幕府最後の執権《しっけん》赤橋守時《あかはしもりとき》の妹である。したがって尊氏が武家では「勲功《くんこう》第一」とされ、後醍醐天皇の名前（尊治《たかはる》）から一字をもらって「高氏」から「尊氏」に改めたのである。

だが新田義貞の鎌倉覆滅《ふくめつ》、楠木正成の頑張りと赤松円心《あかまつえんしん》の奮戦、さらに大塔宮《だいとうのみや》護良《もりなが》親王の不屈の戦いと令旨《りょうじ》がなければ、「建武の中興」は起こらなかった。それに比べて尊氏は、ぐずぐずしていたら官軍に討伐されていたところだったのである。

前線で命がけで戦った武士たちの恩賞が、こともあろうに僧侶や女官や踊り子以下であったから、憤慨《ふんがい》するのは当然であった。赤松円心は「すぐに天皇親政をやめ、武家政治に戻すべし」と主張した。この円心の意見が武家たちの圧倒的多数を占めていたことは言うまでもない。

足利尊氏《あしかがたかうじ》の反乱

「錦《にしき》の御旗《みはた》」の価値に気づき持明院統《じみょういんとう》の光厳《こうごん》上皇を担《かつ》いだ尊氏

足利尊氏《あしかがたかうじ》は征夷大将軍《せいいたいしょうぐん》として実権を握り、源頼朝《みなもとのよりとも》のごとくならんという野心を持ち、それを阻《はば》もうとする護良《もりなが》親王を讒言《ざんげん》して鎌倉に幽閉《ゆうへい》したあげく死に至らしめた。

さらに、建武《けんむ》二年（一三三五）、関東で兵を起こした北条《ほうじょう》最後の執権高時《しっけんたかとき》の二男、北条時行《ときゆき》を討つため鎌倉へ兵を出す際に、「征夷大将軍」の位と東国の管領権《かんりょうけん》を要求したが許されなかったので、尊氏は自ら征夷大将軍を名乗って勝手に出陣し、時行を討ち果たした。

在京の武士の半数以上が尊氏にしたがったのは、武家政治の復活を願う武士が天下に満ちていることを示すものであった。朝廷はおもねるかのごとく尊氏に従二位《じゅにい》を授け、蔵人頭《くろうどのかみ》源具光《みなもとのともみつ》をつかわして労をねぎらい、京に兵をもどすよう促《うなが》した。

それに対して尊氏は鎌倉で勝手に論功行賞《ろんこうこうしょう》を始めた。この機会に新田義貞《にったよしさだ》の基盤《きばん》を奪うつもりで、東国にあった新田の領地をことごとく部下たちに与えたのである。

これを知った新田義貞も、畿内《きない》にある足利方の土地を取り上げたので、義貞と尊氏の対立は決定的なものになり、源氏の嫡流《ちゃくりゅう》の二派が争うことになった。

義貞は尊氏討伐のため鎌倉に向かい、初めのうちは勝ち戦《いくさ》であったが、箱根・竹ノ下の戦いで、敗れ、尊氏は逆に京に攻め上《のぼ》った。しばし一進一退であったが、陸奥守《むつのかみ》鎮守府《ちんじゅふ》将軍北畠《きたばたけ》顕家《あきいえ》が、奥州《おうしゅう》に奉じていた義良《のりなが》親王とともに奥州軍を引き連れて援軍に駆けつけ、また楠木正《くすのきまさ》成《しげ》、名和《なわ》長年《ながとし》も大いに戦ったため、尊氏・直義《ただよし》兄弟は多くの有能な武将を失い、いったん九州へ逃げた。降伏した一万人もの兵を連れて凱旋《がいせん》した義貞は、左近衛中将《さこんのえちゅうじょう》に任ぜられた。

尊氏は、「日本では天皇を担《かつ》いでいなければ、結局は敗れる」ことに気づき、戦争には「錦《にしき》の御旗《みはた》」が必要であると知って、赤松円心《あかまつえんしん》の助言に従い、不遇《ふぐう》をかこっている持明院統《じみょういんとう》の光厳《こうごん》上皇から院宣《いんぜん》をもらうことにした。

普通ならば朝敵《ちょうてき》が官軍《かんぐん》になることは難しいが、このときは簡単だった。皇室が大覚寺統《だいかくじとう》と持明院統に分かれているのだから、その一方を持ってくればよい。そこで光厳上皇に使いを送り、自分が官軍であることを示す院宣を賜《たまわ》るように願い出た。

持明院統は「建武《けんむ》の中興《ちゅうこう》」以来、政治的にはまったく片隅に置かれ、欲求不満が嵩《こう》じていたところだったので大いに喜び、さっそく院宣を与えることにした。九州で代々勤皇《きんのう》の家系である菊池《きくち》武敏《たけとし》の軍を破って態勢を立て直した尊氏は、再び大軍を率いて京に攻め上る途中で院宣を受け取った。

これで尊氏側も「官軍」となり、京都側にとってはひどく具合の悪いことになった。ここにおいて、南北朝並立《へいりつ》の種がまかれたことになる。

湊川《みなとがわ》の戦い・南北朝《なんぼくちょう》成立

日本型思考の典型となった楠木正成《くすのきまさしげ》の「聖戦《せいせん》思想」と「桜井《さくらい》の別れ」

楠木正成《くすのきまさしげ》は、この当時もそれ以後も、武士としては非常に理解されにくい、異質《いしつ》な存在であった。「建武《けんむ》の中興《ちゅうこう》」が失敗に終わり、理想が裏切られても、楠木正成とその一族は何代にもわたってずっと後醍醐《ごだいご》天皇のために戦ったのである。

その戦術はゲリラのようでもあったが、まことに近代的であった。正成の戦いぶりが独特であったことは注目すべきであろう。それは「一所懸命《いっしょけんめい》」ではなかったということである。

後醍醐天皇の幕府討伐に参加した武士のほとんどは、主義というよりは所領《しょりょう》を得たり増したりするために戦った。彼らは「建武の中興」が成功したあと、自分たちがその恩恵に与《あずか》ることが少ないことを知ると、今度は足利方《あしかがかた》について天皇に敵対するのである。武士に理想などなく、目に映るのは所領のみであり、その一所に命をかける。つまり「一所懸命」なのである。

ところが正成は、自分の領土拡張のために戦ったのではない。彼は所領よりは彼の信じた大義《たいぎ》に目を向け、いわば理想のために戦った。そのために損をすることも、生命を失うこともいとわなかった。一種の宋学《そうがく》的な「聖戦《せいせん》思想」と言ってもいい。

そのため彼は武家の時代にはずっと忘れ去られていた。楠木正成が再発見されたことこそ、日本が近代国家としての意識に目覚めたことの証《あかし》なのである。維新の志士は彼を偶像化《ぐうぞうか》し、明治以後の日本人も生き方の手本とした。彼こそ近代国家の軍人のあり方の先駆《せんく》であり、それが神風《かみかぜ》特別攻撃隊菊水隊《きくすいたい》（菊水は楠木家の紋である）まで続いたのである。

いったん九州に逃れた足利尊氏《たかうじ》が九州、四国、山陽道の大軍を率いて水陸から攻め上ってきたとき、後醍醐天皇は正成に新田義貞《にったよしさだ》の援軍に向かうよう命じたが、正成は、「ひとまず尊氏軍を京都に入れ、食糧輸送を断って兵糧《ひょうろう》攻めにし、ゲリラ戦を行う」という作戦を立てた。大軍であればあるほど食糧が不足するから、そこを討とうというのである。「天皇は一時比叡山《ひえいざん》に逃れ、時機をお待ちください」と正成は進言した。

しかし、この案は受け入れられなかった。正成は「いまはこれまで」と、勝ち目のない戦《いくさ》に潔《いさぎよ》く出陣する。そして、湊川《みなとがわ》の戦場へ赴《おもむ》く途中の桜井《さくらい》の駅《えき》（宿場《しゅくば》）で正成は、嫡子正行《ちゃくしまさつら》に「私が死ねば尊氏の天下になるだろうから、おまえは郷里に帰って、忠義の心を失わずに生き延びて、帝《みかど》に尽くし、いつの日か必ず朝敵《ちょうてき》を倒せ」と言い聞かせ、帝より賜《たまわ》った菊水の紋の入った短刀を形見《かたみ》に授けて今生《こんじょう》の別れを告げる。

この有名な「桜井の別れ」は戦前の日本人なら知らぬ者はなく、この場面を歌った唱歌「青葉繁れる桜井の（大楠公《だいなんこう》の歌）」は国民的愛唱歌だった。

「父は兵庫へ赴《おもむ》かん　彼方《かなた》の浦にて討死《うちじに》せん」と歌詞にあるように、小勢の軍隊だから負ける

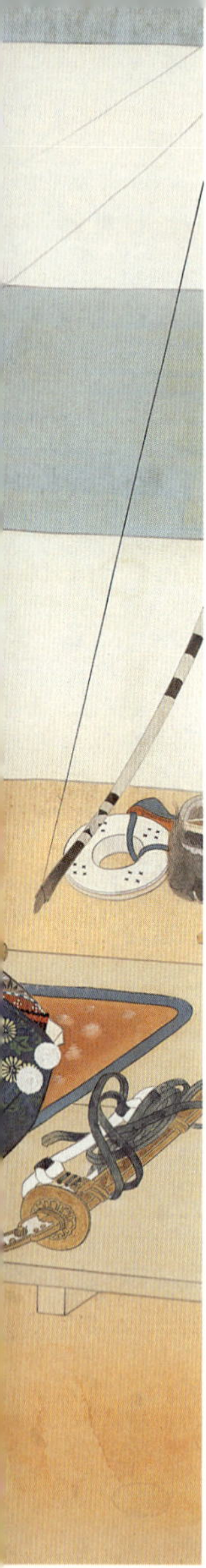

楠木正成・正行父子の別れ
『桜井駅の訣別』服部有恒・画／神宮徴古館所蔵

のがわかっていて出陣《しゅつじん》するのである。正成《まさしげ》軍は、義貞《よしさだ》軍が判断を誤って東走してしまったため、孤立して勇ましい玉砕《ぎょくさい》をとげる。

正成とともに自害した弟の正季《まさすえ》は、「七たび生まれ変わって朝敵《ちょうてき》を倒したい」と言い残したと言われる。この「七生報国《しちしょうほうこく》」という言葉は、大東亜《だいとうあ》戦争のときのみならず、日本人の底流にいまも流れるメンタリティとなっているように思われる。

後醍醐《ごだいご》天皇は尊氏《たかうじ》の和睦《わぼく》を受け入れて光厳《こうごん》上皇の弟光明《こうみょう》天皇に三種《さんしゅ》の神器《じんぎ》を譲り、太政《だじょう》天皇という名目のみの位をもらって花山院《かざんいん》に幽閉《ゆうへい》された。ここでまた皇位の譲渡があったことは明らかで、後醍醐天皇という方は皇位を譲ったことが明らかに二度あるという珍しい天皇であった。しかし天皇は、花山院を脱出して吉野《よしの》に逃げ、尊氏側に渡した神器は贋物《にせもの》であるとして、吉野（現奈良県）に吉野朝（南朝）を開く。

正安《しょうあん》三年（一三〇一）に北条貞時《ほうじょうさだとき》が持明院統《じみょういんとう》・大覚寺統《だいかくじとう》の両統を十年交替で即位させることに決めてから三十五年後、そもそもは後嵯峨《ごさが》天皇が依怙贔屓《えこひいき》から正統を乱し、皇位継承を複雑にしてから実に八代の後に、南北朝《なんぼくちょう》という形でその不合理さが顕在化《けんざいか》したのである。慎《つつし》むべきは正統の明快さを曇らせることである。あるいは本命の後継者を感情で退《しりぞ》けることである。

南北朝《なんぼくちょう》の統一

紆余曲折《うよきょくせつ》のすえ、足利義満《あしかがよしみつ》の奸計《かんけい》によって歴史から消えた南朝

後醍醐《ごだいご》天皇が歿《ぼっ》し、新田義貞《にったよしさだ》、楠木正行《くすのきまさつら》など南軍の名将もほとんど戦死した後、南朝と北朝が再び合併《がっぺい》するまでには、奇妙な紆余曲折《うよきょくせつ》があった。足利尊氏《あしかがたかうじ》・直義《ただよし》兄弟が軍事的・政治的理由から競って南朝に通じたり、楠木正成《まさしげ》の子であり正行の弟である楠木正儀《まさのり》が足利方についたと思ったら再び南朝に戻ったりといったありさまであった。

とはいえ、尊氏が開いた足利幕府の三代将軍義満《よしみつ》の時代に幕府が安定し、幕府と対立する豪族を一つ一つ平定《へいてい》すると、もともと旗色《はたいろ》の悪かった南朝はいよいよ弱体化し、頑張っているのは楠木一族の正勝《まさかつ》のみであった。

正勝は足利義満《よしみつ》の降伏勧告《こうふくかんこく》をいったんは拒絶《きょぜつ》したものの、楠木正成が守り抜いた、南朝のシンボルともいえる千早城《ちはやじょう》がついに陥落《かんらく》すると、義満の提案に従うしかなくなった。

義満が出した南北朝《なんぼくちょう》統一の条件は、南朝の持っている三種《さんしゅ》の神器《じんぎ》を北朝に与えること、皇位には北条氏《ほうじょう》の時代のように持明院統《じみょういんとう》（北朝）・大覚寺統《だいかくじとう》（南朝）の両統から交互につくこと、領地もほぼ北条《ほうじょう》時代にもどすこと、などであった。つまり、できるだけ平等に統合するというこ

とであった。

ところが、南朝側が行列を仕立てて京都へ帰ってくると、義満は「これは降参する者のやり方ではない」と怒った。南朝側も「われわれは降参するのではない」と憤慨《ふんがい》したが、だまされたと気づいたときはもはや手遅れである。

さらに、三種の神器を渡すのは「国譲《くにゆず》り」の儀式によるという約束だったのに、その昔、源氏に敗れた平家が幼い安徳《あんとく》天皇とともに西海に持っていった神器がまた京都にもどってきたときの先例によることになった。つまり、あるべきものがあるべきところにもどってきたという儀式であるから、南朝の意味は完全に否定されたことになる。

とにかく、こうして後醍醐天皇が吉野《よしの》に逃れ南朝を立ててから五十七年目で、ようやく朝廷は一つになった。

しかし、南朝の後亀山《ごかめやま》天皇は神器を北朝の後小松《ごこまつ》天皇に譲ってからは身分がなくなったうえ、講和条件にあった領土はもらえず、南朝の皇室は生活に困窮《こんきゅう》するありさまであった。

それで応永《おうえい》十七年（一四一〇）、つまり義満の死んだ翌年に、後亀山院は京都から吉野に抜け出し、小規模ながら各地で南朝側の挙兵があった。そこで幕府は旧領をことごとく与えるという条件を出して、後亀山天皇を再び京都に呼びもどしたが、その約束は守られず、幕府は決して皇位を南朝系にもどさなかった。後亀山天皇がそれに気づいたときは、すでに遅く、かくして南朝系は完全に絶えた。

足利義満《あしかがよしみつ》の急死

息子を皇位につけるという前代未聞《ぜんだいみもん》の企《くわだ》ては「天佑神助《てんゆうしんじょ》」によって阻《はば》まれた

足利義満《あしかがよしみつ》は康暦《こうりゃく》元年（一三七九）、北小路室町《むろまち》に「花の御所《ごしょ》」と呼ばれる優雅な御殿を造った。これ以降の足利幕府は、その地名から「室町幕府」と呼ばれるようになる。

室町幕府においては公家《くげ》と幕府の差は曖昧《あいまい》になった。というのは義満自身が征夷大将軍《せいいたいしょうぐん》という武家の位に甘んじることなく、宮廷での出世を望んだからである。彼は武家の棟梁《とうりょう》であると同時に公家の支配者にもなろうと考えた。南朝の残党を神社仏閣《じんじゃぶっかく》詣《もう》でと莫大な寄附で味方につけたのとは対照的に、公家に対しては、義満は高圧的な態度で臨《のぞ》んだ。身分も気位《きぐらい》も高いが、武力のない公家は義満を恐れること鼠《ねずみ》が猫を恐れるが如《ごと》くであった。

さらに義満は自分の子を天皇にして、自らは太上《だいじょう》天皇になろうという野心を抱いた。

まず、後小松《ごこまつ》天皇の生母が重い病気にかかり、命があやぶまれたときに、その代わりとして自分の妻を天皇の母、つまり「准母《じゅんぼ》」（「国母《こくぼ》」の代わり）にした。義満自身は「天皇の母の夫」ということになり、それはとりもなおさず太上天皇ということになる。そして、義満はついに一線を越え、溺愛《できあい》する容姿端麗《ようしたんれい》な息子義嗣《よしつぐ》を天皇にしようとした。

義嗣は天皇の御猶子《ごゆうし》、つまり養子になり、以後「若宮《わかみや》」（幼少の皇子）と呼ばれるのである。それを止める力は皇室にも公家にも武士にもなかった。当然、後小松天皇の後に義嗣が即位してもおかしくなかったのである。

ところが、ここで不思議なことが起こった。義嗣が親王と同様の儀式を行って元服《げんぷく》した翌々日、義満が急に咳《せ》き込《こ》み、発病したのである。

義嗣の元服式が四月二十五日、義満の発病が同二十七日。五月三日にいったん持ち直したが、二、三日後に病状が急変し、五月六日に亡くなった。年は五十一歳。それほどの高齢ではない。自分の息子を天皇の養子に定めるという、日本人としては頂点まで登りつめた栄華《えいが》から、わずか十日後に義満は急死した。これは偶然かもしれないが、いずれにしろ義満が急死したため、政治的権力によって血がつながらない子供を皇位につけるという前代未聞《ぜんだいみもん》の企《くわだ》ては、あと一歩というところで実現せずに終わったのである。

武家の棟梁《とうりょう》である義満が、公家を徹底的にこき使い出したことこそ、その性格のうえで鎌倉幕府と足利幕府に一線を画する大事件であった。公家とは天皇に奉仕する存在であって、天皇以外の権力者に仕《つか》えるという事態になれば、その権力者はすでに単なる権力者ではなく、皇位を窺《うかが》う者なのである。平清盛《たいらのきよもり》が熱病で死んだのも天罰であると言われたくらいであるが、その清盛よりもさらに大きな野心を抱き、自分の子供を皇位につけようとした義満の急死にいたっては、「天佑神助《てんゆうしんじょ》」（天と神の助け）と言う人があってもおかしくない。

第3章 戦国篇

武田信玄と上杉謙信の一騎討ち 『川中島合戦図屏風』／ミュージアム中仙道所蔵

応仁《おうにん》の乱《らん》勃発

日本史上に大断層《だいだんそう》を生じさせた天下の大乱

南北朝《なんぼくちょう》が統一されてようやく幕府に権力が集中し、六代将軍足利義教《あしかがよしのり》のときには完全に諸大名を制し、足利幕府は絶対的な権威を持つようになった。

ところが、嘉吉《かきつ》元年（一四四一）、義教が重臣赤松満祐《あかまつみつすけ》によって暗殺された後は、嫡男《ちゃくなん》である義勝《よしかつ》（九歳）、その弟の義政《よしまさ》（八歳）と幼少の将軍が二代続いた。さらに幕府を支えてきた功臣たちも相次いで亡くなり、幕府の基盤《きばん》がゆらぎはじめる。

八代将軍となった義政と正室の日野富子《ひのとみこ》とのあいだには子供がなかったため、僧職にあった弟の義尋《ぎじん》（後、義視《よしみ》と改名）を還俗《げんぞく》・元服《げんぷく》させ、次期将軍として養子に迎えた。

ところが、その翌年、富子に男児（後の足利義尚《よしひさ》）が誕生したことによって家督《かとく》相続の問題が起こった。これに管領《かんれい》家（斯波《しば》・細川・畠山）の家督相続をめぐる内紛が絡《から》む。やがて三管領のなかで細川氏の力が突出してくるが、その一方で、山名《やまな》家が復活・台頭《たいとう》してきた。

山名家は元来、侍所《さぶらいどころ》の長官をつとめる「四職《ししき》」の一つである家柄だったが、明徳《めいとく》二年（一三九一年）に山名氏清《うじきよ》が三代将軍義満《よしみつ》に対して挙兵し（明徳の乱）、一度は討伐された。ところが、氏清の娘婿《むすめむこ》・時熙《ときひろ》とその子宗全《そうぜん》が山名家を再興し、細川家と並び立つ存在になった。

次期将軍を約束された義視には執事として幕府の最高実力者である細川勝元《かつもと》がついているので、自分の息子義尚を将軍職につけたかった富子は、山名宗全に援助を求めた。これでさらに細川・山名の対立が大きくなった。

芸術には天才的なところがあったものの、意志薄弱でもあった義政は、権勢欲の旺盛な富子や、三人の「魔」と呼ばれた今参局《いままいりのつぼね》（い
ま）、烏丸資任《からすますけとう》（からす
ま）、有馬持家《ありまもちいえ》（あり
ま）の側近たちにふりまわされて、幕政は大いに乱れた。

さまざまな人物の欲と思惑が入り乱れ、場当たり的な政策が横行したから、幕府の統制力が弱まり、細川・山名の対立は各大名の間にまで広がった。ついには全国の武士が細川の東軍と山名の西軍にわかれて争い、「応仁《おうにん》の乱《らん》」と呼ばれる全国的な大乱に発展する。それは応仁元年（一四六七）から十一年も続いた。

日本の家系は、大名家であれ、名門の家であれ、皇室と一部の公家《くげ》を除けば、そのほとんどが応仁の乱以降に始まる。それより前にはさかのぼれないのである。源氏とか平氏を名乗る大名は多いが、実は応仁の乱を境にほとんどの家系がそれ以前と切り離され、勝手に「誰々の子孫」と称するようになっただけのことだ。

応仁の乱とは、それほどの歴史的大変動だった。このとき日本史上に大断層《だいだんそう》が生じたと言ってもよい。

1482
文明14年

足利義政《あしかがよしまさ》が慈照寺《じしょうじ》を建立《こんりゅう》

無力な将軍が日本人の新たな感性《かんせい》「幽玄《ゆうげん》の美《び》」を創出《そうしゅつ》した

美的センスに恵まれていた八代将軍足利義政《あしかがよしまさ》は長禄《ちょうろく》二年（一四五八）、祖父義満《よしみつ》が造営した室《むろ》町第《まちだい》（花の御所《ごしょ》）の復旧工事をはじめ、美しい盆山《ぼんやま》を築き、立派な大庭園を造り上げて、翌年、この室町新第《しんだい》に移った。この当時、諸国に飢饉《ききん》が起こり、寛正《かんしょう》二年（一四六一）の大飢饉では悪疫《あくえき》の流行も加わって賀茂川《かもがわ》を死体が埋《う》めるほどだったが、義政は一向に気にかけず、造園に夢中だった。当時は挿花《さしばな》といった華道も好み、造園、盆景《ぼんけい》、挿花など、日本人の自然趣味の原型が、義政のもとで全国に広まった。

義政の贅沢《ぜいたく》の極《きわ》みが寛正《かんしょう》六年（一四六五）三月四日の華頂山《かちょうざん》の花見であった。公家《くげ》や武家《ぶけ》を引き連れ、黄金で箸《はし》を作るなど、衣服調度《いふくちょうど》は華美を極めた。花の下で連歌会《れんがかい》を催《もよお》し、義政自ら「咲き満ちて花より外《ほか》の色もなし」と詠《えい》じた。これは平安時代、藤原氏の最盛期に藤原道長《みちなが》が「この世をばわが世とぞ思ふ　望月《もちづき》の欠けたることもなしと思へば」と詠んだのと好一対《こういっつい》をなしている。

この豪奢《ごうしゃ》な花見の二年後に「応仁《おうにん》の乱《らん》」が起こったのだが、政治に関心を失い、武力もない義政自身は何もしなかったし、また何もできなかった。門の外では戦争をやっているが、門の中では詩歌《しいか》の会と宴会ばかりが行われていたわけである。

義尚《よしひさ》に将軍職を譲った義政は、東山の月待山《つきまちやま》山麓に隠居所の造営を始めた。幕府の勢力が衰えていたため費用の捻出《ねんしゅつ》に苦しみながらも、ようやく東山殿《ひがしやまどの》（東山山荘）を完成させた。義政は東山殿に十一の楼閣《ろうかく》を建てたが、現在残っているのは銀閣《ぎんかく》だけである。延徳《えんとく》二年（一四九〇）の義政歿後《ぼつご》は、その菩提《ぼだい》を弔《とむら》うため東山殿は慈照寺《じしょうじ》に改められた。

義政は一種の天才であった。審美眼《しんびがん》と美的感覚が抜群で、唐《とう》や宋《そう》の名画を集め、シナでは忘れられた牧谿《もっけい》（十三世紀後半、宋末期から元にかけての画家）の水墨画を高く評価した。茶碗でも、彼がほめたものは「大名物《おおめいぶつ》」と呼ばれ、信長や秀吉の時代には特別重要な茶器として尊ばれた。自ら茶をたて、四畳半の茶室の始まりとされる書院「同仁斎《どうじんさい》」を東山殿東求堂《とうぐどう》のなかにつくった。お茶の師匠は「わび茶」の創始者である大徳寺《だいとくじ》の村田珠光《むらたしゅこう》とも言われる。日本の「茶の湯」は鎌倉時代の禅宗の僧侶たちによって精神修養的な意味を強めながら広まったものだが、文化の中心として躍り出てくるのは、この義政の時代である。

義満が建てた金閣寺《きんかくじ》のきらびやかさと美しさは外国人にも大いに理解できるだろう。だが、われわれ日本人には、むしろ銀閣寺のほうが好ましいと感じられる。その「しぶさ」に趣味のよさと高尚《こうしょう》な美を見るからである。義政は日本人の新しい感受性《かんじゅせい》を発掘《はっくつ》したといってもいい。日本人は義政によって「幽玄《ゆうげん》」の美というものを理解できるようになったのではないだろうか。

天下《てんか》動乱《どうらん》後の変化

下剋上《げこくじょう》と朝廷の困窮《こんきゅう》を経《へ》て一段高い文化が芽生えた

応仁《おうにん》の乱《らん》によって、将軍の権威が衰えただけでなく、一向宗徒《いっこうしゅうと》が加賀《かが》一国を支配して〝宗教国〟が生まれたり、守護大名《しゅごだいみょう》の実権を家臣が奪ったりするような現象が起きた。身分の低い者が実力で上の者を倒す風潮《ふうちょう》は「下剋上《げこくじょう》」と呼ばれ、小田原の北条早雲《ほうじょうそううん》、美濃《みの》の斎藤道三《さいとうどうさん》に代表される新しい戦国大名が日本中に生まれた。全国に広がった戦いが収束《しゅうそく》した後も、各地で家督《かとく》相続をめぐる争いは収まらず、将軍の後継者問題を巻き込んで混乱が続いていた。

この動乱《どうらん》は、朝廷にも大きな影響をおよぼした。明応《めいおう》九年（一五〇〇）、後土御門《ごつちみかど》天皇が亡くなられたが、打ち続く戦乱のせいで朝廷は窮乏《きゅうぼう》し、葬式を出す費用もなかったため、亡くなってから四十余日、遺体は内裏《だいり》の黒戸《くろど》の御所《ごしょ》にずっと置かれたままであった。喪中《もちゅう》に践祚《せんそ》した後柏原《ごかしわばら》天皇の即位の礼を行うことすらできなかった。足利《あしかが》幕府や本願寺《ほんがんじ》からの献金によって、ようやく即位の礼が行われたのは、践祚されてから二十二年目のことだった。二十二年間、即位式をするだけの金が集まらなかったことになる。

その次の後奈良《ごなら》天皇が即位の礼を行ったのは、践祚から十年後、その次の正親町《おおぎまち》天皇は三年後のことであった。正親町天皇のときは毛利元就《もうりもとなり》が金を出したと言われている。践祚してから即位の礼が行われるまでの期間がだんだん短くなっているのは、大動乱のあと、さすがに地方の大名たちのなかで皇室に対する関心が高まり、皇室をたてようという気運が少しずつ起こってきたということであろう。

生活に窮した公家《くげ》が地方に散り、禅宗の僧侶たちが乱を避けて各地を回ったことによって地方に文化が興《おこ》り、新しい宗教が全国に広まったことは、応仁の乱のプラス面であった。混乱の時代が何十年も続くうち、泥沼から蓮《はす》の花が咲くように、日本人全体に一段高いレベルの文化が芽生《めば》えたのである。

中央政府（足利幕府）は、九代将軍義尚《よしひさ》以降はもう名ばかりのようなものだったから、地方の豪族たちは、あてにならない将軍よりも、その奥に不変なものが存在するのではないかということに気づいた。つまり、天皇に対する意識がだんだん高まってきたのである。

そして戦国も末期になると、上杉謙信《うえすぎけんしん》、織田信秀《おだのぶひで》（信長《のぶなが》の父）、毛利元就など、天皇家に寄附したり献金したりする武士が出てくる。日本を再統一するためには京都へ出て天皇をバックにして命令するのが最良の方法であるという明確な意識を持つ武将も生まれてきた。

それを最初に実行しようとしたのが百万石の大大名、今川義元《いまがわよしもと》だった。義元は、将軍家につながる血筋から言っても実力からしても、自分こそ上洛《じょうらく》して乱世《らんせい》を建て直す人間であると考えた。そこに立ちはだかったのが、皇室尊重派である織田信秀の嫡男《ちゃくなん》信長であった。

桶狭間《おけはざま》の戦い

機を逃さず、情報を重視した信長《のぶなが》の知略《ちりゃく》が強敵今川義元《いまがわよしもと》を打ち破った

織田《おだ》家は信長《のぶなが》の父信秀《のぶひで》の時代から今川義元《いまがわよしもと》と国境をめぐる戦いを重ねていた。しかし、永禄《えいろく》三年（一五六〇）、満を持して上洛《じょうらく》を目指す義元が二万の大軍を動員して尾張《おわり》に侵攻し、いよいよ最後の決戦となった。有名な「桶狭間《おけはざま》の戦い」である。

迎え撃つ織田信長勢は今川軍の十分の一の二千前後にすぎない。織田側ではしきりに軍議が開かれ籠城《ろうじょう》案も出たが、信長は何も言わず、武将たちは敗戦を覚悟するほど意気阻喪《そそう》した。

ところが、織田の丸根砦《まるねとりで》と鷲津《わしづ》砦が落ちたと聞くと、信長はやおら立ち上がって、幸若舞《こうわかまい》「敦盛《あつもり》」を舞った。「人間五十年、下天《げてん》のうちを比ぶれば夢幻《ゆめまぼろし》のごとくなり。一度生《ひとたび》を享《う》け、滅《めっ》せぬもののあるべきか」と謡《うた》うや、「皆の者、続け」といきなり馬を駆って飛び出して行った。

続々と兵が続き、およそ二千人が熱田《あつた》神宮に集まって戦勝祈願《きがん》を行った後、善照寺《ぜんしょうじ》の砦に向かい、さらに中島砦から桶狭間に打って出ようとするが、家臣たちは「中島砦までの道は両側が深田《ふかた》だから一騎ずつ縦隊《じゅうたい》でしか進めず、しかも桶狭間山の今川方からはこちらの軍勢の少なさが丸見えです」と必死になって止めた。にもかかわらず信長は作戦を強行した。

　ここが信長の発想が並の武将と違うところである。敵から丸見えだということは、それだけ敵に近づいたということである。桶狭間までは四キロ足らずであった。信長は若い時から馬で尾張中を駆《か》け巡《めぐ》っていたから、馬なら十数分で行けることがわかっていた。

　さらに、戦場で二千人が二万人と団子になって戦えば百パーセント負ける。しかし、敵が進軍中のところに突っ込んで行けば、紐状《ひもじょう》に伸びた状態の敵を横から襲う形で戦える。先に進軍している今川の軍勢が織田軍の攻撃を知って引き返しても、十数分では戻ってこられない。いざ斬り込んでみると、義元の周囲には五百騎くらいしかいなかった。義元は馬ではなく輿《こし》に乗って引き揚げようとしていた。今川軍の中で実際に戦えるのは二百騎くらいだったから、戦力は逆に十対一となった。信長はみごと義元を討ち取った。

　実際に今川義元を討ち取ったのは、毛利新助《もうりしんすけ》（良勝《よしかつ》）、服部小平太《はっとりこへいた》（一忠《かずただ》）の二人だった。当時の概念で言えば、百万石の大名の首を取ったのだから、これは最高の手柄である。

　ところが、信長が与えた論功行賞《ろんこうこうしょう》は彼らが一番ではなかった。恩賞《おんしょう》第一等は、敵がいつ何処《どこ》にいるか、その情報を伝えた野武士《のぶし》上がりの簗田政綱《やなだまさつな》であった。

　これは実にすばらしい考え方である。信長にしてみれば、「これは俺が考えた戦いだ」と言いたかったのであろう。自分が考えたとおりにやれば、義元の首は必ず誰かが取る。だから、いちばん重要なのはいつ何処に義元がいるか、である。その情報の価値を一番に認めたのは画期《かっき》的《てき》なことであった。

比叡山焼《ひえいざん》き討ち

中世《ちゅうせい》を終わらせ、近世《きんせい》をひらいた信長《のぶなが》とヘンリー八世

都では三好《みよし》三人衆（三好長逸《ながやす》、三好政康《まさやす》、岩成友通《いわなりともみち》）と松永久秀《まつながひさひで》が、第十三代将軍足利義輝《あしかがよしてる》を暗殺し、義栄《よしひで》（義輝の従弟）を擁立《ようりつ》した。これに対して幕臣の細川藤孝《ほそかわふじたか》（幽斎《ゆうさい》）は、僧籍《そうせき》にあった義輝の弟、一乗院覚慶《いちじょういんかくけい》を還俗《げんぞく》させて後継に立てる。これがのちの義昭《よしあき》である。

信長《のぶなが》は、明智光秀《あけちみつひで》の仲介《ちゅうかい》によって接近してきた義昭を第十五代将軍に奉《ほう》じて上洛《じょうらく》し、わずか十数日で畿内《きない》をほとんど平定した。やがて義昭と信長の仲が悪化し、信長は義昭を京都から追放する。これで事実上、足利幕府は滅亡したことになる。足利時代の終わりを象徴するかのように、信長は公家や朝廷に働きかけて元号を「天正《てんしょう》」と変えた（一五七三年）。

しかし、改元前の元亀《げんき》元年（一五七〇）の時点では三好の残党が四国の阿波《あわ》にいて、大坂の石山本願寺《いしやまほんがんじ》と連合して反信長勢力となっていた。さらに北の反信長勢力である近江《おうみ》の浅井長政《あさいながまさ》、越前《えちぜん》の朝倉義景《あさくらよしかげ》の連合軍が京都に入り、比叡山延暦寺《ひえいざんえんりゃくじ》に立てこもる。信長は比叡山に対し、浅井・朝倉の引き渡しを要求するが、比叡山は断固として拒絶した。そのうち六角義賢《ろっかくよしかた》が甲賀《こうが》から兵を挙げ、本願寺門徒衆は近江の通路を塞《ふさ》いで、信長の本拠地尾張《おわり》との交通を断った。伊勢《いせ》

長島一向一揆《ながしまいっこういっき》で、信長の弟信興《のぶおき》も自害してしまう。信長は非常に危ない状況にあった。

信長は正親町《おおぎまち》天皇の勅命《ちょくめい》を請《こ》い、浅井・朝倉、本願寺といったん講和を結ぶ。そして翌元亀二年、信長は浅井長政の居城となっていた小谷《おだに》城を攻め、次いで「比叡山焼き討ち」を行った。信長は比叡山の建物すべてを焼き払い、女性や子供まで皆殺しにしたと言われている。

比叡山焼き討ちは空前の出来事だった。これには賛否両論があるが、江戸中期の儒学者新井《あらい》白石《はくせき》などは『読史余論《とくしよろん》』で「比叡山の兇悪《きょうあく》を除いたのは大きな功績であった」と評価している。

世界史的に見て私がおもしろいと思うのは、ユーラシア大陸の東の果ての島国である日本と、西の外れの島国イギリスが、ほぼ同じ時期に徹底的な中世破壊《ちゅうせいはかい》を行っていることだ。

信長は中世のシンボルである比叡山を焼き討ちしたが、イギリスではヘンリー八世が中世以来のカトリックの大修道院をことごとく破壊して、いわゆる宗教改革《しゅうきょうかいかく》を行っている。同じ頃に同じようなことが起こり、それで日本もイギリスも中世が終わった。日本の朝廷における比叡山、イギリスの王室におけるカトリック教会、という中世の権威の象徴が完全に破壊されたわけだ。イギリスではヘンリー八世、日本では信長をもって近世《きんせい》がはじまったのである。

天正元年（一五七三）、信長は続けて浅井・朝倉を討ったが、越前の一向宗徒《いっこうしゅうと》が蜂起《ほうき》して信長に降《くだ》った朝倉の一族の者を滅ぼし、越前は本願寺一向宗徒に占領された。信長は大軍を越前に送り込み、比叡山同様、徹底的な殺戮《さつりく》を行った。一揆衆《いっきしゅう》一万二千五百五十人が殺されたという。こうしてさしもの「一向一揆」も終焉《しゅうえん》を迎えた。

長篠《ながしの》の戦い

軍事の天才信長《のぶなが》の前に亡びた武田家の最期《さいご》

元亀《げんき》三年（一五七二）十月、織田信長《おだのぶなが》が最も恐れていた甲斐《かい》の武田信玄《たけだしんげん》が本格的に上洛《じょうらく》をはじめた。まずその攻撃を受けたのは信長と同盟関係にあった徳川家康《とくがわいえやす》であった。信長は越後《えちご》の上杉謙信《うえすぎけんしん》と結んで家康を助けることにしたが、織田・徳川連合軍は三方ヶ原《みかたがはら》の戦いで惨敗する。ところが、天下を取るほどの人物は幸運にも恵まれている。翌天正《てんしょう》元年（一五七三）、進軍の途中で信玄が病死した。

信玄の遺志を継いだ勝頼《かつより》率いる武田軍は、天正三年（一五七五）、再び京都をめざして進攻を開始した。そして三河国長篠城《みかわのくにながしのじょう》を包囲した武田勝頼軍と織田・徳川連合軍が衝突《しょうとつ》する。画期的《かっきてき》な戦いとして知られる「長篠《ながしの》の戦い」である。

勝頼を支えていたのは、武田四天王《してんのう》と呼ばれた信玄以来の宿将《しゅくしょう》である馬場信房《ばばのぶふさ》、山縣昌景《やまがたまさかげ》、内藤昌豊《ないとうまさとよ》、高坂昌信《こうさかまさのぶ》だったが、高坂は上杉に備えて甲州《こうしゅう》に留まっていた。

武田家から徳川方へ寝返《ねがえ》った奥平貞昌《おくだいらさだまさ》（信昌《のぶまさ》）の守る長篠城が落城寸前まで追い詰められたところへ織田・徳川連合軍が到着し、長篠城手前の設楽原《したらがはら》に陣を敷いた。馬場、山縣、内藤は信長率いる大軍に対していったん引き下がることを進言したが、勝頼は決戦を選び、長篠城を二千人で囲ませておいて、二万の軍隊を十三隊に分けて設楽原に進んだ。

その決戦前、おなじみの〝天下のご意見番〟大久保彦左衛門《おおくぼひこざえもん》の講談に、彦左衛門の初陣《ういじん》として必ず出てくる鳶巣文殊山《とびのすもんじゅやま》の合戦があった。勝頼の叔父武田信実《のぶざね》が、長篠城攻撃のために築いた鳶巣山砦《とびのすやまとりで》を守っていた。徳川の家臣酒井忠次《さかいただつぐ》は、これを夜のうちにとってしまい、敵の後方をおびやかそうとして、みごと成功した。

長篠の戦いで最も画期的だったのは馬防柵《ばぼうさく》を築いたことだった。その後ろに数千の鉄砲隊を置いて、次から次へ撃てるような工夫をしたのである。しかも馬防柵とのあいだにスペースがあって、そこから槍隊《やりたい》がいつでも飛び出せるようにした。この攻撃を受けて、馬場、山縣、内藤をはじめ武田の重立《おもだ》った武将は全員、戦死した。武田軍は総崩れとなり、勝頼は甲斐に逃げ戻った。

信長が考えたこの作戦は非常に画期的かつ近代的なものである。馬防柵で敵を抑えながら一《いっ》斉射撃《せいしゃげき》を行ったのは、西洋ではハプスブルクの軍隊がオスマントルコ軍を破ったときが最初だった。これは一六九一年、つまり長篠の戦いから百十六年後のことである。信長は鉄砲の本場であるヨーロッパより一世紀以上も先んじていた。まさに天才であった。

武田軍に圧勝した信長にとって、次なる脅威は上杉謙信であったが、天正六年（一五七八）、関東から西に攻めのぼり信長と決戦するつもりでいた謙信は、出陣の直前に急死した。

武田の騎馬隊を迎え撃つ織田の鉄砲隊
『長篠合戦図屏風』／犬山城白帝文庫所蔵

信長《のぶなが》が軍事的にすぐれていたのは、天才的なひらめきだけでなく、状況を見きわめて、じっくり構える必要があるときはけっしてあわてなかったことだ。たとえば長篠《ながしの》の戦いで勝利したときもいったん引き揚げ、急がずゆっくりと武田を攻めた。

武田勝頼《たけだかつより》はしょっちゅう兵を出しては戦争をしていたが、決定的な勝利というものがなく、たいして意味のない消耗戦《しょうもうせん》を繰り返していたにすぎない。そのうち、武田四天王《してんのう》の最後の一人、高坂昌信《こうさかまさのぶ》が死に、信長の武田征伐が始まると諸将は次々と織田《おだ》・徳川《とくがわ》方に降参し、最後は重臣小山田信茂《おやまだのぶしげ》に裏切られて勝頼は天目山《てんもくざん》に逃げ、そこで自害した。北条家《ほうじょうけ》から迎えた妻（名は不明）と長男信勝《のぶかつ》も勝頼とともに死を選んだ。信勝は自害直前に元服式《げんぷくしき》を行ったという。

この悲惨な武田家の最《さい》期《ご》の美談として残されているのは、勝頼の妻——

小田原《おだわら》城主北条《ほうじょう》氏康《うじやす》の娘で、勝頼に嫁いだ女性である。負《ま》け戦《いくさ》になってから勝頼もその家来も、彼女に実家の小田原城に帰ることをすすめたが、「夫とともに果てることこそわが願い」と言って最後まで勝頼についていった。武田家の重臣たちが続々と寝返った中で、武人《ぶじん》の妻としてみごとな姿を見せた二十歳の若い女性がいたのである。

　かくして天正十年（一五八二）、武田氏もついに滅びた。

1582
天正10年

本能寺《ほんのうじ》の変《へん》

天才信長《のぶなが》を討った秀才光秀《みつひで》の心のうち

織田信長《おだのぶなが》はほぼ天下を平定した。残る大敵、中国の毛利《もうり》は羽柴秀吉《はしばひでよし》が征伐に向かい、備中《びっちゅう》高松城を攻めていた。その秀吉を援《たす》けるため、信長の命令で明智光秀《あけちみつひで》が出陣するのだが、ご承知のように光秀は進軍の途中で京都に向きを変え、本能寺《ほんのうじ》にいた信長を討つ。

この「本能寺《ほんのうじ》の変《へん》」における光秀の姿を、最も簡潔に示して見せたのは頼山陽《らいさんよう》（158ページ参照）である。その著書『日本楽府《にほんがふ》』の「本能寺」を唱すれば、いまなお血が騒ぐのを感じる。

本能寺《ホンノウジ》　溝《ミゾ》ハ幾尺《イクシャク》ゾ
吾《ワ》ガ大事《ダイジ》ヲ就《ナ》スハ今夕《コンセキ》ニ在《ア》リ
茭粽《カウソウ》手《テ》ニ在《ア》リ茭《カウ》ヲ併《アハ》セテ食《クラ》フ
四簷《シエン》ノ楳雨《バイウ》　天《テン》ハ墨《スミ》ノ如《ゴト》シ
老阪《オイサカ》ヲ西《ニシ》ニ去《サ》レバ備中《ビッチュウ》ノ道《ミチ》
鞭《ムチ》ヲ揚《ア》ゲテ東《ヒガシ》ヲ指《サ》セバ天猶早《テンナホハヤ》シ

本能寺　溝幾尺
吾就大事在今夕
茭粽在手併茭食
四簷楳雨天如墨
老阪西去備中道
揚鞭東指天猶早

吾《ワ》ガ敵《テキ》ハ正《マサ》ニ本能寺《ホンノウジ》ニ在《ア》リ　吾敵正在本能寺
敵《テキ》ノ備中《ビッチュウ》ニ在《ア》ル　汝《ナンジョ》能ク備《ソナ》ヘヨ　敵在備中汝能備

光秀は事を起こす直前に連歌《れんが》の会を催《もよお》した。簷《のき》からは梅雨《つゆ》がしたたり、天は真っ暗だ。そのとき粽《ちまき》が出されると、光秀はその皮（茭《こう》）を取らずに食べ、突然、「本能寺の溝の深さはどれほどか」と聞いたので、一座の者は妙な印象を受けたという。

真偽《しんぎ》のほどは不明だが、事を起こす前の光秀の放心状態をよく示していると思う。それから老阪《おいさか》で東に向かうことになるが、まだ東の空は暗い（天猶早）。そして敵は本能寺にいるのだが、もう一人の敵は備中にいる秀吉だと言っている。名詩だと思う。

光秀が娘婿《むすめむこ》の細川忠興《ほそかわただおき》にあてた手紙が残っている。「自分がこのようなことをしたのも忠興のためである。あとは忠興とガラシャ（光秀の娘）の子（すなわち自分の孫）にまかせたい」という主旨である。光秀の謀反《むほん》が綿密な計画に基づくものではないことは、あらかじめ手をまわすこともせず、あてにした武将が誰もついてこなかったことからもわかる。最も信頼していた忠興も、その父藤孝《ふじたか》（幽斎《ゆうさい》）も動かず、これはというような武将は誰も味方しなかった。

本能寺の変を知って急遽《きゅうきょ》毛利と和睦《わぼく》し、大急ぎで引き返してきた秀吉軍を迎え撃った山崎《やまざき》の戦いで光秀は討死《うちじに》する。信長を天才だとすれば、光秀は秀才型だった。光秀の謀反《むほん》の理由については諸説あるが、光秀が何を思っていたか、その心のうちはわからない。

小《こ》牧《まき》・長《なが》久《く》手《て》の戦い

秀吉と家康・両雄の対決

天正《てんしょう》十年（一五八二）六月に明智光秀《あけちみつひで》を討ち、翌十一年の初夏に「賤ヶ岳《しずがたけ》の戦い」で柴田勝家《しばたかついえ》を滅ぼした秀吉は、たった一年で、信長《のぶなが》よりも広大な領地を得た。十一月には大坂城を築きはじめる。

ところが、ここで最大のライバル徳川家康との戦いが起こる。小牧《こまき》・長久手《ながくて》の戦いである。

それまで秀吉と家康は表向き友好関係にあった。だが、秀吉との関係が悪化した信長の二男信雄《のぶかつ》が家康を頼り、家康はその後見《こうけん》として秀吉に対し兵を挙げることになった。信雄は主君の子であり、家康は主君・信長と同盟関係にあった人物である。その二人が連合して敵対してくるのは秀吉にとっては実にやりにくいことだった。

天正十二年三月、家康は要害《ようがい》の地である尾張《おわり》の小牧山を占領する。つねに敏速《びんそく》に機先を制する戦いをしていた秀吉が、このときは珍しく先手を取られたのである。

長宗我部《ちょうそかべ》軍と雑賀《さいが》・根来《ねごろ》衆の大坂城攻撃に対する備えをせねばならなかった秀吉は、家康が小牧山に陣をかまえてから半月後、ようやく自軍の池田恒興《いけだつねおき》が奪った犬山城《いぬやまじょう》に入った。

池田恒興と森長可《ながよし》は徳川の陣地を迂回《うかい》して三河《みかわ》の岡崎城《おかざきじょう》を奇襲する作戦をたてたが、その動きを察知《さっち》した家康軍に背後《はいご》を突かれ、池田・森両軍は長久手《ながくて》で全滅した。

敗戦の報を聞いた秀吉はただちに攻撃に向かうが、いつまでも戦場にぐずぐずしている家康ではない。さっさと清洲城《きよすじょう》に戻ってしまったから、秀吉も引き返した。

「このまま睨《にら》みあっていてもしかたがない」と秀吉は考えた。大坂も気になってしようがない。家康のほうも「戦場で秀吉と戦うのはたまらない」と城に籠《こも》ってしまう。お互いに鉄砲を持っているから、強引に攻めると信長時代の長篠《ながしの》の戦いの二の舞だとわかっていた。二人とも戦争の名人だから無理はしない。軍を小牧山にとどめたまま、秀吉は大坂城に戻った。

若い頃の秀吉の発想は実に柔軟《じゅうなん》で、織田信雄領の伊賀《いが》・上野《うえの》にすばやく攻撃目標を変えた。伊勢長島城《いせながしまじょう》を囲まれた信雄は降参する。秀吉は恭《うやうや》しい態度で講和を結んだと言われている。

家康との戦いが膠着状態《こうちゃくじょうたい》に陥《おちい》ったらそれを放棄《ほうき》してしまう。一局面に執着《しゅうちゃく》しないこういう秀吉の発想というのは、当時の武将には見られないすごさである。信雄が秀吉と講和してしまった以上、信雄を助けるという名目で立った家康は戦う理由を失ってしまうのである。

家康は長久手で勝利をおさめ、秀吉方の滝川一益《たきがわかずます》を降参させてもいる。ところが、形としては、秀吉が優勢だったと周囲はみた。だから、秀吉が家康に講和をもちかけたときには、家康は嫡男《ちゃくなん》・於義丸《おぎまる》と重臣石川数正《いしかわかずまさ》の息子を人質に出さざるを得なかった。秀吉は於義丸を養子にし、羽柴秀康《はしばひでやす》として河内《かわち》一万石を与えているが、家康にとっては不本意だっただろう。

秀吉天下統一《てんかとういつ》

名門・北条氏《ほうじょうし》の滅亡と家康の関東封《ふう》じ込《こ》め

天正《てんしょう》十三年（一五八五）、羽柴秀吉《はしばひでよし》に朝廷から関白《かんぱく》の宣下《せんげ》があり、翌年、太政大臣《だじょうだいじん》に任ぜられて新たに豊臣《とよとみ》姓を賜《たまわ》った。

秀吉は勢いにのって紀州《きしゅう》の根来《ねごろ》・雑賀《さいが》衆、高野山《こうやさん》を制圧し、四国の長宗我部元親《ちょうそかべもとちか》、越中《えっちゅう》の佐々成政《さっさなりまさ》を討つ。さらに、最大の難敵・徳川家康に妹朝日姫《あさひひめ》を嫁《とつ》がせて「義理の兄弟」という関係にしたうえ、母親の大政所《おおまんどころ》を人質として差し出した。こうなると家康もやむをえず、秀吉に臣下の礼をとることになった。家康の脅威から解放された秀吉は天正十五年（一五八七）、本格的な九州征伐に乗り出し、島津《しまづ》を降参させたうえで領地を安堵《あんど》して、島津を心服《しんぷく》せしめた。

同十五年には華美を極めた聚楽第《じゅらくだい》が完成し、後陽成《ごようぜい》天皇が行幸《ぎょうこう》された。北野《きたの》の大茶会《だいちゃかい》を催《もよお》して、公家《くげ》・諸大名はもちろん、身分の上下なく参加させ、民衆とともに華やかに茶の湯を楽しんだ。同十七年には聚楽第で「金配り《きんくばり》」と称し、大名や公家に総計三十六万五千両におよぶ大判小判を惜しみなく配った。このとき秀吉は「多くの金銀を積むも、用いざれば瓦《かわら》や石に同じ」と言っている。宝はみんなで分け合おうということである。このころの秀吉は輝いていた。

最後まで秀吉に従わなかった小田原の北条氏《ほうじょう》を攻めたのは翌十八年のことであった。秀吉の軍勢は二十六万と言われ、大海軍部隊も動員したが、小田原城は信玄《しんげん》・謙信《けんしん》も落とせなかった難攻不落《なんこうふらく》の城であり、北条氏の兵士は百日余りも籠城《ろうじょう》して、これによく抗戦した。

結局、総帥《そうすい》北条氏直《うじなお》は自分以外の将兵の助命を条件に降伏した。秀吉は父氏政《うじまさ》と弟氏照《うじてる》の切腹を命じるが、秀吉も家康《いえやす》も北条軍の戦いぶりに感銘《かんめい》を受け、徳川《とくがわ》時代以降も氏直の家は残った（その子孫は明治天皇の侍従《じじゅう》になっている）。

かくして北条早雲《そううん》以来、名君を輩出《はいしゅつ》した北条家は滅び、ここに秀吉の天下統一がなった。秀吉は七月十三日に小田原城に入城して諸将の論功行賞《ろんこうこうしょう》を行い、家康には北条の関八州《かんはっしゅう》のうち伊豆《いず》・相模《さがみ》・武蔵《むさし》・上総《かずさ》・下総《しもうさ》・上野《こうづけ》の六国を与え、下野《しもつけ》・安房《あわ》を支配下に置かせた。しかし、安房には里見《さとみ》氏、上野には佐野《さの》氏、下野には宇都宮《うつのみや》氏、那須《なす》氏、常陸《ひたち》には佐竹《さたけ》氏がいて、いずれも秀吉が安堵《あんど》しているからこれは家康のものにはならない。さらに問題なのは、かわりに家康先祖代々の土地・三河《みかわ》をはじめ、家康の旧領をすべて取り上げてしまったことである。

家康の家来たちが腹を立てたのも無理はないが、家康が承知した以上、家臣たちもやむをえなかった。家康はつねに勇猛であり、怖れを知らぬ大将という印象が部下には強烈に植えつけられていた。その大将が我慢して、関八州をもらって箱根の山の向こうへ行くのなら、自分たちもついていくしかないという気持ちになったのである。ここが家康という人物の傑出《けっしゅつ》したところであり、武将というものは平生《へいぜい》がいかに重要かということでもある。

文禄《ぶんろく》の役《えき》（朝鮮出兵《ちょうせんしゅっぺい》）

朝鮮半島で快進撃を続けた日本陸軍

秀吉《ひでよし》の朝鮮侵攻の理由については諸説あるが、秀吉はかなり前から大陸に関心を抱き、中国・九州の先に朝鮮・大明国《だいみんこく》を見ていた。少なくともそのイメージがあったことは間違いない。

秀吉は天正《てんしょう》十五年の六月に対馬《つしま》の宗《そう》家を九州の箱崎《はこざき》に呼んで「明に侵攻するため朝鮮を通るから、朝鮮に行って話をつけよ」と命じ、かつ「来朝して天下統一の祝いの言葉を述べよ」と伝えるよう命令した。宗義智《そうよしとし》の尽力《じんりょく》によって朝鮮通信使が来朝したが、国王が来ないから秀吉は不満であった。また、国書は秀吉の天下統一を祝うだけで、決してそれ以上のものではなかったが、宗義智や小西行長《こにしゆきなが》は、この通信使の来朝を「服従の証《あかし》」であると言いつくろった。

しかし、朝鮮も明もそれ以上秀吉を相手にしなかったため、秀吉は天正十九年（一五九一）三月、朝鮮出兵《ちょうせんしゅっぺい》命令を出した。秀吉の頭にあったのは明に入ることだけであった。

朝鮮に上陸した日本軍の快進撃には目を見張るものがあった。天正二十年（文禄《ぶんろく》元年）四月十二日、釜山《ふざん》に小西・宗の軍が上陸した。その翌日には釜山城が落ち、翌十四日には東莱《とうらい》城が陥落。二十六日に慶州《けいしゅう》、五月三日には京城《けいじょう》（漢城《かんじょう》）を占領した。朝鮮国王宣祖《せんそ》はすでに京城を脱出し、高級官僚たちも妾《めかけ》を連れてみんな逃げてしまった。六月十五日には平壌城《へいじょう》を占領。日本の進軍のあまりの速さに、明では朝鮮が案内をしているのではないかと疑ったほどだった。

この頃、秀吉の母親大政所《おおまんどころ》が病気になり、九州名護屋《なごや》に陣取っていた秀吉がその知らせを受けた七月二十二日に亡くなった。帰って母親の死を知った秀吉は、嘆きのあまり倒れたという。

日本軍唯一の弱点は水軍であった。お話にならないくらい船がお粗末で敵に劣っていたこと、指揮官不在で、てんでんばらばらに戦ったことがその理由である。日本の水軍は海軍ではなく、元来は輸送船団なのである。戦闘に備えての総司令官を決めていなかったから、しょっちゅう仲間割れを起こしていた。こんなことで海上の戦争ができるわけはない。

そうこうするうちに突然明軍が現れ、平壌城にいた日本軍に風雨をついて夜襲《やしゅう》をかけた。明をなめきっていた日本軍はあわてて鉄砲で立ち向かった。明軍は騎兵《きへい》でやってきたが、城の中では騎兵は動きがとれない。明軍は総崩れになって逃げた。

激戦ではあったが、大将格二人が撃ち殺されて逃げ帰ったと聞いて明の宮廷は愕然《がくぜん》とした。そこで、沈惟敬《しんいけい》という自称〝日本通〟が自ら小西行長と交渉することを申し出た。

一方、日本側では釜山から遥《はる》かに平壌まで来て、しかも、食糧を補給する船が朝鮮の水軍に阻《はば》まれてなかなかやって来ないものだから士気が落ちていた。海軍のいない陸軍の孤立感というのは、大東亜戦争《だいとうあせんそう》のときに南の孤島で日本軍が体験したのと同じ頼りなさであったろう。しかも、朝鮮の自然環境は厳しく、冬を迎えたときの用意もろくにしていない。疫病《えきびょう》が流行して毛利輝元《もうりてるもと》も病《やまい》に伏し、秀吉《ひでよし》の養子秀勝《ひでかつ》（秀吉の姉の子。信長《のぶなが》の四男秀勝とは別人）は巨済島《きょさいとう》で病死した。日本軍はだんだん追いつめられてきた。小西行長と宗義智《そうよしとし》は秀吉に無断で朝鮮と和平交渉をはじめたが、そこに明の沈惟敬《しんいけい》が勅使《ちょくし》として現れる。行長はこの男を信用して、ひとまず休戦状態にしようと、斥候《せっこう》も出さず、偵察も防備も怠っていた。

そういうところへ李如松《りじょしょう》率いる明軍が総攻撃をしかけてきた（文禄二年一月八日）。平壌城《へいじょう》に立てこもる小西行長軍は約一万五千、明軍はおよそ四万五千。正味《しょうみ》三倍である。ついに城の食糧庫に火が入ると小西軍は折から結氷《けっぴょう》していた大同江《だいどうこう》を渡って逃げた。この平壌の戦いが陸上で日本唯一の敗戦になった。小西以外の武将たちも行長を信じ、講和が近いと油断していた。

京城《けいじょう》に集まった日本軍は敵を碧蹄館《へきていかん》で待ち受け、有名な「碧蹄館の戦い」が始まる。日本軍は明軍を引きつけておいてから銃撃し、斬り込んでいった。日本の武器はなんといっても鉄砲だった。一斉射撃《いっせいしゃげき》という戦術を知らなかった明軍はこれで大打撃を受けた。明軍は総崩れとなって、李如松も落馬し、危うく部下に助けられて命からがら逃走した。

しかし、兵糧《ひょうろう》もなく、手負いも増えた日本軍には厭戦《えんせん》気分が漂《ただよ》い、石田三成《いしだみつなり》から小早川隆景《こばやかわたかかげ》まで大名全員の署名入りで、「日本軍も京城で餓死するような状況になっている。行長が明の使いを連れて名護屋《なごや》へ行くであろう。明も講和には熱心である」という手紙を秀吉に送り、四月七日にようやく撤退命令が出る。破竹の勢いで京城に入ってから、日本軍は一年たらずで撤退することになった。

文禄の役　日本軍の進撃図

1596
慶長元年

秀吉、明《みん》の国使《こくし》を追い返す

講和を破綻《はたん》させた日・朝・明、各国官僚たちの事なかれ主義

朝鮮における戦いで秀吉《ひでよし》は負けたとは思っていないから、明《みん》との和平交渉に際して七カ条の講和条件を考えた。なかで重要なのは、明の皇女を日本の天皇に差し出すこと、足利《あしかが》時代の勘《かん》合貿易《ごうぼうえき》のような通商を行うこと、京城《けいじょう》附近の南部四道を日本に譲ること——この三つだった。明では、要するに秀吉を日本の王に封《ほう》ずればいいのだろうくらいにしか考えていない。これでは話が合うはずがない。そのうえ、仲介《ちゆうかい》する人物が皇帝の怒りを怖《おそ》れて秀吉の条件を明に伝えない。明の考えも秀吉に伝わらない。そんな状態で両方とも講和しようとしているのである。

明から下交渉のための使いがきたので、秀吉は厚くもてなしたが、通訳の景轍玄蘇《けいてつげんそ》は明の朝廷に対しては「平和になったら日本は明の属国《ぞっこく》になる」とか、「明の先鋒《せんぽう》になって韃靼《だつたん》（タタール）を討つでしょう」などと秀吉が聞いたら怒り狂うようなことを言う。ところが、明や朝鮮からの使節は秀吉が出した講和条件七カ条を知っている。しかし、明に報告はしない。「こんな条件を突きつけられて帰ってくるバカがあるか」と叱られるから、報告できないのである。

明のほうは秀吉に降伏状を出せという。秀吉にはやはりそんなことは言えないから、沈惟敬《しんいけい》

が偽作する。小西行長《こにしゆきなが》と相談したとも言われる。行長のほうは、明の皇女をもらうのも、南部四道の譲渡も、とても無理だと思っているが、しかし、それを口にすることはできない。沈惟敬は「秀吉は日本の皇女を明の皇帝の妃にしてくれと言っている」などという手紙を書いている。まったく嘘の応酬だから、話がまとまるわけがない。

やがて小西如安《ジョアン》という大名が文禄《ぶんろく》三年に使者として北京に赴《おもむ》き、大歓迎をうけた。如安が交渉したときの文書に「小敵日本、封《ほう》を求む」という言葉があるから、如安は「日本は朝鮮や琉球と同格だ」という認識を明に植えつけたらしい。明としては秀吉を日本国王に封ずるつもりになった。如安が明に伝えたのは、大まかに言えば次の三つである。

秀吉を日本国王に封じてほしい、明から封（位《くらい》）をもらったら、釜山《ふざん》、対馬《つしま》から引き揚げる（実際には、朝鮮の南半分の四道を寄こせと秀吉は言っている）。秀吉は貿易を求めていない（これも逆である）。三番目には、朝鮮とともに明の属国になる。――実にとんでもないことを言っているが、こうでも言わなければ講和は成り立たないと如安は思っていたのだろう。

明の朝廷は「天皇という存在があるのになぜ秀吉は国王の地位を求めるのか」ともっともな質問をした。これに対しては、「天皇と国王は同じです。信長が天皇を殺してしまったので、新しく秀吉を立てて国王にするのが国民の望みです」と、これまた無茶苦茶なことを言っている。属国意識の染みついた官僚たちの言動は、まるで今日の姿を見るようである。

明は「それならよかろう」と、正式な講和の使者を送ることにした。

『豊臣秀吉　明ノツカヒヲシカル』
小山栄達・画／講談社の繪本『國史繪話』
（昭和13年　大日本雄辯會講談社刊）より

秀吉《ひでよし》は華美を極めた壮麗な伏見城《ふしみじょう》で迎え、一大軍事パレードを行って明の使者を驚かそうとしていた。ところが、大地震が起きて伏見城は大天守まで崩壊してしまったので、秀吉は比較的被害の少なかった大坂城で明の使者を迎えることになった。明の正使は李宗城《りそうじょう》であったが、日本は使節の首を斬るつもりだという噂を聞いて李は恐ろしくなり、釜山《ふざん》から逃げ出してしまった。そこで副使の楊方亨《ようほうこう》が正使となり、沈惟敬《しんいけい》は参事官のような形でこれに加わっていた。

使者は封冊《ほうさく》（天子の下す任命書）と金印、冕服《べんぷく》（位の高い人の礼装用の冠と衣服）を献上していた。秀吉は冕服を身につけて使者を引見し、僧承兌《じょうたい》に封冊を読ませた。

小西行長《こにしゆきなが》は、前もって「封冊には沈惟敬の言っていることと違うことが書いてあるかも知れませんが、そういうところは読まずに隠してください」と、承兌に頼んでおいた。しかし、承兌はかまわず読み上げた。

「ここにとくに爾《なんじ》を封じて日本国王と為す」。

それを聞いて、秀吉は烈火《れっか》のごとく怒り、明が献上した冠と衣服を脱ぎ捨てると、「国王になど明の小せがれに任じても

らわなくともいつでもなれる。そもそも日本には天皇がおわすことを知らぬのか」と一喝《いっかつ》した。このとき秀吉は怒りのあまり「封冊を破り捨てた」というのだが、これは現物が国宝として残っているのだから、伝説にすぎない。

　そして小西行長を呼び出し、明使とともに誅殺《ちゅうさつ》しようとした。これは承兌のとりなしで免れたものの、明の使いを追い返し、秀吉は朝鮮征伐を命じるのである。

慶長《けいちょう》の役《えき》（第二次朝鮮出兵《ちょうせんしゅっぺい》）

「露梁津《ろりょうしん》の戦い」でも日本軍は勝利していた

前の戦い（文禄《ぶんろく》の役）は明《みん》侵攻が目的であったのに対し、第二次朝鮮出兵《ちょうせんしゅっぺい》の目的は、「礼を欠いた」朝鮮を成敗《せいばい》することにあった。動員したのは前回の約半分、十四万強であった。

大きな戦闘では慶長《けいちょう》二年十二月二十二日の「蔚山城《うるさんじょう》の戦い」がある。築城中だった蔚山城に、麻貴《まき》率いる明軍の本隊四万、朝鮮軍二千五百が攻めてきて、警戒をおろそかにしていた日本軍はたちまち外郭《がいかく》を取られた。浅野幸長《あさのよしなが》が急遽《きゅうきょ》城に入り、加藤清正《かとうきよまさ》も駆けつけた。

まだ建設中で、兵糧《ひょうろう》を運びこんでいなかったため、正月の一日になると玉砕《ぎょくさい》寸前まで追い詰められた日本軍だが、和平交渉で時間を稼いでいるうちに毛利秀元《もうりひでもと》らの援軍が現れる。背後《はいご》を囲まれるとは思っていなかった明・朝鮮軍は、兵糧も武器も大砲もぜんぶ捨てて退却した。

島津義弘《しまづよしひろ》は泗川《しせん》に築いた泗川城に明軍を引きつけ、さんざんに打ち破った。当時の記録によれば、三万八千七十七の首をとったという。明・朝鮮軍は島津軍を「石曼子《シーマンツ》」と呼んで恐れ、その強さは数百年の後まで語り継がれて、日清戦争でも「石曼子」といえばシナ人は怖がったという。また、文禄の役で朝鮮の王子を満洲《まんしゅう》国境まで追いつめて捕虜にし、晋州《しんしゅう》城では城壁をつぶして大量虐殺をした清正は「鬼上官《きじょうかん》」と呼ばれて恐れられた。

当時の明は、新たに勃興《ぼっこう》したヌルハチ（後の清朝《しんちょう》初代皇帝）との戦闘が相次ぎ、財政は窮乏《きゅうぼう》していたから、秀吉軍がそのまま明を倒し、朝鮮を占領しうる可能性もあった。しかし慶長三年（一五九八）八月十八日、秀吉が伏見城《ふしみじょう》で病死する。毛利輝元《てるもと》、宇喜多秀家《うきたひでいえ》、前田利家《まえだとしいえ》、徳川家康の四大老は朝鮮からの引き揚げ命令書を出した。

講和は諸将の判断にまかせ、本国の指令を仰ぐ必要はないというので、それぞれの武将が出先で講和を結んだ。秀吉が死んだことは朝鮮も明も知らなかった。どの武将も勝者として円滑《えんかつ》に講和を進め、諸将は釜山《ふざん》に集まり、十一月に帰国することになった。

ところが朝鮮の英雄・李舜臣《りしゅんしん》率いる水軍が明の大将陳璘《ちんりん》率いる水軍とともに、引き揚げてくる日本軍を古今島《こきんとう》で待ち受けていた。この水軍は小西行長《ゆきなが》・松浦鎮信《まつらしげのぶ》の順天城《じゅんてんじょう》を攻めあぐねて、いったん引き返していた古今島で日本軍撤退を知り、海上を封鎖《ふうさ》したのである。

そこへ島津軍が現れ、李舜臣の水軍とぶつかって「露梁津《ろりょうしん》の戦い（露梁海戦《ろりょうかいせん》）」が起こる。引き揚げるつもりで合戦の準備をしていなかった島津軍は、海上で待ち受けていた敵の大軍にさぞ驚いたであろう。島津軍は大苦戦のすえ命からがら逃げた、というのが通説になっている。

ところが、島津側の主立《おもだ》った武将は全員無事だったのに対し、明水軍の副将鄧子龍《とうしりゅう》は斬り殺され、朝鮮水軍も、鉄砲の弾丸にあたって死んだ大将李舜臣をはじめ、数人の幹部が戦死している。つまり、島津の兵隊たちは銃で応戦し、元寇《げんこう》のときの日本軍のように明の船に斬り込ん

明・朝鮮軍に取り囲まれた日本軍
『蔚山城籠城図』（朝鮮軍陣図屏風）／㈶鍋島報效会所蔵

だのである。だから、この海上戦では日本が実際は勝っていたとも言える。

敵の被害の正確な報道がないうちは、味方の被害しかわからない。その典型が昭和十四年（一九三九）に起きたノモンハン事件だ。

満洲《まんしゅう》の国境をめぐって日ソ両軍が戦ったあの事件で、日本はおよそ一個師団《いっこしだん》が消えるほどの打撃を受けたから、日本は負けたとばかり思っていたのだが、ソ連解体後、破壊されたソ連軍の戦車は日本のおよそ二十倍、撃墜された飛行機は約十倍、兵士の損傷も日本より多かったことがわかった。ソ連軍は日本の何倍も兵力があったのだから、実は日本は勝っていたのである。

明・朝鮮の報告書は、とにかく皇帝に褒《ほ》められるために出すものだから、都合のいい嘘を書き連ね、十倍、二十倍の誇大な戦果を報告している。日本としては自分たちの被害しかわからないから、向こうの史料だけを読むと負けたようにみえるのである。明の兵隊は朝鮮人の首を切って日本人の首だと言って出世した。朝鮮人も同胞《どうほう》の首を取って差し出したという。

明の文献によれば、この戦いで「府庫《ふこ》、虚耗《きょもう》す」、つまり明の蔵《くら》は空になった。この十八年後（一六一六）にヌルハチは後金《こうきん》（後の清《しん》）を建国し、その二十八年後、明は滅亡する。

1598
慶長3年

秀吉死す

惜しまれる秀吉の哀れな最期《さいご》

秀吉《ひでよし》の死に方はじつに英雄らしくなかった。豊臣家《とよとみけ》を残したくて「秀頼《ひでより》を頼みます、頼みます」と前田利家《まえだとしいえ》や徳川家康《とくがわいえやす》たちに泣いて頼みながら死んでいる。名著『近世日本国民史《きんせいにほんこくみんし》』を書いた徳富蘇峰《とくとみそほう》は「人間の価値はいちばん値段の高いところで見なければいけない」と言った。秀吉は山崎《やまざき》の合戦《かっせん》から賤ヶ岳《しずがたけ》の戦いあたりまでの秀吉で見るべきだし、桂太郎《かつらたろう》なら日露戦争のときで人物を計るべきだというのだが、最晩年の秀吉は惨《みじ》めで情けない老人であった。

秀吉は日本史の中でいちばんの英雄と言ってよいであろう。何しろ、足軽《あしがる》から身を起こし、関白太政大臣《かんぱくだじょうだいじん》として日本全土を統治《とうち》したのだ。信長も家康も、出発点は大名であった。

信長のように敵を潰《つぶ》すことよりも、秀吉は相手を降伏させることを重んじて、その場合は本《ほん》領安堵《りょうあんど》をしている。「敵を殺さなければ済まぬ」という戦国的、また信長的発想と、秀吉の発想はまったく違っていた。秀吉にはある種の〝明るさ〟があった。

秀吉は北野《きたの》に大茶会《だいちゃかい》を催《もよお》し、聚楽第《じゅらくだい》に後陽成《ごようぜい》天皇の行幸《ぎょうこう》を仰ぎ、醍醐《だいご》に花見し、金銀を気前よく分け与えた。信長は比叡山《ひえいざん》を焼き、高野山《こうやさん》を攻め、本願寺《ほんがんじ》と戦った。秀吉は比叡山延暦寺《えんりゃくじ》も高野山金剛峯寺《こんごうぶじ》も再興し、本願寺を優遇した。大仏を建てたことも昇平《しょうへい》の気分を世の中につくり出した。刀狩りを行って農民の武器を取り上げ、その鉄を大仏殿に使ったのは象徴的でさえある。

朝鮮出兵については、小林秀雄《こばやしひでお》の指摘の如《ごと》く、それがまったくこれまでにない戦いであること、つまり「事変の新しさ」がわからなかったことと、秀吉に老衰《ろうすい》が始まっていたことを考慮すべきである。とくに、秀吉が淀君《よどぎみ》に男の子を生ませたことが、彼の知力を曇《くも》らせた。

秀吉には若いときから多くの側室《そくしつ》がいたのに一人も子ができず、今なら八十歳ぐらいに相当する五十六歳という年齢になってから秀頼が生まれたことが、秀吉の晩年を卑小《ひしょう》にしたように思われてならない。

せっかく関白にした甥《おい》の秀次《ひでつぐ》が邪魔になったので切腹させ、その遺児《いじ》、正室、側室、侍女《じじょ》合わせて三十名を処刑した秀吉は、若いときの秀吉ではない。ただただ幼い息子に家を継がせたいと願うだけの老いぼれ爺《じじい》になってしまった観がある。それを人間的という見かたもあると思うが、私は悲しく思うし、あわれであるし、ひと口で言えば惜しい。私は小学六年生のときに「豊臣家なら鎖国《さこく》をしなかったであろうから大東亜戦争《だいとうあせんそう》は不要であったろう」という主旨の作文を書いた。それから七十年ほどの時間が経つが、今でも私はそう思っている。

こうして、我慢に我慢を重ねていた家康にようやく出番がまわってきたわけである。秀吉の享年《きょうねん》六十二。家康五十六歳であった。

関《せき》ヶ《が》原《はら》の戦い

家康の強運が一夜にして戦国時代を終わらせた

秀吉《ひでよし》の死後、大名のなかで突出《とっしゅつ》した実力を持っていた徳川家康《とくがわいえやす》の独走が目立つようになる。家康を抑えるだけの力があるのは加賀《かが》の前田利家《まえだとしいえ》のみであったが、その利家が秀吉の死の翌年、後を追うように亡くなると、家康の権勢はいよいよ大きくなった。

五奉行《ぶぎょう》の一人で、秀吉にかわいがられ、かねてから家康と反目《はんもく》していた石田三成《いしだみつなり》は、家康が自分に服従せず挑発的な態度をとっていた会津《あいづ》の上杉景勝《うえすぎかげかつ》を討つため大軍を率いて東上した機をとらえ、毛利輝元《もうりてるもと》を総大将にして家康打倒の兵を挙げた。この報を聞いた家康軍（東軍）はすぐさまとって返し、三成の西軍と美濃国関ヶ原《みののくにせきがはら》でいわゆる「天下分け目の戦い」が行われることになる。

この「関ヶ原の戦い」に家康はかろうじて勝ったとも言えるが、それまで秀吉に手堅《てがた》く仕《つか》え、他の大名の面倒を見ていたのが勝因の一つでもあっただろう。

西軍を率いた石田三成は、秀吉の朝鮮征伐（文禄《ぶんろく》の役《えき》）の際には船奉行《ふなぶぎょう》として日本軍を朝鮮に渡航させる任にあたり、後に増田長盛《ましたながもり》、大谷吉継《おおたによしつぐ》とともに、朝鮮に出ている軍勢の督励《とくれい》のための奉行として渡った。元来は戦うために出かけたのではなかったが、追撃してくる明の大軍との「碧蹄館《へきていかん》の戦い」には、南の礪石嶺《れいせきれい》の峠から黒田長政《ながまさ》、宇喜多秀家《うきたひでいえ》勢などとともに打って出て、小早川隆景《こばやかわたかかげ》の大勝利に貢献もしている。

慶長の役《けいちょうえき》では、秀吉死後の引き揚げ業務を遂行《すいこう》した。しかし、内地にいた三成は、難戦を経験した武将たちからは楽をしていたように思われ、両者の間に感情の対立が生まれた。その上、対明《みん》講和の話の時に、小西行長《こにしゆきなが》の意見に従い、「加藤清正《かとうきよまさ》が講和を妨害している」と報告したため、清正は講和を望む秀吉の怒りに触れた。

清正は〝告げ口《つぐち》〟した三成を骨《ほね》の髄《ずい》まで憎み、「八幡大菩薩《はちまんだいぼさつ》、治部《ぢぶ》（石田）とは一生中直《なかなお》りは仕《つかまつ》るまじく候」と言っている。古川柳に「八幡は堪忍《かんにん》ならぬ時の神」とあるように、「八幡」は徹底した憎悪を示す時に口にする言葉であった。このような具合で、石田三成と、前線で戦った加藤清正や福島正則《まさのり》とのあいだには激しい確執《かくしつ》があった。秀吉の正妻であるねねは、秀吉が足軽頭《あしがるがしら》くらいの頃から自分が台所で飯を食べさせていた清正や福島正則がかわいかっただろうし、家康は秀吉の死後、未亡人となったねね（高台院《こうだいいん》）を丁重に扱っていたから「ことがあれば家康殿につきなさい」と彼らに言っていたらしい。

一方、秀吉が長浜《ながはま》の地をもらって大名になってから家来になった石田三成のような官僚的な武将は、みな秀頼《ひでより》の母淀君《よどぎみ》についている。本妻ねねにしてみれば、秀吉の子供（秀頼）を産んでくれたとはいえ、あまりいい気はしないだろう。それを担《かつ》いでいる三成たちよりは、小僧のような頃から世話をし、飯を食べさせてやった連中をひいきする気持ちがあって、家康《いえやす》に味方するようアドバイスしたというのはあり得る話だと思う。関ヶ原の戦いの時も、福島正則《ふくしままさのり》は家康のためにいちばん働いている。

明治時代初期、日本陸軍近代化の基礎を築いたドイツの参謀将校《さんぼうしょうこう》メッケルが、関ヶ原の戦いの地図を見せられて、「どっちが勝ったと思いますか」と聞かれ、それは石田《いしだ》方だと答えたという。ところが、ご存じのように石田方には金吾中納言《きんごちゅうなごん》（小早川秀秋《こばやかわひであき》）の裏切りがあった。さらに大坂城に入っていた西軍の総大将、毛利輝元《てるもと》が出陣しなかった。もし輝元が戦場に出ていれば石田方が勝っていただろう。しかも家康方の主力の徳川秀忠《とくがわひでただ》軍は中山道《なかせんどう》を関ヶ原に向かう途中、上田城で迎え撃った真田昌幸《さなだまさゆき》にかかずらって間に合わなかった。だから天下分け目の戦いは、勝つべくして勝ったというよりも、運が味方して勝ったというべきだった。

しかし、この関ヶ原の戦いは決定的だった。関ヶ原での勝敗が決まっても、まだまだ争い

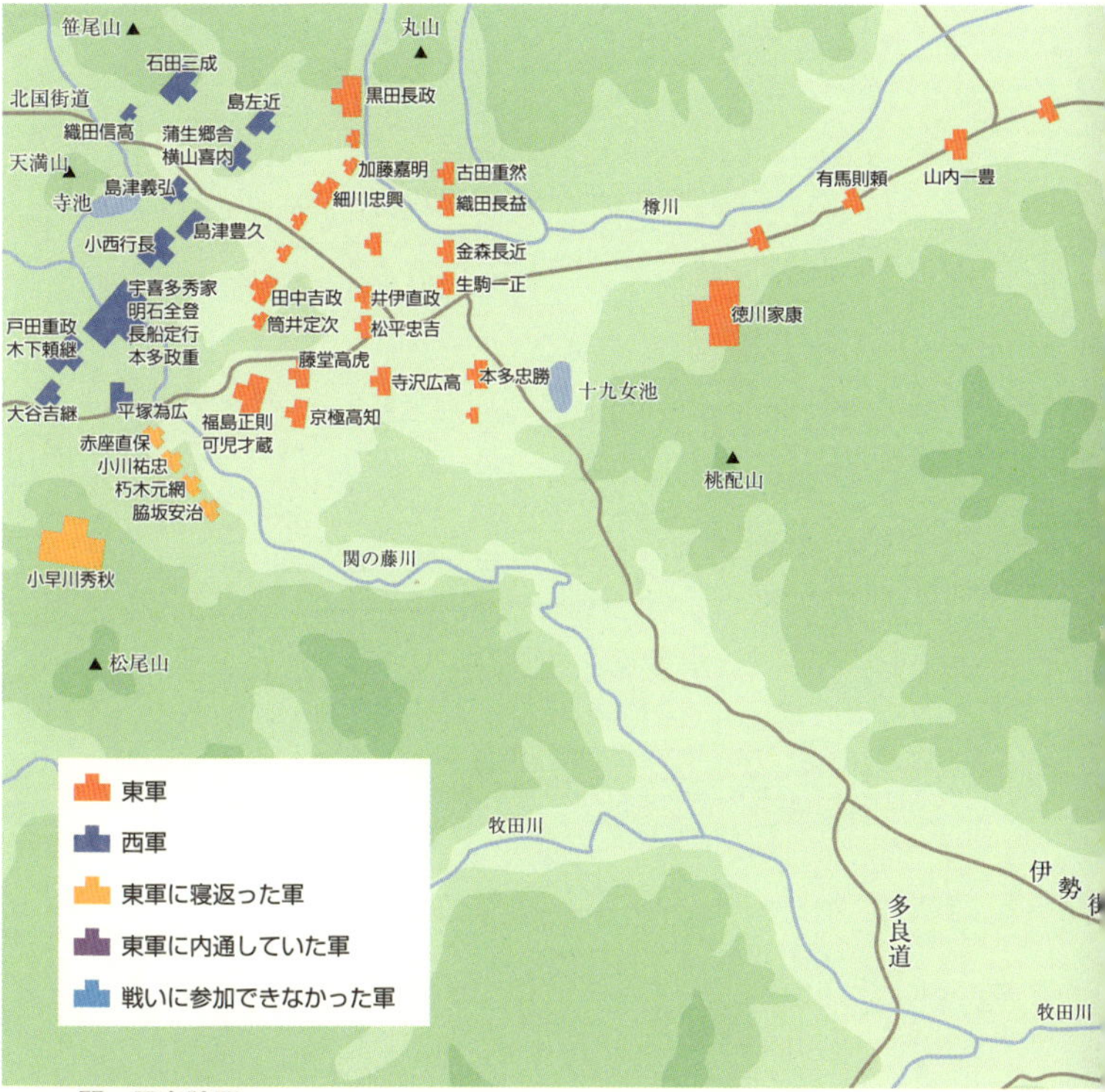

関ヶ原布陣図

は続くだろうと戦国時代をずっと見てきた人たちは思っていた。一つの戦場の結果で天下の大勢すべてが決まったことなどそれまでにはなかった。ところが、ほとんどの大名が家康についたのである。混乱に乗じて自分の勢力を伸ばそうと火事場泥棒的に九州で決起した黒田如水《くろだじょすい》や奥州で動いた伊達《だて》政宗《まさむね》のような武将もあきらめざるを得なかった。こうして徳川の世がはじまる。

第4章　江戸篇

安藤広重『東海道五十三次　日本橋　朝之景』／JTBフォト

家康が江戸《えど》幕府《ばくふ》を開く

源氏《げんじ》と称して征夷大将軍《せいいたいしょうぐん》となった家康

家康が征夷大将軍《せいいたいしょうぐん》となり、江戸幕府《えどばくふ》を開いたのは関ヶ原の戦いから三年後、慶長《けいちょう》八年のことだ。そのときから家康は源氏《げんじ》と称した。正式には「征夷大将軍・氏長者《うじのちょうじゃ》、淳和《じゅんな》・奨学《しょうがく》両院別当《べっとう》、牛車兵仗《ぎっしゃへいじょう》、従一位右大臣《じゅいちいうだいじん》」。将軍になったということは源氏であるという宣言である。

当時は源平交替思想《げんぺいこうたいしそう》があった。平家《へいけ》を滅ぼした源氏の後の北条氏《ほうじょうし》は平家で、その後の幕府を継《つ》いだのが源氏の嫡流《ちゃくりゅう》の足利氏《あしかがし》だから、次に覇権《はけん》をとるのは平家だという考え方である。信長は元来、藤原氏であるが、自らは平家の出身と称していた。征夷大将軍は源氏の系統からしか出ないので、信長は将軍にならなかった。自分がつぶした足利幕府が源氏だから、自分は平家でならなければならなかったのである。

秀吉は天正《てんしょう》十年（一五八二）頃までは平秀吉《たいらのひでよし》と言っていた。信長の後継者ということだろう。しかし、関白《かんぱく》になると平氏では都合が悪いから一時、藤原秀吉となったが、そんな高貴な生まれでないことは誰もが知っているから、慣習によらず、源平藤橘《げんぺいとうきつ》（源氏・平氏・藤原氏・橘《たちばな》氏）ならざる豊臣家《とよとみけ》というのをつくり、将軍を飛び越して関白太政大臣《だじょうだいじん》になった。

一方、家康の家系は、元来は加茂《かも》氏であり、秀吉が豊臣を名乗る頃までは藤原家康と称していたのである。家康が従五位下三河守《じゅごいげみかわのかみ》に任ぜられた時はまだ藤原家康であった。その後、天下の権を握り、征夷大将軍になるため――この称号は源氏固有のものと考えられていた――源氏になる必要が生じ、三河の吉良家《きらけ》の系図を譲り受け、これに松平氏《まつだいらし》や徳川氏を結びつけて、新田《にった》氏の子孫ということになった。新田氏の先祖は八幡太郎義家《はちまんたろうよしいえ》で、源氏の大棟梁《だいとうりょう》である。

かくして家康は、平家を名乗った信長・秀吉に交替する者として源氏と称して将軍になり、鎌倉幕府、北条幕府、足利幕府に次いで新しい江戸幕府を開いた（ちなみに、戦国武将の家では系図の売買や新規作成――つまりインチキ――は珍しくなかった）。そして鎌倉幕府の例に従って、権力の中心を京・大坂周辺ではなく関東に――この場合、江戸に――移したのである。

家康が、源三位頼政《げんざんみよりまさ》の挙兵からその中期に至るまでの鎌倉幕府の事蹟《じせき》を記録した『吾妻鏡《あづまかがみ》（東鑑）』を座右《ざゆう》に置いて参考にしたことはよく知られている。関東が源氏の本拠で、京・大坂はその出先という発想をそこから学んだのだ。

二年後の慶長十年には将軍職を秀忠《ひでただ》に譲った。そしてその翌年には諸大名を江戸に留めるようにした。その後数年の間に、加藤清正《きよまさ》、浅野長政《ながまさ》、池田輝政《てるまさ》、浅野幸長《よしなが》など、主立った豊臣恩顧《おんこ》の大名たちが死に、関ヶ原から十四年もたった頃になると、もう徳川幕府に反抗できるような大名は一人もいなくなった。徳川家の将来に禍根《かこん》を残す可能性があるのは秀吉の遺児《いじ》、豊臣秀頼《ひでより》のみであった。

1614
慶長19年
1615
元和元年

大坂《おおさか》冬《ふゆ》の陣《じん》／夏《なつ》の陣《じん》

豊臣家が滅亡し、徳川の下で太平の世となる

関ヶ原では福島正則《ふくしままさのり》、加藤清正《きよまさ》をはじめとする「豊臣恩顧《とよとみおんこ》の大名」たちの奮戦で勝ったことを、賢明な家康はよくわかっていた。だから、豊臣秀頼《ひでより》を奉じた石田三成《いしだみつなり》の西軍が負けたあと、豊臣家がどうなるかと心配する大名たちの感情を十分に配慮した。

家康は将軍になった五カ月後、秀吉との生前の約束どおり孫娘の千姫《せんひめ》（七歳）と秀頼（十一歳）を結婚させ、自らは「秀頼公の後見人《こうけんにん》となる」と宣言して豊臣恩顧の大名を安心させた。さらに、豊臣家の武将、つまり外様《とざま》の大名たちに領土を大盤振《おおばんぶ》る舞《ま》いして歓心を得る。

ところが、秀吉が建てた方広寺《ほうこうじ》大仏殿を秀頼が再建し、その開眼供養《かいげんくよう》が間近《まぢか》に迫ったところで、鐘《かね》の銘《めい》に「国家安康《こっかあんこう》　君臣豊楽《くんしんほうらく》　子孫殷昌《しそんいんしょう》」とあるのに家康が激怒した。これは「家康」の名を分断することによって徳川家を滅ぼし「豊臣家の子孫繁栄」をめざす意味だというのだ。もちろん、これは言いがかりであって、はじめから秀頼を潰《つぶ》すつもりだったのである。

家康は秀頼のいる大坂城を攻めた。だが、城というのはそう簡単に落ちるものではない。いわんや大坂城は秀吉が知恵と財力を惜しみなく注いでつくった天下の名城である。「冬《ふゆ》の陣《じん》」で

は、城を落とすどころか、真田幸村《さなだゆきむら》が築いた出城《でじろ》「真田丸《さなだまる》」で家康軍はさんざんにやられた。ぐずぐず一年も戦いが続いたら、いまは家康に味方しているものの、元来は秀吉にとりたてられた大勢の大名たちが脱落してしまうかもしれない。そこで、急いで和平条約にもっていったのだが、このとき策略《さくりやく》をもって大坂城の外堀《そとぼり》を埋め、裸城《はだかじろ》にしてしまった。豊臣側は抗議したが、時すでに遅く、翌年の「夏の陣《なつのじん》」で城は落とされてしまう。

豊臣家は女が国を滅ぼしたいい例である。源頼朝《みなもとのよりとも》を平清盛《たいらのきよもり》が殺そうとしたのを清盛の継母の池禅尼《いけのぜんに》が説得して助命したばかりに平家は滅びた。その先例が忘れられたのは、秀吉が征夷大将軍《せいいたいしょうぐん》ではなく関白《かんぱく》になったことによって、豊臣家が武家というより宮廷風になったからである。平安時代を見ればわかるように、宮廷では女性の発言権が強いから、結局、秀頼の母淀君《よどぎみ》のような女に牛耳《ぎゅうじ》られ、真田幸村や後藤又兵衛《またべえ》（基次《もとつぐ》）たちの戦略が用いられなかった。

家康の軍を何度も破ったことがあるのは真田家だけだから、もし武勇の誉《ほま》れ高い真田幸村を総参謀長クラスにして戦っていたらどうだったろう。大坂城は一年や二年は当然のように持ちこたえ、勝敗はどちらに転ぶかわからなかったであろう。

しかし、ここでも家康の運が物を言うのである。とくに家康の場合は長寿と強運が分かち難い。もし五十五歳（当時としては十分高齢）で亡くなっておれば関ヶ原の戦いはなかったし、古稀《こき》（七十歳）の齢《とし》に亡くなっていても豊臣家は無事だったであろう。徳川時代は家康の長寿に基礎があったとも言える。家康は大坂夏の陣の翌年に徳川家の将来に安心して瞑目《めいもく》した。

1641
寛永18年

鎖国《さこく》の完成

鎖国は日本人のアジア雄飛《ゆうひ》を阻《はば》み、大東亜戦争《だいとうあせんそう》の遠因となった

徳川家康が幕府を開いてから慶応《けいおう》三年（一八六七）の大政奉還《たいせいほうかん》まで二百六十四年。俗に〝徳川三百年〟と言われる。この間のヨーロッパを見ると、関ヶ原の頃にはイギリスがイスパニアの無敵艦隊《むてきかんたい》を破って（一五八八年）東インド会社を作り（一六〇〇年）、家康が没した元和《げんな》二年（一六一六）には、イギリスではシェイクスピアが、スペインでは『ドン・キホーテ』の著者セルバンテスが世を去っている。江戸中期の十八世紀末にはアメリカが独立し（一七七六年）、フランス革命が起こり（一七八九～一七九九年）、十九世紀初頭にはナポレオン戦争があった（一八〇三～一八一五年）。徳川幕府が終わった慶応三年には、マルクスが『資本論』第一巻を出版し、アメリカがロシアからアラスカを買い、ビスマルクがドイツ帝国建設に乗り出している。

徳川幕府は外国船を徐々に制限し、寛永《かんえい》十六年（一六三九）にポルトガル船来航を禁止、同十八年にオランダ人を長崎の出島《でじま》に移して、三代将軍家光《いえみつ》の時代に名目上、鎖国《さこく》が完成した。

ヨーロッパで一大変革が起こった時代に、日本は国を閉ざしていたのである。

実際は長崎を通して世界の情勢を把握《はあく》していたとか、鎖国にもプラスの面があったとか、肯

定的に考える人もいる。たしかに鎖国によって日本は固有の天地を作り上げ、独自の文化を発達させた。

私は江戸文化を愛する者ではあるが、しかし、日本の歴史全体からみると、徳川時代はやはり大きなマイナスの時代であったと思わざるを得ない。なぜなら、鎖国さえしていなければ、大東亜戦争《だいとうあせんそう》はなかったはずだからである。

それは戦時中、多くの人たちが考えていたことである。大東亜戦争が起こったのは、日本が近代産業国家として生きていくのに絶対必要な物資を、アメリカ、イギリス、オランダが止めたからだ。これが日本にとっていちばんの致命傷《ちめいしょう》であった。もし鎖国をしていなければ、日本人はアジアに雄飛《ゆうひ》していたはずである。

戦国末期から、日本人は東南アジア各地に進出し、ルソン島やジャワ、タイのバンコクには日本人町ができていた。そういった地域が日本の植民地になっていたとはいわないまでも、そこにできている政府は親日的であって、けっして「日本にものを売らない」などといって日本を苦しめることはなかったであろう。であれば、大東亜戦争は起こらなくてすんだ。そういう考えかたに当時は子供たちまで納得していた。

もちろん、日本をよく治《おさ》め、平和な時代を現出《げんしゅつ》せしめたのは間違いないが、徳川幕府のいちばんの目的が徳川家の安泰《あんたい》にあったことは明らかだ。それは、徳川幕府を作った家康の深謀遠慮《しんぼうえんりょ》によるものであった。徳川幕府の本質は、家康という人物にすべて表れていると思う。

『大日本史《だいにほんし》』編纂《へんさん》開始

完成までに二百五十年を要した世界に誇るべき史書

水戸《みと》（徳川）光圀《みつくに》の『大日本史《だいにほんし》』は、その編纂《へんさん》が開始されてから二百年後の幕末尊王思想《ばくまつそんのうしそう》に大きな影響を与えた史書である。

光圀は江戸駒込《こまごめ》の別邸を小石川《こいしかわ》本邸に移して「彰考館《しょうこうかん》」と称し、本格的に『大日本史』の編纂に着手した。公《おおやけ》の日本正史《せいし》は奈良平安時代の『日本書紀《にほんしょき》』以下『日本三代実録《にほんさんだいじつろく》』までの「六国《りっこく》史《し》」しかない。その後書かれたものは、どれも個人が勝手に書いたようなものである。そこで、『大日本史』の主旨は孔子の『春秋《しゅんじゅう》』のごとく、正しいものと間違ったものを分けることにあった。日本中から学者を集め、天下の副将軍の威光《いこう》をもって全国の神社や寺にあるさまざまな文書を閲覧《えつらん》し、編纂を開始した。

『大日本史』には有名な三つの特色がある。一つは神功《じんぐう》皇后を歴代の天皇に数えずに皇后としたこと。次に、即位したかどうか議論のあった大友皇子《おおとものおうじ》を天皇と見なして本紀《ほんぎ》に入れたことである。実際に、大友皇子は明治になってから弘文《こうぶん》天皇と追諡《ついし》された。これは『大日本史』の意見に従ったものである。もう一つは南北朝《なんぼくちょう》のうち南朝を正統としたこと。後に南北朝は一つになるわけだが、二つに分かれていた間は南朝の後醍醐《ごだいご》天皇家を正統としたのである。

明暦《めいれき》三年（一六五七）に編纂を始めて、正徳《しょうとく》六年（一七一六年）に「紀伝《きでん》」の部分が完成した。これは神武《じんむ》天皇から後小松《ごこまつ》天皇までを扱っている。後小松天皇は北朝系ではあるが、南北朝が合一した時の第一〇〇代天皇である。

光圀が元禄《げんろく》十三年（一七〇〇）に亡くなった後も、水戸藩は綿々《めんめん》と編纂を続け、文化《ぶんか》七年（一八一〇）には二十六巻を朝廷に献じ、幕末には水戸斉昭《なりあき》が「紀伝」を補完して朝廷と幕府に献じている。最終的に完成したのは明治三十九年（一九〇六）、日露戦争の翌年だった。全四百二巻、完成までに要した期間はなんと二百五十年。ものすごい話である。それだけの時間を費やして完成したこの歴史書は世界に誇るべきものだ。

その影響は非常に大きく、しかも光圀は諸侯の尊敬を集めていたから、幕末において尾張《おわり》の徳川慶勝《よしかつ》は「もしも事が起こったら尾張家は官軍になる、楠木正成《くすのきまさしげ》が金剛山千早城《こんごうざんちはやじょう》に立てこもったようにわれわれは木曽《きそ》に立てこもる」と言った。本家の徳川幕府をあたかも北条《ほうじょう》幕府か足利《あしかが》幕府になぞらえたようなことを言う徳川家連枝《れんし》（兄弟）の大名まで出てきたから、将軍慶喜《よしのぶ》も謹慎《きんしん》して朝廷とは戦わなかったのである。

この膨大《ぼうだい》な歴史書を、戦前の日本の出版界の王者、講談社の野間清治《のませいじ》が洋製本十六巻にし、索引《さくいん》一巻を付け十七巻にして昭和四年（一九二九）に出版した。オリジナル版で四百二巻をそろえるのは難しいが、漢文そのままの講談社版は索引も付いているから手頃で便利である。

赤穂浪士《あこうろうし》の吉良邸《きらてい》討ち入り

いまも歌舞伎《かぶき》の人気演目『忠臣蔵《ちゅうしんぐら》』のパラドックス

五代将軍綱吉《つなよし》の時代に、元禄《げんろく》文化が花開いた。関ヶ原の戦いからすでに九十年近く平和な時代が続き、経済が発展し、町人たちもバブル景気を謳歌《おうか》した。綱吉が天下の珍令《ちんれい》というべき「生類憐《しょうるいあわれ》みの令《れい》」を出したのも、平和な時代なればこそかもしれない。

文化面では、江戸に市川團十郎《いちかわだんじゅうろう》、上方《かみがた》に坂田藤十郎《さかたとうじゅうろう》という名優が登場して、歌舞伎《かぶき》というジャンルが確立し、近松門左衛門《ちかまつもんざえもん》の書いた『曽根崎心中《そねざきしんじゅう》』が初演された。井原西鶴《いはらさいかく》が『好色一《こうしょくいち》代男《だいおとこ》』『日本永代蔵《にっぽんえいたいぐら》』を刊行し、俳諧《はいかい》も発展して、松尾芭蕉《まつおばしょう》が独自の流儀《りゅうぎ》を生んだ。絵画では土佐派《とさは》を代表する土佐光起《みつおき》、琳派《りんぱ》の始祖尾形光琳《おがたこうりん》が登場している。元禄という言葉からわれわれがイメージする華やかで絢爛《けんらん》たる文化を代表する画家たちである。

その元禄時代に起こった大事件が、「赤穂浪士《あこうろうし》の仇討《あだうち》」である。

元禄十四年（一七〇一）、赤穂藩主浅野内匠頭《あさのたくみのかみ》が殿中《でんちゅう》松の廊下で吉良上野介《きらこうずけのすけ》に斬りつけて切腹させられ、その処分を不服とした家老大石内蔵助《おおいしくらのすけ》をはじめとする旧藩士が、翌年吉良邸に討ち入って主君の仇《あだ》を討った。彼らは「赤穂義士《ぎし》」として称《たた》えられ、この事件をもとに、人形浄《じょう》瑠璃《るり》『仮名手本忠臣蔵《かなでほんちゅうしんぐら》』をはじめ、さまざまな芝居や講談が作られた。平和な時代が続き、怠《たい》惰《だ》に流れる風潮があった時期に、赤穂義士が反骨《はんこつ》の気概《きがい》をみせたものだから、世間は大騒ぎしたのである。これに対して学者たちが示した反応が興味深い。

学者の間には赤穂義士を批判する意見が多く、幕末の尊皇攘夷《そんのうじょうい》思想に大きな影響を与えた朱子学者山崎闇斎《やまざきあんさい》の高弟《こうてい》・佐藤直方《なおかた》は「殿中の大法を犯した浅野が死刑（切腹）になるのは当たり前である」と言う。「恨《うら》むのなら吉良ではなく幕府を恨むべし」という意見もあり、「文句があるなら赤穂城に立て籠《こ》もって戦うべきであった」という太宰春台《だざいしゅんだい》の議論もあった。

仇討に大いに感激したのはもっぱら庶民《しょみん》だったが、これに共感する学者もいるにはいた。「吉良が欲に目がくらみ、浅野を指導しなかったのが悪いのだ。浅野が殿中で刀を抜いたのはよくないが、将軍家に恨みがあったわけではない。喧嘩両成敗《けんかりょうせいばい》がルールなのに、吉良におとがめがないのは不公平で、大石らが主君の恨みを晴らそうとしたのは当然だ」と、『忠臣蔵』の芝居のような考え方を述べたのが、山崎闇斎門下で最も硬派である浅見絅斎《あさみけいさい》であったのは面白い。

林鳳岡《はやしほうこう》は義挙《ぎきょ》であるとして義士たちの助命を主張し、荻生徂徠《おぎゅうそらい》は法を曲げることはできないとしながらも、彼らの体面を重んじて切腹を主張したといわれている。

アメリカ軍が日本を占領していたとき『忠臣蔵』を禁じたのは、日本人は非常に復讐心《ふくしゅうしん》の強い民族だと思っていたからではないだろうか。アメリカには原爆を落とした負い目がある。東京裁判ではアメリカ人の弁護人も「原爆を落とされた以上、日本人には復讐権がある」と言っ

（昭和 13 年　大日本雄辯會講談社発刊）より

ているから、日本人に仇討《あだうち》の気分を起こさせないように『忠臣蔵』を禁止したと思われる。

ところが、日本では仇討が頻繁《ひんぱん》に行われたように思われがちだが、実際はめったになかったというのが本当のところらしい。だから、赤穂義士の派手な討ち入りが大評判となり、仇討が美徳のように伝えられるようになってしまったようだ。

日本人が仇討を重視したのは、日本人は忘れやすく、過去は水に流そうとする傾向があるので、むしろパラドキシカル（逆説的）に仇討を重んじなければいけなかったという説がある。世の中が平和なときには、そういう話にものすごく人気が集まる。戦国時代に討ち入りのような事件があっても、それは毎日起きていることだからどうということはない。

『赤穂義士ノウチイリ』石井滴水・画／講談社の繪本『國史繪話』

日本の武士が刀という武器を持っていながら、これを戦争以外で使うことは厳禁されていることは、幕末の頃から日本に来た外国人たちがみんな驚いて書き記していることである。それは「江戸時代の平和（パックス・トクガワナ）」で、武士は戦闘者というよりは官僚、役人になっていたからである。日本の警官が拳銃を持っていても、撃つことが極めて稀《まれ》なのは、その伝統の名残《なごり》があるからかもしれない。『忠臣蔵』もパラドックスだからこそ、あれほど国民的な物語になったのである。

1709
宝永6年

新井白石《あらいはくせき》の幕政登用《ばくせいとうよう》

天皇家の未来を洞察《どうさつ》した白石の功績

甲府《こうふ》藩主徳川綱豊《つなとよ》の侍講《じこう》であった新井白石《あらいはくせき》は、綱豊が六代将軍家宣《いえのぶ》となってからは幕政《ばくせい》にも重用《ちょうよう》され、次の将軍家継《いえつぐ》（七歳で亡くなった）まで二代にわたって政治を補佐《ほさ》した。

元禄《げんろく》以来の悪貨鋳造《あくかちゅうぞう》を廃し、長崎から流出する金銀銅の莫大《ばくだい》なことを怖《おそ》れて長崎貿易を制限するなどしたが、儒者《じゅしゃ》が政治の中心にいるとどんなことになるかの例のほうが面白い。

まず、当時「大君《たいくん》」としていた朝鮮通信使との外交文書における徳川将軍の肩書《かたがき》を「日本国王」に改めさせた。白石は「『皇』と『王』とはそもそも意味が違う。皇は天に係《かか》わるから天皇と称し、王は国に係わるから国王という。この二者には天と地ほどの差がある」と主張した。

「徳川将軍」を「日本国王」と称することは外交文書上の問題だけでなく、天皇と将軍との制度上の問題にも関係していたらしい。白石は『読史餘論《とくしよろん》』の中でこういうことを言っている。

「将軍も朝臣《ちょうしん》であり、将軍の家来も朝臣という形になっている。しかし、どちらも天子の臣下だとすると、将軍の支配を受ける者が将軍を尊ぶ理由がなくなる。公卿《くぎょう》以外はすべて将軍の家来であるということにすれば、将軍に対し官軍の名を用いて反抗する大名はいなくなる」

家宣がもう少し長生きしていたら、白石はこの制度改革を実行していたかもしれない。そうなっていたら、幕末になって尊皇倒幕派《そんのうとうばくは》の大名が出てくることは不可能に近かったであろう。

また白石は幕府の典礼《てんれい》を皇室のそれと同じくしようとした。水戸学《みとがく》の流れを汲《く》む明治の歴史家内藤恥叟《ないとうちそう》は、そのことを「白石の罪を、萬世《ばんせい》に得る所以《ゆえん》なり」と批判している。

しかし、白石は皇室に対して大きな功績がある。白石の提案によって東山《ひがしやま》天皇の皇子の秀宮《ひでのみや》（直仁《なおひと》親王）を初代として閑院宮家《かんいんのみやけ》が創設されたことは非常に重要な出来事であった。現在の皇室はその閑院宮家の直系《ちょっけい》だからである。

白石が危惧《きぐ》したのは、「現在の将軍家は綱吉《つなよし》、家宣と養子が続いた。つまり二代にわたって世継《よつ》ぎが生まれなかったことになる。皇室でもそういうことが起こるだろう」ということであった。だから皇統断絶《こうとうだんぜつ》を防ぐため、徳川御三家《ごさんけ》のように、跡継ぎの資格を持つ宮家を作っておいたほうがいいと考えたのである。この白石の建言《けんげん》がまさに功を奏して、今日まで朝廷が続いていることになる。後の話になるが、第一一八代後桃園《ごももぞの》天皇（在位一七七〇～一七七九）に後嗣《こうし》がなかったため、六代さかのぼって閑院宮家から養子を迎え、第一一九代光格《こうかく》天皇が即位した。

これは現在の問題でもある。悠仁《ひさひと》親王がお生まれになって国民は一安心したものの、男子がお一人しかいらっしゃらないから、これから先、何があるかわからない。皇室の血を受け継いでいくには、藩屏《はんぺい》になるものを作る必要があるというのが白石の意見だった。その意見は今日にも生きているのではないだろうか。

新井白石《あらいはくせき》とシドッチの出会い

東洋と西洋を代表する知性の対話

宝永《ほうえい》五年（一七〇八）、屋久島《やくしま》の浦崎《うらさき》に和服を着て刀を持ったイタリア人イエズス会士、ジョバンニ・バティスタ・シドッチが上陸した。密入国《みつにゅうこく》の罪で捕えられ、長崎から江戸に送られてきたシドッチの尋問《じんもん》を行ったのが、家宣《いえのぶ》の特命を受けた新井白石《あらいはくせき》であった。十八世紀の初頭、西ヨーロッパでの最高の教育を受けた宗教家と、「鬼」とも言われた日本を代表する天才的学者、白石との対話という実に貴重な東西の交渉が起こった。

シドッチは後に獄中《ごくちゅう》で死ぬので、白石からどのような影響を受けたかよくわからないが、白石の受けた影響は日本の精神史《インテレクチユアル・ヒストリー》の上で見逃すことの出来ない大きなものであった。

まず白石は、自然科学に対するシドッチの知識に敬服した。すでに地球一周の航海術まで発見・実践《じっせん》している西洋人に対して、白石はただただ驚くばかりだった。

ところが、キリスト教の話となると戯言《たわごと》にしか聞こえなかった。言っていることは仏教と似ているところもあるが、浅薄《せんぱく》なこと甚《はなは》だしく、仏教とは比べ物にならないと白石には思われた。

白石のキリスト教批判は、啓蒙《けいもう》時代以後のヨーロッパでも今日の日本でも珍しいものではない。カトリックで玄義《ミステリイズ》と言われるものはそもそも理屈を超越していることであり、アウグスティヌスのごとく「荒唐無稽《こうとうむけい》なるが故《ゆえ》に私は信ずる（credo quia absurdum est）」という「信仰」がないと話にならないのである。白石は儒者《じゅしゃ》であり、儒学は仏教をも迷信と見るほど啓蒙的な学問であった。ましてバイブルの話など問題にならぬほど幼稚に思われたのは当然である。

しかし、白石がシドッチとの対話をもとにして書いた『西洋紀聞《せいようきぶん》』は、その後の思想に大きな影響を与えた。とくに当時の世界の地理・風俗・歴史について書かれた「中巻」は客観性も高く、白石が後に七代将軍家継《いえつぐ》に海外事情を説明するために書いた世界地理の書『采覧異言《さいらんいげん》』（漢文体五巻）とともに、当時は地理・外国事情を知るための最高の本とされ、福沢諭吉《ふくざわゆきち》の『西洋事情』の先駆《せんく》となった。シドッチとの話し合いの結果としての「西洋は形而下《けいじか》の学（自然科学）では日本よりはるかにすぐれているが、形而上《けいじじょう》の学においては幼稚」という認識は、「和魂洋才《わこんようさい》」の思想のもととなった。幕末の佐久間象山《さくましょうざん》が「東洋道徳・西洋藝（学）術」をモットーにしていたことなど、白石が西洋の「形而下の学問」の卓越性《たくえつせい》を指摘していたことの影響は大きい。

白石のシドッチ観は、形而下の学と形而上の学の話で百八十度異なるが、人格的には白石はシドッチに惚れ込んだと言ってもよいくらいだった。シドッチの獄中の世話をしていた老夫婦は、彼の日常に接し、感動して洗礼《せんれい》を受けている。ろくに言葉も通じなかったと思われるのに、無学の老夫婦を改宗させるだけの感化力《かんかりょく》がシドッチにはあったということである。白石はシドッチという人間のこの部分をも感ずることができた人物であった。

1716
享保元年

吉宗《よしむね》「享保《きょうほう》の改革《かいかく》」

白石の改革を否定した〝将軍親政《しんせい》〟の功罪

八代将軍・徳川吉宗《よしむね》ほど「運」に恵まれた人も珍しい。元来は紀州家《きしゅうけ》の四男で、家督《かとく》を継ぐ立場にはなかったが、五代将軍綱吉《つなよし》の引き立てにより越前丹生《えちぜんにゅう》郡で三万石の小大名となり、その後、本家の紀州家を継いだ兄の死によって紀州侯となる。さらに、幼少の七代将軍家継《いえつぐ》が七歳で没すると、前将軍家宣《いえのぶ》の遺命《いめい》によって将軍の地位についた。

吉宗は綱吉に恩を感じ、間部詮房《まなべあきふさ》や新井白石《あらいはくせき》ら家宣の重臣を幕府から一掃《いっそう》して、紀州から連れてきた家老三人を幕府の中心にした。つまりは吉宗の〝親政《しんせい》〟である。「享保《きょうほう》の改革《かいかく》」の本質は、要するに白石の改革に対する反改革と言ってもよいものであり、六代・七代将軍の時代に行われた政策はすべてひっくり返された。

吉宗は武道を奨励《しょうれい》し、風紀《ふうき》の乱れを厳しく取り締まった。およそ四十年間栄えた元禄風《げんろくふう》文化は、これで終わりを告げた。おかげで吉宗によって江戸城の風紀はよくなったようだ。たとえば吉宗は美人と言われた大奥《おおおく》の女性を五十人以上も城から下がらせたが、これはスキャンダルを防ぐためであった。七代家継の生母月光院《げっこういん》の侍女で大奥に力のあった絵島《えじま》が城外で役者と通じたり、吉原に遊びに行ったりしたことが問題となり、約七十人が死刑・流刑・追放に処された「絵島事件」と呼ばれるような不祥事《ふしょうじ》が、吉宗の時代にはなくなったことは確かである。

経済政策としては、大名から一万石につき百石を献上《けんじょう》させたり、新田《しんでん》開発をすすめたりしたので、約十四年で幕府の財政を整理した。これは大成功であったが、しかし、米が増産されると米価が下がる。米を経済の基礎としている武士はそれでは困る。それで吉宗は「米の値段が上がるまでは借金を返す必要なし」ということにする。これは「徳政《とくせい》」と受け取られて、借金を返す者がなくなった。すると金を貸す人もなくなり、金融停止状態となって経済に大混乱が生ずることになった。

また、旗本《はたもと》・御家人《ごけにん》と札差《ふださし》との間に金銭貸借《たいしゃく》に関する裁判が急増していたため、訴訟《そしょう》を取り上げず、当事者間の話し合いで解決させる相対済令《あいたいすましれい》が出された。これは旗本や御家人を救済する意味があった。だから、吉宗は武士たちのあいだで名君と呼ばれることにもなった。

もちろん、目安箱《めやすばこ》を設けたり、貧しい病人のために小石川養生所《こいしかわようじょうしょ》を作ったり、名将軍と呼ばれるに足ることも吉宗はたくさん行っている。南町奉行《みなみまちぶぎょう》・大岡越前守忠相《おおおかえちぜんのかみただすけ》の名裁判が伝説的に残るのもそのせいである。だが、江戸の町人からは享保の改革は必ずしも歓迎されなかった。

家宣の正室熙子《ひろこ》の父であった近衛基熙《このえもとひろ》は江戸の話を書き残している。そこには享保の改革について、「江戸町中困窮《こんきゅう》。諸大名、小名、町中一つの新造の家なく、すべては萱《かや》と茨《いばら》だけである」「政道不審《せいどうふしん》、諸氏恨《うら》みを含むの時なり」というような記述がある。

田沼意次《たぬまおきつぐ》が老中《ろうじゅう》となる

田沼の「腐敗《ふはい》の時代」十五年間に最も江戸らしい文化が起こった

八代将軍吉宗《よしむね》の後は、長子相続制度《ちょうしそうぞくせいど》に則《のっと》って、痴呆《ちほう》だったとの説もある家重《いえしげ》が跡を継ぐ。この家重の時代に田沼意次《たぬまおきつぐ》が大名に取り立てられ、さらに次の将軍家治《いえはる》によって老中《ろうじゅう》にまで抜擢《ばってき》されて、低い身分から異例の出世をとげ、「田沼時代」と呼ばれるほどの権勢を手にした。

この田沼時代は江戸の歴史上最も評判が悪く、賄賂《わいろ》と汚職《おしょく》の時代ともいわれていた。だが、この時代には洋学が栄え、前野良沢《まえのりょうたく》や杉田玄白《すぎたげんぱく》が有名な『解体新書《かいたいしんしょ》』を刊行した。国学では賀《か》茂真淵《ものまぶち》が『万葉集《まんようしゅう》』などの古典を研究し、本居宣長《もとおりのりなが》は『古事記《こじき》』を読み解いて『古事記伝』を著した。近世日本文学の代表作といわれる上田秋成《うえだあきなり》の『雨月物語《うげつ》』が出版され、俳諧《はいかい》の分野では俳画《はいが》の創始者でもある与謝蕪村《よさぶそん》が登場している。狂歌《きょうか》も栄えれば川柳《せんりゅう》も栄え、鈴木春信《すずきはるのぶ》、喜多《きた》川歌麿《がわうたまろ》、東洲斎写楽《とうしゅうさいしゃらく》、葛飾北斎《かつしかほくさい》などが登場して浮世絵《うきよえ》も成熟した。石田梅岩《いしだばいがん》を開祖とする石門《せきもん》心学《しんがく》を中沢道二《なかざわどうに》が広めてもいる。九州大学の名誉教授である中野三敏《みつとし》氏によれば、「雅」と「俗」がちょうどうまく混ざり合っている時期が田沼の時代である。決して悪いことばかりではない。むしろ、いちばん江戸らしい良き時代ではないだろうか。

田沼は、ロシアが北方に姿を現わし始めたのをみて、北海道（蝦夷地《えぞち》）の開発を真剣に考えた。最上徳内《もがみとくない》らを調査団として蝦夷に派遣し、現地の地理だけでなく、アイヌの生活・風土まで調べさせている。当時の測量図をみても、ほぼ正確なものである。

さらに田沼は、当時いちばん困窮《こんきゅう》していた被差別部落の人たちを蝦夷に移民させようとした。蝦夷に行けば差別もない。明治以降、主に佐幕《さばく》藩の武士たちが北海道の開発にあたったが、江戸時代からそういう人たちが行っていれば、開発はずっと進み、いわゆる部落問題も緩和《かんわ》していたか、なくなっていた可能性もある。しかし、この計画は実行する前に潰《つぶ》されてしまった。

手賀沼《てがぬま》を干拓《かんたく》し、水を通して大量の田圃《たんぼ》を作る計画もあったが、利根川《とねがわ》の水がいつもの年の十倍くらいに増水するという不幸もあって成功しなかった。田沼時代は特別に異常気象が続き、天明《てんめい》の大飢饉《だいききん》が起こった時期でもある。

田沼意次が老中になった安永《あんえい》元年（一七七二）から失脚《しっきゃく》する天明《てんめい》六年（一七八六）までの十五年間に、川の凍結《とうけつ》や氾濫《はんらん》、火山の噴火、地震と津波、大飢饉《だいききん》など、天変地異《てんぺんちい》が相次いだ。ことに天明三年（一七八三）の異常気象は世界的なもので、アイスランドではラキ火山が大噴火し、冬はロンドンを大寒波が襲っている。

経済改革を進めていた田沼は、志《こころざし》半《なか》ばで失脚した。異常気象まですべて田沼のせいにされたようなものだ。儒学の思想では為政者《いせいしゃ》が悪いと天が怒り、天変地異が起きるということになっているからかもしれないが、田沼にとってはまことに運が悪かったとしか言いようがない。

松平定信《まつだいらさだのぶ》「寛政《かんせい》の改革《かいかく》」

文《ブン》武《ブ》文《ブン》武《ブ》と夜も寝られず、もとの濁《にご》りの田沼恋しき

田沼意次《たぬまおきつぐ》の失脚《しっきゃく》後は、田沼が抜擢《ばってき》した松平定信《まつだいらさだのぶ》が老中《ろうじゅう》となり、「寛政《かんせい》の改革《かいかく》」に着手する。

定信は八代将軍吉宗《よしむね》の孫、つまり、吉宗の次男で文武両道《ぶんぶりょうどう》に秀《ひい》でた田安宗武《たやすむねたけ》の七男で、奥州白河藩《おうしゅうしらかわはん》松平家の養子となり、天明《てんめい》の大飢饉《だいききん》を切り抜けるなど藩政に成果を挙げた。

田沼は元来、低い身分の人間である。それが勢力を振るうのは、身分が高くて有能な人間には面白くない。吉宗の孫という名門の血統の上に、父宗武の才能を受け継いでいた松平定信にはとくにそういう思いが強かった。幕政に参加すると、綱紀粛正《こうきしゅくせい》の名のもとに田沼を失脚《しっきゃく》させ、重罪人に対するような厳しさで田沼の五万七千石の領地を奪い、江戸屋敷を取り上げた。

定信は尊敬する祖父・吉宗の「享保《きょうほう》の改革」にならい、藩士の減禄《げんろく》、倹約、年貢《ねんぐ》の免除《めんじょ》、食糧の緊急移入など白河藩で成功したやり方を江戸でもやろうとした。しかし田舎と江戸、地方政治と中央政治ではまるで違う。田沼二十年の政治には重商《じゅうしょう》主義（商業重視）的なところがあった。そこにいきなり農本《のうほん》主義的政策を持ち込んでも効かないのである。

農本主義者がまずやりたがるのは倹約であり、贅沢《ぜいたく》の禁止である。武士にも、衣服は新調し

てはいけないし、家も壊れた時以外には建ててはいけないと言う。町人でも身分不相応な着物を着ている者がいると、奉行所に引き立てた。玩具から菓子に至るまで、贅沢品はすべて禁止した。消費生活を享受《きょうじゅ》していた江戸で、奥州《おうしゅう》の飢饉《ききん》対策のような発想で生活を緊縮《きんしゅく》させたから多くの失業者が生まれた。それで今の石川島《いしかわじま》あたりを一万六千坪ほど埋め立てて「人足寄場《にんそくよせば》」をつくり、失業者や無宿者《むしゅくもの》を集めて働かせた。一種の強制収容所みたいなものである。

風紀《ふうき》の取り締まりも厳しく、戯作者《げさくしゃ》の山東京伝《さんとうきょうでん》、恋川春町《こいかわはるまち》、版元《はんもと》の蔦屋重三郎《つたやじゅうざぶろう》らも摘発《てきはつ》されて洒落本《しゃれぼん》や黄表紙《きびょうし》、浮世絵が衰えるという時代になった。

ところが、武士たちが書いた歴史では松平定信は名君ということになっている。倹約令を発し、徳政令《とくせいれい》を出して旗本《はたもと》・御家人《ごけにん》の借金を棒引きにしたからである。借金を返さなくてもよくなったのだから、それは武士なら喜ぶだろう。しかし、こういうやり方は長くは続かない。

庶民の間では、寛政の改革を田沼の腐敗《ふはい》政治と比較して風刺《ふうし》する者が現われた。当時の狂歌に「世の中に蚊《か》ほど（これほど）うるさきものはなし。文武文武《ブンブブンブ》と夜も寝られず」というものがある。大田蜀山人《しょくさんじん》（南畝《なんぽ》）の作といわれる。また、「白河（定信）の清きに魚も棲《す》みかねてもとの濁《にご》りの田沼恋しき」という定信をからかう歌もできた。

改革と称して倹約を勧め、取締りを強化するのはもともと吉宗が始めたことである。それでも吉宗の「享保の改革」はおよそ三十年続いたが、定信の「寛政の改革」は一七八七年から九三年までのわずか六年で行き詰まってしまった。

頼山陽《らいさんよう》『日本外史《にほんがいし》』を定信《さだのぶ》に献上《けんじょう》

日本中の青年たちを感動させ、維新の原動力となった史書

幕末に生じた尊皇《そんのう》思想のなかで、最も影響力のあった同時代の歴史家が頼山陽《らいさんよう》だった。山陽は朱子学者頼春水《らいしゅんすい》の息子で、漢文の素養も申し分なかったが、日本の歴史書が好きで、若い頃から『日本外史《にほんがいし》』を書きはじめていた。文章が桁外《けたはず》れにうまく、史書といっても講談のようなものだから、そのおもしろさは比類がなかった。山陽の父春水と関係の深かった松平定信《まつだいらさだのぶ》が噂を聞いて読んでみたいと言い出した。山陽は、源氏と平氏が興《おこ》ったところから徳川政権の始まる前までのさしさわりのない部分だけを定信に献上《けんじょう》した。

大名家の儒者の子供だけあって、山陽は徳川家の不興《ふきょう》を買うようなことは書かないものの、定信にわたした原稿でも、将軍家に触れるときは改行して他の文章より一字上げて書くが、朝廷について書くときは二字上げて、差をつけていた。さらに、朝廷と幕府の関係がなんとなくわかるようになっていて、初代将軍家康《いえやす》に触れる場合でも、初めの頃の「少将殿」という呼称が、位が上がるたびに呼称も変わる。これは当然なのだが、そうすると、その位はどこから賜《たまわ》ったものかと誰もが考えるように書いてある。

定信に献上した二年後に発刊された全二十二巻の内容は、平家《へいけ》の勃興《ぼっこう》から徳川十二代将軍家《いえ》慶《よし》にわたり、最後の文章は、「源氏《げんじ》、足利《あしかが》以来、軍職にありて太政《だじょう》〔大臣〕の官を兼ねる者は、独り公〔家慶〕のみ。蓋《けだ》し武門の天下を平治《へいじ》すること、是《これ》に至りてその盛を極《きわ》む」で終わっている。幕末の志士たちは、「武門の盛りの極《きわみ》」とは「皇室の衰微《すいび》の極」であると解釈して憤激《ふんげき》したのである。徳川幕府を一言も批判せずに、しかも尊皇の志士を奮起《ふんき》させた山陽の天才、ここに見るべきである。この『日本外史』は幕末から明治にかけて非常によく読まれた。

次に頼山陽は『日本政記《にほんせいき》』を書く。この歴史書は神武《じんむ》天皇から始まる天皇家を中心に第一〇七代後陽成《ごようぜい》天皇の時代まで、つまり秀吉の第二次朝鮮出兵（慶長《けいちょう》の役）の終結までを取り上げたものだが、実にコンパクトにまとめ、明快に書いてある。

維新の志士の中で頼山陽を読まなかった者はいなかったほど、その影響力たるや大変なものであった。木戸孝允《きどたかよし》も伊藤博文《いとうひろぶみ》も影響を受けたから、結局、大東《だいとう》亜《あ》戦争《せんそう》までの日本の歴史は頼山陽の『日本外史』と『日本政記』が大筋になっていると考えて間違いないと思う。

緻密《ちみつ》な学問という点からいえば、幕末では儒学者の最高権威と崇《あが》められた佐藤一斎《さとういっさい》に及ぶ者はなかった。しかし、一斎には維新を起こすほどの力はなく、一方、山陽には日本中の青年の心を動かす力があった。これはやはり学者の資質とは異なる、いわゆる物書きの力である。日《にち》露《ろ》戦争について書いた権威ある著者は何人もいるが、国民を感激させたのは司馬遼太郎《しばりょうたろう》の小説『坂の上の雲』だったのと同じようなものである。

水野忠邦《みずのただくに》「天保《てんぽう》の改革《かいかく》」

世界最大の都市・江戸の経済的成熟度を見誤った失政

松平定信《まつだいらさだのぶ》が十一代将軍家斉《いえなり》と対立して寛政《かんせい》五年（一七九三）に罷免《ひめん》され、「寛政の改革」はたった六年で終わりを告げた。世の中が再び自由を取り戻すと、江戸文化最後の爛熟《らんじゅく》期が現出した。世に言う「文化《ぶんか》・文政《ぶんせい》の時代」で、十返舎一九《じっぺんしゃいっく》の『東海道中膝栗毛《とうかいどうちゅうひざくりげ》』や、曲亭馬琴《きょくていばきん》の『南総《なんそう》里見八犬伝《さとみはっけんでん》』、柳亭種彦《りゅうていたねひこ》の『偐紫田舎源氏《にせむらさきいなかげんじ》』などがベストセラーとなり、文学が非常に栄えた。だが、淫風滔々《いんぷうとうとう》たる時代が四十年も続くと、幕府内の風紀《ふうき》まで乱れたというので、また改革を起こす人物が現れる。それが老中《ろうじゅう》水野《みずの》忠邦《ただくに》である。

水野忠邦は老中就任三年後の天保《てんぽう》十年（一八三九）に、旗本《はたもと》の鳥居耀蔵《とりいようぞう》を使って「蛮社《ばんしゃ》の獄《ごく》」を行い、渡辺崋山《わたなべかざん》、小関三英《こせきさんえい》、高野長英《たかのちょうえい》らを死に追いやったばかりか、砲術の専門家として幕府に重用されていた高島秋帆《たかしましゅうはん》をも一時投獄・追放している。幕末・開国が迫ってきた頃に、日本の蘭学《らんがく》のリーダーともいうべきこれら多数の人物を失ったのは日本の大損害であった。

改革の動機は幕府財政の困窮《こんきゅう》と大奥《おおおく》の粛清《しゅくせい》・緊縮《きんしゅく》であった。約半世紀にわたって幕政に君臨《くんりん》した大御所《おおごしょ》家斉が天保十二年に亡くなり、実権が家慶《いえよし》に移ると、水野忠邦は直ちに、家斉の下で汚職・腐敗を極めていた若年寄《わかどしより》以下、千人近い者たちを処罰し、城の内外における綱紀粛正《こうきしゆくせい》と改革を断行した。だが、一番目につくのは町人への弾圧である。

忠邦は風俗取締りを強化し、庶民の娯楽を制限して贅沢《ぜいたく》を禁じた。また十組問屋《とくみどんや》（大坂・江戸間の荷物運送の株仲間組合）の特権を廃止し、誰でも江戸・大坂間の商業取引が自由にできるようにした。これは一見英断《えいだん》に見えるが、商業と商人に対する嫉妬と憎悪から出た政策で、代案がなかった。こうした制度は江戸開府以来、自然発生的に二世紀もかけて発達したものである。それを一挙になくしてしまったため貨物は動かなくなり、金融は止まり、物が少なくなって物価が上がった。江戸は当時世界でも人口最大の都市の一つになっていた。その人口を養《やしな》うため自然に出来上がっていた制度を水野は壊した。経済の発達、生活水準の向上を無視した、まるで元禄《げんろく》時代のようなやり方では、文化・文政の時代の問屋は潰《つぶ》せなかったのである。

結局、この「天保《てんぽう》の改革《かいかく》」は二年足らずで破綻《はたん》し、水野は失脚《しつきやく》した。

水野は商人を憎み、豊かな町人どもを潰し、贅沢をやめさせる決心だったのである。だから、水野失脚の報が伝わると、数千人とも言われる群衆が彼の屋敷に押しかけて石を投げた。

この時逮捕《たいほ》された民衆を裁くことになった北町奉行《きたまちぶぎよう》の鍋島内匠《なべしまたくみ》は、「おまえたちは火事と思ってさっそく駆けつけたのであろう。ほめてとらすぞ」と言って全員を放免《ほうめん》した。当時、幕府にあっても鍋島のこの処置を非難する者はなく、「彼は臨機応変《りんきおうへん》の才能があった」と評判がよかったという。

ペリー浦賀《うらが》来航

勅命《ちょくめい》を無視した幕府への怒りから「尊皇攘夷《そんのうじょうい》」が生まれた

老中《ろうじゅう》水野忠邦《ただくに》の失脚《しっきゃく》から十年後の嘉永《かえい》六年（一八五三）にアメリカのペリーが黒船《くろふね》で浦賀《うらが》に来航した。これはなんといっても大事件であった。

この頃《ころ》日本近海に現れたのはペリーだけではない。文化《ぶんか》元年（一八〇四）にロシアのレザノフが通商を求めて長崎に来航したり、同五年（一八〇八）にイギリスの軍艦フェートン号が長崎に侵入したりする事件があった。にもかかわらず、幕府は文政《ぶんせい》八年（一八二五）に「異国船《いこくせん》打ち払い令」を出したりするだけで、真剣に対応してこなかった。

すでに六十年前の寛政《かんせい》三年（一七九一）に林子平《はやししへい》が、「細かに思へば、江戸の日本橋より唐・阿蘭陀《おらんだ》迄、境なしの水路なり」という有名な言葉で始まる『海国兵談《かいこくへいだん》』を出版して江戸湾に外国船が侵攻する怖れがあることを指摘し、江戸沿岸の防備を提言していたが、時の老中松平《まつだいら》定信《さだのぶ》は「奇言《きげん》人心を惑《まど》わす」という理由で、版木《はんぎ》を没収し、子平を蟄居《ちっきょ》せしめてしまった。

ところが、今回のアメリカの開国要求は強硬かつ執拗《しつよう》だったため、

泰平《たいへい》の眠りをさます上喜撰《じょうきせん》（銘茶の名で、〝蒸気船〟にかけている）
たった四杯《しはい》（四隻）で夜も眠れず

という狂歌《きょうか》にあるように、町人・農民までも夜も眠れなくなって天下は騒然となった。

幕府は対処しきれなくなり、諸大名に相談する。このときの老中首座《しゅざ》は備後《びんご》福山侯の阿部正《あべまさ》弘《ひろ》だったが、これはしてはならないことだった。国政を合議制で決定しようという「公議輿《こうぎよ》論《ろん》」の考え方が広がり、幕府の権威を下げる結果につながった。ペリー来航の前年には江戸城で二度も火事が起こり、翌年には皇居が炎上、その次の年には江戸に大地震があって死者二十万を出した。幕府は復興事業に追われているところだったから、まさに内憂外患《ないゆうがいかん》であった。

幕府には鎖国《さこく》など続けられないことがすぐさま理解できた。黒船が江戸湾に入ってきて江戸城を砲撃されたら止めることはできない。幕府は攘夷《じょうい》の不可能なことを知り、開港に向かった。だから、幕府は初めから責任をもって断固開国すると言うべきだった。

阿部は老中首座を堀田正睦《ほったまさよし》に譲り、安政《あんせい》四年（一八五七）、三十八歳で亡くなる。あとを引き継いだ堀田も、前任者阿部と似たような誤《あやま》ちを犯した。アメリカの駐日総領事《ちゅうにちそうりょうじ》ハリスに登城を許し、将軍家定《いえさだ》に国書を呈出《ていしゅつ》させたまではよいが、それからハリスの上申書を諸大名に示し、開港通商に関して意見を建白《けんぱく》させたのだ。幕府の自信のなさを示したものと考えてよい。

さらに安政五年（一八五八）、朝廷に修好通商条約《しゅうこうつうしょうじょうやく》締結のお伺《うかが》いを立てるに至って、幕府は

崩壊への道を歩み始めたと言ってよい。朝廷に外交への発言権が生まれたからである。公家《くげ》たちの会議では議論が沸騰《ふっとう》したが、結局、修好不許可の勅命《ちょくめい》を出した。

その直後、井伊直弼《いいなおすけ》が大老《たいろう》に就任《しゅうにん》する。幕府では「条約調印に勅許《ちょっきょ》は不要である」という幕府側から見ての正論が大勢を占め、井伊大老もやがて屈して、ついに安政五年六月十九日、神奈川において日米修好通商条約が調印された。攘夷《じょうい》に熱心だった孝明《こうめい》天皇はこれに震怒《しんど》し、二度も譲位の意思を表明した。かくして「尊皇攘夷《そんのうじょうい》」のスローガンが生まれることになった。

『ペリー提督　横浜上陸の図』／横浜開港資料館所蔵

桜《さくら》田《だ》門《もん》外《がい》の変《へん》

歴史の流れを速めた井伊《いい》大老《たいろう》襲撃事件

海で遭難《そうなん》し、米国の捕鯨船《ほげいせん》に救助されて米本土に渡り、アメリカの国内事情をよく知っているジョン（中浜《なかはま》）万次郎《まんじろう》が帰国していたことは、黒船《くろふね》来航に悩む幕府にとって幸いであった。

この万次郎を幕府は重用《ちょうよう》して、いろいろ話を聞いた。そのなかでいちばん重要だったのは、「アメリカには日本を征服する気はない」ということだった。アメリカの真意は捕鯨船の水や物資補給のための避難港がほしい、できれば貿易もしたいということであると聞いて、幕府は安堵《あんど》し、さほどの危機感を持つには至らなかった。ところが、それを幕府内の秘密にしていたものだから、実情を知らずに「攘夷《じょうい》だ、攘夷だ」と〝外敵〟排斥《はいせき》を声高《こわだか》に叫ぶ一大勢力、いわゆる攘夷派が生まれた。そのときに攘夷派弾圧の舵《かじ》を切ったのが井伊直弼《いいなおすけ》大老だった。

彼は文武両道に秀《ひい》でた教養人だった。血筋の誇りもあり、個人的能力にも自信があったろう。彼が阿部正弘《あべまさひろ》・堀田正睦《ほったまさよし》から受け継いだ開国策は正しかった。だが、まずかったのは「安政《あんせい》の大獄《たいごく》」を行って、当時いちばん考えの進んでいた多くの知識人たちを処刑したことだった。

攘夷の考えを持っていた孝明《こうめい》天皇から勅許《ちょっきょ》を得られないままアメリカと修好通商条約《しゅうこうつうしょうじょうやく》を結

び、また前水戸《みと》藩主《はんしゅ》徳川斉昭《なりあき》の子、一橋慶喜《ひとつばしよしのぶ》を次の将軍に推《お》す協調派を無視して、紀州《きしゅう》藩主徳川慶福《よしとみ》（後の家茂《いえもち》）の将軍継嗣《けいし》指名を強引に行ったため、これらの策を行った井伊直弼は諸勢力の反発を買った。また、朝廷は安政《あんせい》五年（一八五八）八月八日、幕府が孝明天皇の意に反してアメリカと修好通商条約《しゅうこうつうしょうじょうやく》を結んだこと、一橋慶喜を家定《いえさだ》の後の十四代将軍にしようとした大名たちを処罰したことを弾劾《だんがい》する密勅《みっちょく》を水戸藩士鵜飼吉左衛門《うがいきちざえもん》に託した。この動きに激怒した井伊は、反対派を烈《はげ》しく弾圧した。これが「安政《あんせい》の大獄《たいごく》」である。

幕府に悪意を持っていなかった人でも、幕末四賢侯《しけんこう》の一人である越前《えちぜん》福井藩主松平春嶽《まつだいらしゅんがく》（慶永《よしなが》）の側近《そっきん》、橋本左内《はしもとさない》が斬首《ざんしゅ》されたとき、幕府に対して失望したという。左内は開国派であったにもかかわらず、春嶽を助けて次期将軍に一橋慶喜を擁立《ようりつ》する運動を行ったために処刑されたのである。ほかにも、尊皇攘夷《そんのうじょうい》運動の急先鋒《きゅうせんぽう》であった梅田雲浜《うめだうんぴん》や頼三樹三郎《らいみきさぶろう》（儒学者。頼山陽《らいさんよう》の三男）、それに明治維新の精神的指導者の役割を担《にな》った長州の吉田松陰《よしだしょういん》らが死罪、もしくは獄死している。勅許なくして条約を結んだことに対して井伊を糾弾《きゅうだん》しようとした水戸の徳川斉昭《なりあき》は蟄居《ちっきょ》させられた。

井伊直弼の外交策はまちがっていなかったが、安政の大獄は残念な政策だった。あまりに多くの有能な人々を死に至らしめた。せめて入牢《じゅろう》くらいで済ませておけばよかったのだが、死罪にしてしまったのは取り返しのつかない愚挙《ぐきょ》だった。

安政七年（一八六〇）三月三日（安政七年は改元されて万延《まんえん》元年になるが、改元は三月十八日なので、事件の起こったのはまだ安政七年である）、前藩主斉昭《なりあき》を蟄居《ちっきょ》させられた上に、水戸藩に朝廷から与えられた密勅《みっちょく》の提出を幕府が求めたことに水戸藩士は憤慨し、有志たちに薩摩藩士も一人加わって、江戸城桜田門外《さくらだもんがい》で井伊大老の行列を襲撃するという事件が起こった。いわゆる「桜田門外《さくらだもんがい》の変《へん》」である。これは駕籠《かご》に乗った大老を暗殺したというだけのことだが、その衝撃は大きかった。

撃之図』大蘇芳年、月岡米次郎・画／国立国会図書館所蔵

世の中にはシンボル的な事件というものがある。徳川八百万石と称し、三河《みかわ》以来の武士団・旗本八万騎《はたもとはちまんき》を抱えると言われた徳川家の「武《ぶ》」の威信《いしん》というものは、当時最大の権威であり、畏《おそ》れられる存在であった。その幕府最高の重職である大老が、城の前で二十人足らずの浪人どもに殺されたのは、これ以上ないほどの権威の失墜《しっつい》であった。当時の武士にとっては、自分の藩主が絶対的君主であった。そういう

『安政五戊午年三月三日於テ桜田御門外ニ水府脱士之輩会盟シテ雪中ニ大老彦根侯ヲ襲

藩主たちを鉢植《はちう》えのように転《てん》封《ぽう》させたり、潰《つぶ》したりできる幕府の権威は途方もなく大きく感じられ、それは大公儀《だいこうぎ》と受け止められていたのだ。そのイメージが一朝にして消えたのである。

この桜田門外の変のわずか七年後に大政奉還《たいせいほうかん》が行われ、その二年後には明治天皇が江戸城にお入りになったことを思うと、その歴史の流れの速さたるや、ただただ驚くほかはない。それは、この事件のおよぼした影響がいかに大きかったかを示しているものと言えよう。

大政奉還《たいせいほうかん》・小御所会議《こごしょかいぎ》

「公武合体《こうぶがったい》」から「倒幕親政《とうばくしんせい》」に急転した小御所会議の歴史的意義

われわれが子供の頃に習った日本の歴史では「維新の四大偉人」として、西郷隆盛《さいごうたかもり》、大久保《おおくぼ》利通《としみち》、木戸孝允《きどたかよし》、それに岩倉具視《いわくらともみ》の名があげられていた。それが子供心にはわからなかった。西郷は総大将だからわかる。大久保もわかる。長州の代表であるから木戸も当然だろう。しかし、なぜそこに岩倉のような公家《くげ》が加わっているのかが不思議だったのである。

徳川慶喜《よしのぶ》が慶応《けいおう》三年（一八六七）十月に大政奉還《たいせいほうかん》を申し出た。これは徳川幕府にとっては致命的なことだった。幕府が諸大名に対して権威を持っていたのは、すべての武家を支配する者として、徳川家康が慶長《けいちょう》八年（一六〇三）に従一位右大臣《じゅいちいうだいじん》・征夷大将軍《せいいたいしょうぐん》となり、さらに後には太政大臣《だじょうだいじん》となって公家《くげ》を支配する地位を与えられたからである。それを奉還してしまえば徳川家と他の大名家との差はなくなり、徳川幕府は「公儀《こうぎ》」でなくなるのだ。

これを受けて同年十二月九日、王政復古《おうせいふっこ》の大号令《だいごうれい》が発せられたのと同日に京都御所《きょうとごしょ》内の小御《こご》所《しょ》で「小御所会議」が開かれた。

有栖川宮熾仁親王《ありすがわのみやたるひと》などの皇族、正親町三条実愛《おおぎまちさんじょうさねなる》、岩倉具視などの公家、土佐の山内容堂《やまのうちようどう》、薩摩の島津忠義《しまづただよし》、越前《えちぜん》福井の松平 春嶽《まつだいらしゅんがく》（慶永《よしなが》）などの前・旧藩主たち、それに大久保、後藤 象二郎《ごとうしょうじろう》（土佐藩）ら、新政府の要人となるべき人々が集まって会議をしたのである。公武合体《こうぶがったい》の名の下に、代表的な大名と公家が集まっていた。そのとき初めて明治天皇が、御簾《みす》の奥にではあったが、お出ましになった。近代日本における最初の御前《ごぜん》会議である。

席上、山内容堂が「この会議に慶喜を呼ばないのはおかしい」と発言した。さらに容堂は、「ここに集まっている者たちは、天皇がお若いのをいいことにして自分が天下を取り、天下をほしいままにするつもりか」と言った。

これに対して、長く蟄居《ちっきょ》の身だった岩倉具視が反論した。岩倉は公武合体論者だったから、尊皇攘夷《そんのうじょうい》派に狙《ねら》われ、京都岩倉村に身を潜めていたが、攘夷《じょうい》論者だった孝明《こうめい》天皇が亡《な》くなったのを機に、薩長と密《ひそ》かに手を結び、再び表に出てきていたのである。

このとき岩倉は、「天皇はお若いとはいえ聡明でいらっしゃる。何たる失礼なことを言うのだ」と怒ってみせた。何しろ天皇の御前だから恐悚《きょうしょう》した山内容堂はかしこまってしまい、それ以上発言できなかった。それを受けて大久保が以下のように論じた。「慶喜がここに列席するためには、まず慶喜自身が恭順《きょうじゅん》の意を表さねばならない。徳川が領地を差し出し、官位を蠲退《けんたい》する（きれいさっぱり捨てる）ならば出席を認めよう」と。

そこからは岩倉の思惑どおり、天下は討幕に向かって一直線に突き進む。「領地をすべて差し出さない限りは徳川家を討つべし」ということになって、新政府軍と旧幕府軍が京都郊外で衝突《しょうとつ》した鳥羽《とば》・伏見《ふしみ》の戦いが起こるのである。

『近世日本国民史《きんせいにほんこくみんし》』の著者徳富蘇峰《とくとみそほう》が「小御所会議こそは徳川幕府を終わらせるための、〝関ヶ原の戦いの裏返し〟だった」と言ったのはまさに当たっていると思う。小御所会議の話を読んで、私はなぜ岩倉が維新の元勲《げんくん》たちの間で尊敬されていたかがよくわかった。維新の元勲たちは討幕にいたる本当の動きをよく知っていた。あのとき、岩倉があういう発言をしなかったら討幕は成らなかったということを維新の中心人物たちは誰もが知っていたということである。

その後は怒涛《どとう》のごとく歴史が流れる。小御所会議は「(土佐の)山内容堂・後藤象二郎《ごとうしょうじろう》と岩倉具視・大久保一蔵《いちぞう》(利通)四人の決闘だった」とも蘇峰は言っている。幕末の情況の中で、最も穏当で無難と思われていた政治論は公武合体論だった。尊皇の運動は朝廷(公)が加われば吸収されるから、実際の政治はそれまでの治世の実績を持っている徳川家をはじめとする大名(武)が集まって合議すればよいということだった。小御所会議もその主旨の集まりだったのである。それが山内容堂の発言、それに挑みかかった岩倉と大久保の論駁《ろんばく》で、一挙に「公武合体」は「倒幕親政《とうばくしんせい》」に変わったのである。蘇峰も、小御所会議で無記名投票が行われれば公武合体のほうに動いたろうと推測している。

それがちょっとしたきっかけの議論が出て突如、歴史の趨勢《すうせい》は奔流《ほんりゅう》と化したのだ。維新に至る経過は、「あれよ、あれよ」という間であって、維新の元勲と言われる人たちが、「誰かがあらかじめ計画したようなものではなかった」と語っているのもよくわかる。

明治天皇の御前で激論が交わされた小御所会議
『王政復古』島田墨仙・画／聖徳記念絵画館所蔵

戊辰戦争《ぼしんせんそう》

天下の大乱を回避《かいひ》させた徳川光圀《みつくに》以来の尊皇《そんのう》思想

新政府軍と徳川方旧幕府軍のあいだで起きた鳥羽《とば》・伏見《ふしみ》の戦い（戊辰《ぼしん》戦争の始まり）においては、旧幕府勢の兵力およそ一万五千、それに対して薩摩・長州を主力とする新政府軍は約五千。ところが、薩長側が「錦の御旗《にしきのみはた》」を押し立てたことが大きかった。これが昔から天皇を奉《ほう》じる「官軍」の旗印《はたじるし》とされていたことは幕末の日本人なら楠木正成《くすのきまさしげ》の活躍などを描いた軍記物語『太平記《たいへいき》』でよく知っていたから、幕府軍は大いに士気を殺《そ》がれ、徳川慶喜《よしのぶ》も戦意を失った。

慶喜は水戸《みと》の出身であり、光圀《みつくに》以来の尊皇《そんのう》的な思想が強く、「官軍」と戦うことを好まなかった。そして江戸に戻ってからは恭順《きょうじゅん》して戦争をしないと決める。このことは日本にとって実に幸せなことだった。あのときもし慶喜が断固戦うと宣言していたら、大きな内乱が起こり、勝敗もどうなっていたかわからない。

というのは、何しろ薩長方には軍艦がほとんどなかったからである。幕府は開陽丸《かいようまる》をはじめ、何隻もの軍艦を持っていた。幕府軍が本気で戦うつもりなら、官軍を箱根あたりで迎え討ち、幕府の船が大坂あたりに逆上陸して後方を押さえれば、官軍は干上がってしまう。

フランスは幕府を援助すると言っていたから、フランスが幕府側につけば薩長にはイギリスが味方する。すると英仏を巻き込んで、どんな戦争になり、どういう結果になったかわからない。だが、慶喜が恭順の意を示したために、あとは本格的な戦いは行われなかった。江戸では幕府側の抗戦派が結成した彰義隊《しょうぎたい》が上野《うえの》に立てこもって抵抗したくらいだった。あとは残党征伐に近い。奥羽越列藩《おううえつれつぱん》同盟（奥羽と越後《えちご》諸藩による同盟）と新政府軍が戦った、いわゆる北越《ほくえつ》戦争でも官軍は勝利を収めた。その後、戦局は会津《あいづ》に移り（会津戦争）、奥羽越列藩同盟のなかで京都守護職だった会津藩と、江戸守護にあたっていた庄内《しょうない》藩は最後まで抗戦するが、ついに両藩とも降伏する。

天下を二分する内乱を避けることができたのは慶喜の功績だが、それは徳川光圀にさかのぼる。光圀の勤皇思想が幕末の日本を救うことにもなったのである。維新の元勲《げんくん》たちはそのへんをわかっていたから、まもなく慶喜は許され、晩年には公爵《こうしゃく》に列せられた。

慶喜が隠退《いんたい》した時、田安《たやす》家から養子に迎えた家達《いえさと》は、後に貴族院《きぞくいん》議長になった。第一次大戦後のワシントン軍縮会議では全権委員であった。明治維新が西洋やシナのような「革命」でなかったことは、この一例でもよくわかる。

さらに、大正天皇のお后《きさき》である貞明《ていめい》皇后が、秩父宮雍仁《ちちぶのみややすひと》親王に旧会津藩から勢津子《せつこ》妃を迎えたのをはじめ、昭和天皇以外の弟君にもすべて朝敵《ちょうてき》の側から嫁を迎えるように取り計られた。こうしたことによって、維新の時の朝幕《ちょうばく》の戦いの傷は完全に消えたと言ってよい。

第5章 明治篇

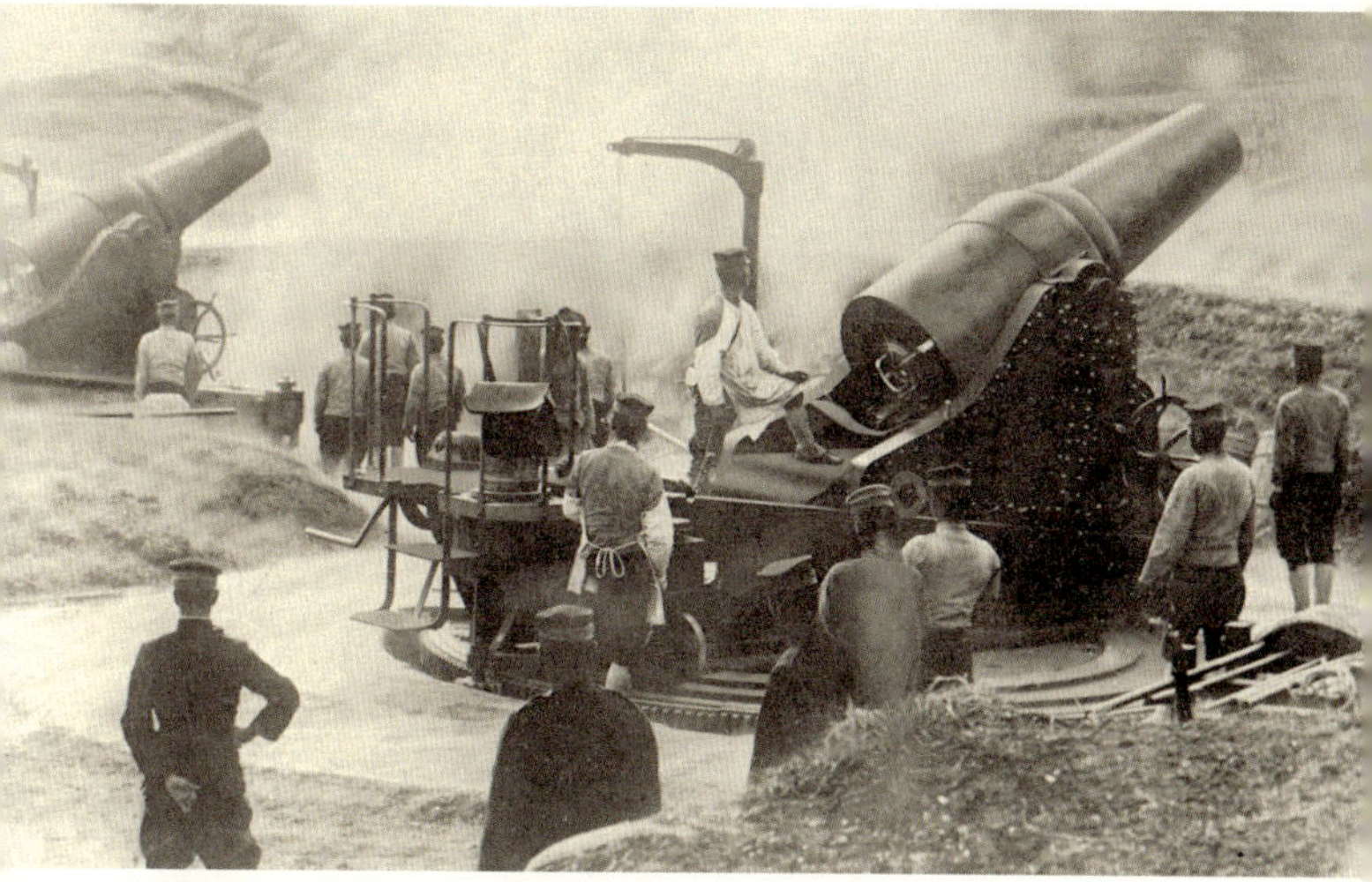

日露戦争　旅順港のロシア軍を砲撃する日本軍（明治37年）→206ページ
写真提供：共同通信社

岩倉米欧使節団《いわくらべいおうしせつだん》の派遣《はけん》

白人に屈しなかったアジア唯一の国——その〝腹の括《くく》り方〟

強力な武器を持ち、高度な機械を操《あやつ》る白人の姿を見て、日本人以外のすべての有色人種は無力感を抱いた。ところが日本人は絶望するどころか、卓越《たくえつ》した西洋文明を見て好奇心を抱き、その知識と技術をあっというまに自分たちのものにしてしまった。しかも、西欧列強の植民地化を許さず、国家としての独立を守った。それこそが世界史における明治維新《めいじいしん》の意義である。だが、明治政府の指導者たちがはたと気づいたのは、いざ幕府を倒し、「天皇親政」がなったあと、どのような国家をつくるべきかというビジョンを誰も持っていないという事実であった。

そこで考えついたのは、岩倉具視《いわくらともみ》を団長とする米欧使節団《べいおうしせつだん》の派遣《はけん》（明治四〜六年）という画期的なアイデアであった。条約改正の予備交渉が目的であり、単なる西洋見学ではない。大事なのは、政府の指導者みずからが新しい政策を立てるために先進国を回ったということである。

この使節団に参加した主要メンバーは岩倉具視、木戸孝允《きどたかよし》、大久保利通《おおくぼとしみち》、伊藤博文《ひろぶみ》という、まさに明治維新の主役たちである。しかも、一年十カ月もかけて、米・英・仏・独など全部で十二カ国を回っているのだ。こんなことは世界史上、例がない。これだけの指導者たちが二年近くも留守にしていたら、その間に、どんな政変が起こるか分からないからだ。にもかかわらず、あえて海を渡ったのは、「ヨーロッパの文明は、実際にこの目で見なくてはわからない」という強い意思によるものだったろう。

そして、岩倉使節団の一行が「見た」のは、サンフランシスコからワシントンに向かう大陸横断鉄道（一八六九年＝明治二年に全面開通）や、石畳《いしだたみ》で舗装《ほそう》されたロンドンやパリの道路であった。さらに、立派な道路の両側には、江戸城よりも高い石造りの建物がずらりと並んでいる。聞けば、そこには庶民が住んでいるという。彼らは近代文明の力と富に圧倒された。

こうした経験のおかげで大久保や木戸らも腹を括《くく》ったのである。「もう士農工商《しのうこうしょう》などと言っていてはどうにもならない。工と商をまず振興《しんこう》しなければ欧米諸国の富に敵《かな》わない。富なしに強大な武力を持った近代国家にはなれない」という覚悟が自然と生まれた。そのためには徹底した欧化政策をとる以外に道はないという結論に至るのである。「明治政府は欧化政策をとって工業や商業を振興《しんこう》した」と簡単に言うが、指導者みずからが海外視察をし、「今のままでは駄目だ」というような腹の括り方をした有色人種の国は日本以外になかったということである。

だから、これ以降の新政府の施策《しさく》を見ると、まったく欧化政策に躊躇《ちゆうちよ》がない。廃藩置県《はいはんちけん》（明治四年）のみならず、廃刀令《はいとうれい》（明治九年＝一八七六）などによって士族の特権をまったくゼロにしたのも、また、当時としては途方《とほう》もない借金をしてでも商工業に投資するという決断をしたのも、この使節団の体験なくしては考えられないのである。

征韓論《せいかんろん》に敗れ西郷隆盛《さいごうたかもり》下野《げや》

朝鮮半島と国内をめぐる西郷と大久保の〝死闘〟

十七世紀末に太平洋岸に到達したロシア帝国は、徐々に南下して勢力を広げつつあった。すでにロシアはカムチャツカ半島を領有し、一八六〇年（万延《まんえん》元年）には沿海州《えんかいしゅう》を清朝《しんちょう》から奪って、ウラジオストクに港を開いた。陸伝いに領土を広げつつあるロシアの姿を見たとき、日本人がただちに気づいたのは、朝鮮半島の重要さであった。このままロシアが南下し、朝鮮を植民地にするようなことになれば、日本にとってこれほどの脅威はない。危機感を抱いた日本政府が何よりも期待したのは、朝鮮の近代化であった。

新政府は朝鮮（李氏《りし》朝鮮）国王・高宗《こうそう》に外交文書を送って開国と近代化を申し入れたが、朝鮮は「清朝ではなく、日本の属国となれ」という意味に解釈し、文書受け取りを拒否した。

これに対して、陸軍大将西郷隆盛《さいごうたかもり》は、「自分が特使として乗り込み、直談判《じかだんぱん》をする。それで、もし自分が殺されるのであれば朝鮮出兵もやむをえない」と〝征韓論《せいかんろん》〟を主張した。しかし、これは尋常《じんじょう》なことではない。朝鮮からすれば、日本が脅迫に来たと思い、西郷は本当に殺されるかもしれない。西欧列国は、この行動を「日本に朝鮮進出の意図あり」と見るであろう。大久保利通《としみち》らは猛反対した。そもそも朝鮮に陸軍を出兵するような余裕は、日本のどこを探してもない。一刻も早く商工業を興《おこ》し、社会資本を整備しなければならないのである。

ところが、何しろ相手は〝大西郷〟である。西郷は単に、維新第一の功労者というだけの人間ではない。天下の衆望《しゅうぼう》を一身に集めている、いわば富士山のような英傑《えいけつ》である。そのような人物を敵に回せば、新政府は一日で瓦解《がかい》してしまうであろう。

西郷にとっての征韓論とは、外交問題というよりも、むしろ内政問題だった。西郷には、大久保らの商工業重視政策に対する反発があったと思われる。維新後、士族たちの地位は低下している。「これでは維新を実現させた武士たちが可哀想《かわいそう》ではないか」というのが西郷の心境であったろう。おそらく、西郷自身にとっては、実際に朝鮮に兵を出すことよりも、国内にいる不平士族たちの処遇《しょぐう》のほうがより重要だった。つまり、武士たちがひと花咲かせる場所として、西郷は朝鮮半島に眼を向けたのである。対ロシアを視野に入れていたことは言うまでもない。

西郷の進言は、大久保たちの徹底的な反対によって斥《しりぞ》けられた。このときの廟議《びょうぎ》は、さながら大久保と西郷の死闘のようであったと伝えられている。ただ、大久保・西郷双方とも、私情はいっさいなかった。大久保には、「一刻も早く近代化をせねば日本が危《あや》うい」という気持ちだけがあった。西郷にしても、彼ほどの信望があれば、クーデターによって大久保たちを打倒することは十分可能だった。しかし、彼は潔《いさぎよ》く下野《げや》する道を選んだ。権力を私物化し、国益をないがしろにするような気持ちは、どこにもなかったのである。

1877
明治10年

西南戦争勃発《せいなんせんそうぼっぱつ》

貴重な戦訓を残した日本最後の内乱

西郷隆盛が下野《げや》した後、西郷を担《かつ》いだ薩摩を中心とした士族の反乱、いわゆる「西南戦争《せいなんせんそう》」が起こる。だが、これは西郷が起こした戦争というより、周囲の状況が彼を戦争に引きずり込んだというほうが正解であろう。

実際、西南戦争の勃発《ぼっぱつ》直前、新政府に反乱を起こそうとする周辺の動きに対して、西郷は極力それを抑えようと努力している。自分と同じく征韓論《せいかんろん》で敗れて下野した江藤新平《えとうしんぺい》が「佐賀《さが》の乱《らん》」を起こした時も、西郷は援助しなかった。また、薩摩で反政府行動が始まったときにも、西郷自身は山中で狩猟《しゅりょう》をしていて、それを知らなかったと言われる。

しかし、西郷という人は、周囲から担がれれば地獄まで乗ってやろうという腹を持った人であったから、いざ戦争が始まってからは、黙って首領の地位についたのである。

もし西南戦争において西郷が積極的に動いていたら、薩摩軍の勝利とまではいかなくとも、その帰趨《きすう》は大きく変わっていたかもしれない。

当時の陸軍は組織作りを始めたばかりで、近代的装備は持っていても、兵の多くは町人百姓あがりであり、ろくな訓練もしていなかったから、維新の最前線で働いた薩摩の武士たちと交戦した時には、まったく歯が立たないというありさまであった。このため、緒戦《しょせん》において政府軍は総崩れに近いありさまで、あっという間に熊本城《くまもとじょう》は薩摩軍に包囲されてしまう。

ところが、薩摩軍は戦略的なミスを犯す。それは、熊本城陥落《かんらく》に必要以上に執着《しゅうちゃく》してしまったことである。加藤清正《かとうきよまさ》が完成させた熊本城は天下の名城であって、そう簡単に陥《お》ちるものではない。守城の将、谷干城《たにたてき》も必死になって防戦したので、薩摩軍の主力は熊本に釘づけになってしまった。そうこうするうちに、政府軍の援軍が本州から上陸し、逆に薩摩側が包囲されることになった。

もし西郷が積極的に全軍の指揮に当たっていたら、こんなバカなことはせず、さっさと本州に向けて進撃していたはずである。とはいうものの、たとえ西郷が陣頭指揮《じんとうしき》をとったとしても、西南戦争は最終的に政府軍の勝利に終わっていたであろう。勝敗を分けたのは、結局、物量と補給力の差であった。

戦闘能力においても、士気においても薩摩軍のほうが上であったが、この劣勢を盛り返すために政府軍がとったのは、徹底的な物量作戦である。兵員にしても、また武器弾薬にしても、必要とあればいくらでも本州から船で運びこんだ。しかも、政府軍にはすでに電信が装備され、東京との連絡に活用されている。敵軍の背後《はいご》に上陸する作戦もできた。薩摩軍は押し返され、西郷はとうとう鹿児島の城山《しろやま》で自刃《じじん》する。

日清《にっしん》・日露《にちろ》戦争当時の陸軍首脳はみな西南戦争の生き残りであり、日露戦争のごく初期の段階からロシアとの講和の準備をしているのも、「たとえ弱兵《じゃくへい》であっても、補給さえ十分に行えば究極的には勝つ」「長期戦になったら物量の差が勝敗を分ける」という西南戦争の貴重な戦訓を実感として知っていたことが大きい。また、圧倒的な軍事力を持つロシアに対して、日本軍があれほどの戦果を挙げえたのは、一つには指揮していた人たちが、みな西南戦争で生き延びた人たちであったからである。

参謀総長山縣有朋《やまがたありとも》、満洲《まんしゅう》派遣軍総司令官大山巖《おおやまいわお》、同参謀総長児玉源太郎《こだまげんたろう》、さらに黒木為楨《くろきためもと》、奥保鞏《おくやすかた》、野津道貫《のづみちつら》、乃木希典《のぎまれすけ》など、日露戦争に活躍した司令官たちは、みな共通して西南戦争の体験者である。

西南戦争では、双方あわせると死傷者は三万人に上《のぼ》った。このような激戦の中では、単に才能があったり、度胸があったりするだけでは生き残れない。やはり運があり、勘がよくなければ、生き残ることはできないのである。

その意味で、西南戦争で生き残った軍人たちは、いわば〝幸運の女神〟に好かれた人間であった。そして、こうした人たちが日露戦争の陸軍を指揮していたということが、ロシアとの戦いに勝利を収める一つの要因になったと言っても言い過ぎではあるまい。「物量と補給の大切さ」という戦訓は、この戦いの経験者が全員いなくなった昭和の日本陸軍では忘れ去られてしまったが、ことほどさように、西南戦争は後世に大きな影響を与えたのである。

西南戦争で熊本城を包囲・攻撃する薩摩軍
『西南役熊本籠城』近藤樵仙・画／聖徳記念絵画館所蔵

大日本帝国憲法発布《だいにほんていこくけんぽう》

「首相」も「内閣」も存在しない〝不磨《ふま》の大典《たいてん》〟が昭和の悲劇を生んだ

大日本帝国憲法《だいにほんていこくけんぽう》（明治憲法）が制定されたのは、国民の間に起こった自由民権運動《じゆうみんけんうんどう》に応《こた》えるためであったと一般的には言われている。たしかにそれは間違いではない。

しかし、新政府が明治十八年（一八八五）に内閣制度を作り、また、その四年後に明治憲法を発布《はっぷ》した最大の理由は、政府にとって最大の懸案《けんあん》であった不平等条約の解消のためである。治外法権《ちがいほうけん》を撤廃《てっぱい》し、一人前の国家にならなければ――明治憲法も、そうした危機意識から生み出されたものであった。日本が諸外国から近代的な法治《ほうち》国家と見なされるためには、法体系の根幹となるべき憲法を制定しなければいけない。そこで、後に初代内閣総理大臣となる伊藤博文《ひろぶみ》が欧州に渡って憲法調査を行い、当時世界一の憲法学者であったドイツ・ベルリン大学のグナイストの助言に従って、旧プロイセン王国の憲法を下敷きに新憲法を作ることにした。

ドイツ帝国は、さまざまな小国家を統一して生まれた連合国家だから、単一民族の国家である日本には参考にならないところがある。それよりも、ドイツ帝国の中心となったプロイセン王国の憲法のほうが、日本の国情に適しているとグナイストは助言した。ヨーロッパでは、力で成り上がった人間は「皇帝《こうてい》」にはなれるが、「国王《こくおう》」にはなれない。ナポレオンは実力で皇帝になったが、フランス国王になることはできなかった。

このヨーロッパ的な意味では、日本の天皇は国王であって、皇帝ではない。天皇は日本民族の長であり、一朝一夕《いっちょういっせき》に成り上がった権力者ではない。だから、グナイストが旧プロイセン王国の憲法を手本にすべきであると助言したのは、まことに正しかったのだ。

ところが、明治憲法には「総理大臣」という言葉も、「内閣」の文字もなかった。つまり、明治憲法の規定から言えば、戦前の日本は「内閣も首相も存在しない国」だったのである。これは国王（日本においては天皇）の権力を保つためであって、「あくまでも行政権《ぎょうせいけん》は国王や皇帝の権利であり、それを首相に譲《ゆず》ってはいけない」というのがグナイストの意見であった。

もちろん、内閣制度は憲法発布よりも四年前の明治十八年に制定されており、実際には内閣も首相も存在したわけだが、これは憲法に規定されたものではないのである。

憲法に首相の規定がないということは、のちに日本に大変な災いをもたらすことになった。昭和に入って、軍部がこの明治憲法の〝欠陥〟に気づき、政府を無視して暴走しはじめたのである。彼らは「我々は天皇に直属するのであって、政府の指図を受けなくともいいのだ」という理屈を持ち出したのである。憲法の規定に首相も内閣もなく、したがって条文上、軍のことに政府が口出しできないと分かったとき、〝昭和の悲劇〟は始まった。

それまで問題が起きなかったのは、天皇の信頼の篤《あつ》い元勲《げんくん》（後に元老《げんろう》と呼ばれるようになる）

たちが次期内閣の首班《しゅはん》を指名するという決まりになっていたからである。当時の感覚からすれば、元勲たちが選んだということは天皇が選んだということに等しく、したがって、首相の決定に対して他の大臣や軍部が逆《さか》らうことは考えられなかった。それは天皇への反逆に等しいのである。だが、昭和になる前に、明治憲法の健全性の担保《たんぽ》ともなる元勲はすべて死亡していた。

さらに致命的だったのは、明治憲法が〝不磨《ふま》（不朽《ふきゅう》）の大典《たいてん》〟とされたことである。この言葉があるために、明治憲法はその条文を改正することはほとんど不可能に近かった。

とはいえ、明治憲法にも改正のための条項はあった。それは「将来此《コ》ノ憲法ヲ改正スルノ必要アルトキハ勅命《チヨクメイ》ヲ以《モツ》テ議案ヲ帝国議会ノ議ニ付《フ》スヘシ」と明記されている第七十三条である。だから、改正にはまずその「勅命」が必要なのだが、その手続きを実現しようとした人物がいなかっただけなのである。「勅命」さえ出れば、議員の九分の四の賛成によって改正はできた。

どんな憲法であれ、それは人間の作ったものである以上、欠陥はありえる。また状況が変われば、憲法（コンスティテューション）も変わらなければいけない。人間だって、齢《とし》をとれば体質（コンスティテューション）が変わるではないか。その点〝不磨の大典〟とされたとき、すでに昭和の悲劇が始まったと言っていいのである。

アメリカをはじめ、西洋諸国は平均すると数年に一度は憲法に手を加えているが、それが正常なのだ。さらにイギリスの憲法は成文法《せいぶんぽう》ではないがゆえに、つねに変わりつづけていると言ってもよいのである。

「憲法ヲオサダメニナル」尾形月山・画
講談社の繪本『國史繪巻』(昭和13年　大日本雄辯會講談社発刊) より

教育勅語発布《きょういくちょくごはっぷ》

二重法制国家における実質的な憲法

明治憲法は文明国の体裁を整えるための〝借り着〟にすぎないとはいっても、国家を運営するにあたって、その〝体質〟に適《かな》った基本理念はあったほうがいい。理念がなければ、それは単なる「烏合《うごう》の衆《しゅう》」のようなものであり、国家とは呼べない。ところが、明治憲法だけでは、やや不十分と言わざるをえない。そこで、憲法発布の翌年、明治二十三年に教育勅語《きょういくちょくご》がつくられたのだと思われる。

戦前の義務教育では、明治憲法のことをほとんど教えなかったが、そのかわり、子供たちに徹底的に教育勅語を暗記させた。また、入学式や卒業式や式日《しきじつ》（元旦、紀元節《きげんせつ》、天長節《てんちょうせつ》、明治《めいじ》節《せつ》）などでは必ず校長が教育勅語を読み上げた。それは教育勅語のほうが、実際の「憲法《コンスティテューション》」であったからだと考えれば分かりやすい。日本という国の体質《コンスティテューション》、つまり国体に合っていたのである。教育勅語は明治憲法のような法律の体《たい》をなしていない。大臣の副署《ふくしょ》もないから、明らかに法律ではない。書いてあるのは理念だけだが、「憲法」は本来、国家としての理念を示すのが目的であって、実際の運用は法律に任《まか》せればいいのだから、それでもかまわないのだ。

教育勅語がまず説くのは、日本人の伝統的な倫理観である。つまり、万世一系《ばんせいいっけい》の皇室の尊《とうと》さを述べ、それから「親を大事にせよ」とか「友人や配偶者と仲よくせよ」、「身を謹《つつし》んで学業に励め」、「人格を修養せよ」というようなことである。このような個人的徳目《とくもく》を並べたのちに、勅語は「一旦緩急《イッタンカンキュウ》アレバ義勇公《ギユウコウ》ニ奉《ホウ》ジ以《モッ》テ天壌無窮《テンジョウムキュウ》ノ皇運《コウウン》ヲ扶翼《フヨク》スベシ」と言う。

教育勅語の中で最も重要なこのくだりを読んで、「やはり教育勅語は軍国主義的だ」と思う人もいよう。昭和になってから、教育勅語の中の「天壌無窮ノ皇運」とか「億兆《オクチョウ》心ヲ一《イツ》ニシテ」という部分が強調されるようになったのは事実であるが、それは勅語本来の精神とは別問題である。感覚としては、「徳川家や大名である主家に対して忠誠を尽くしていた時代は終わった。これからは国家に忠誠を尽くせ」ということを言いたかったのである。

こうして見ていくと、明治の日本は明治憲法と教育勅語の「二重法制《にじゅうほうせい》」の国であったということもできる。形式としては明治憲法を日本の法体系の頂点に置くが、実際には教育勅語の精神で国家を統治《とうち》するというのが、明治政府の本音《ほんね》であった。

現代人の感覚からすると、二重法制は異常な状態のように思われるかもしれないが、律令《りつりょう》と式目《しきもく》の関係をみればわかるように、日本は実はすでに長きにわたって二重法制国家だった（72ページ参照）。憲法と勅語の両立体制は、貞永《じょうえい》元年（一二三二）の貞永式目《しきもく》（御成敗《ごせいばい》式目）以来、六百五十年におよぶ日本の伝統なのである。憲法上に規定のない首相や元老《げんろう》制を設置しても誰も文句を言わなかったのは、そうした感覚が日本人の中にあったからだと思われる。

1894
明治27年

日清戦争《にっしんせんそう》

朝鮮の独立近代国家をめざした「日清戦争の義《ぎ》」

朝鮮が独立した近代国家になることは、日本の悲願とも言ってよかった。朝鮮半島が欧米、ことにロシアの手に落ちて植民地化すれば、日本の将来はない。朝鮮は明治政府との直接交渉を拒絶し、かえって排日《はいにち》・侮日《ぶにち》の気勢を上げるありさまだったが、明治政府の熱心な近代化への働きかけが初めて実を結んだのは明治九年（一八七六）に締結《ていけつ》された日朝修好条規《にっちょうしゅうこうじょうき》であった。

この条約は、第一条で「朝鮮は自主独立の国であり、日本と平等な権利を有する」ということを謳《うた》った点で、まさに画期的《かっきてき》なものであった。この後、朝鮮政府内部でも開国派が影響力を強めるようになり、日本にとっても喜ぶべき状況が生まれたのである。ところが、朝鮮の宗主《そうしゅ》国《こく》・清国《しんこく》が日本に圧力をかけはじめた。清国の言い分は、朝鮮は二百年来、清国の属国《ぞっこく》であり、日本ごときが今さら口を出す筋合いのものではない、という主旨であった。

明治十五年（一八八二）、李朝《りちょう》内における攘夷《じょうい》派の大院君《だいいんくん》（国王の実父）がクーデター（壬午《じんご》政変）を起こし、大院君の兵士が日本公使館を襲い、館員七人が殺害されるという事件が起きた。さらに、大院君は朝鮮の政策を清国寄りに戻そうとしたにもかかわらず、清国は暴動を口実に軍を派遣して大院君を逮捕し、朝鮮政府を支配下に置いた。

それから二年後の明治十七年（一八八四）、今度は開国派の金玉均《きんぎょくきん》や朴泳孝《ぼくえいこう》らが、クーデターを起こす。いわゆる甲申《こうしん》政変であるが、これも千五百人の清軍が武力介入したため失敗に終わった。しかも、このとき清国の軍隊は日本公使館を焼き、多数の日本人を惨殺《ざんさつ》した。日本人がつくづく分かったのは、「朝鮮を独立させようと思えば、結局、シナ（清）との対決は避けられない」という事実であった。

それでも日本は国力充実を優先させ、ひたすら穏健《おんけん》な態度をとりつづけた。そうしたなかで、明治十九年（一八八六年）に清国水兵暴行事件が起きた。清国の北洋《ほくよう》艦隊の主力艦である定遠《ていえん》、鎮遠《ちんえん》、威遠《いえん》、済遠《さいえん》が、丁汝昌《ていじょしょう》提督に率いられて長崎港に入港した。日本に対する威圧であるのは言うまでもない。「これ以上、朝鮮に対して日本が干渉するならば、一戦も辞さない」というわけである。さらに、長崎に上陸した清国水兵の一部が暴行を働いたことをきっかけに、清国水兵と日本の警察が衝突して市街戦となり、双方に死傷者が出たのである。死者は日本の巡査二人、清国の水兵五人、負傷者は日清合わせて七十五人であった。

この事件に対しても話し合いによる解決を目指し、「弱腰《よわごし》外交」と非難された日本政府が日清《にっしん》戦争に踏み切ることになったきっかけは、明治二十七年に起きた「東学党《とうがくとう》の乱《らん》」であった。

李朝打倒、外国排撃をスローガンにする新興宗教「東学」の信者を中心にして、朝鮮各地で農民が反乱を起こしたのを好機と見た清国は朝鮮に出兵した。朝鮮政府は完全に当事者能力を失っていた。その時、日本に出兵を通告した清国の文書の中には「属邦（ぞくほう）保護」のためと記してあったから、清国が朝鮮を完全に保護国化しようとしているのは目に見えていた。

外務大臣陸奥宗光《むつむねみつ》は朝鮮が清国の属邦であることを認めず、「日清両国が協力して朝鮮の内政改革に当たろうではないか」という提案を清国に出した。だが、清国がこれを拒絶したので、やむなく開戦ということになったのである。

日清戦争における日本と清国の宣戦布告文書を比較してみれば、その戦争の意義は明々白々である。「朝鮮は独立した一国であるのに、清国はつねに朝鮮を自分の属国として内政に干渉しつづけている」という日本側の主張に対し、清国側の主張は「朝鮮はわが大清国の藩属《はんぞく》たること二百年、毎年朝貢《ちょうこう》している国である」というものであった。

日本の世論は挙げて、この開戦を「朝鮮の独立を助ける義戦《ぎせん》」と歓迎した。クリスチャン内《うち》村鑑三《むらかんぞう》も「朝鮮を保護国化しようとするシナを挫《くじ》くために日本は戦うのだ」ということを世界に伝えようと、英文で「日清戦争の義《ぎ》」という文章を発表している。

日本にしてみれば、ずいぶん長い間、我慢した戦争であったが、いざ始まってみると、意外なほど簡単に決着がついた。世界最初の汽走《きそう》艦隊の海戦とされた黄海《こうかい》海戦などは、まさに完全勝利で、清が世界に誇っていた北洋艦隊が五隻を失ったのに対して、日本側の損害は軽微《けいび》であった。さらに、日本の艦隊は威海衛《いかいえい》に逃げこんだ残存艦隊を攻撃し、北洋艦隊を壊滅《かいめつ》させた。

かくして「眠れる獅子《しし》」と恐れられた清国も、日本と講和せざるをえなくなったのである。

日本の連合艦隊が黄海海戦で清国北洋艦隊を撃破
『日清役黄海海戦』太田喜二郎・画／聖徳記念絵画館所蔵

下関条約《しものせきじょうやく》により韓国独立

大韓帝国《だいかんていこく》誕生の歴史的意義

日清《にっしん》戦争の終結後、明治二十八年に下関《しものせき》で開かれた講和会議では、大きく分けて、①朝鮮の独立承認、②遼東半島《りょうとう》・台湾島の割譲《かつじょう》、③軍費賠償金《ばいしょうきん》二億両《テール》の支払い、の三点が決まった。

この下関条約によって、大韓帝国《だいかんていこく》が成立する。朝鮮半島において「帝国」という名がついた独立国家が生まれ、朝鮮に皇帝が誕生するのは、史上初めてのことであった。

東アジアの漢字文化圏において、「王」と「帝」とでは、まったくその意味が違う。秦《しん》の始皇《しこう》帝《てい》以来、シナの中華思想では、「皇帝」は天下にただ一人、全世界を統治するシナの皇帝のみであって、シナ以外の土地を治める「国王」はみな皇帝の臣下《しんか》であるというのがその建前《たてまえ》である。唯一の例外が、天皇を戴《いただ》く日本であった。

こうした中華思想には、当然ながら「外国との貿易」という発想もない。そもそも「わが帝国には何一つ欠けているものはない」から、他国から物品を輸入する必要もないというわけである。だから、清朝のころにイギリスなどの西洋諸国から外交使節が訪れたときも、臣下の礼をとらねば皇帝に会うことができず、そのため、アヘン戦争で清朝が負けるまでは、シナとの貿易はすべて朝貢貿易《ちょうこう》の形をとった。つまり、シナ文明に憧《あこが》れて貢《みつ》ぎ物《もの》を持ってきた蛮族に対して、皇帝が恩恵を施《ほどこ》すということでシナの物品が海外に輸出されるというわけである。

今日から見れば奇妙な思想と言う以外にないが、シナと国境を接する朝鮮にとっては、彼らの望むとおりにシナの属国《ぞっこく》となるしか生き残る道はなかった。それで、古来、朝鮮の君主はみな、シナ皇帝の臣下という地位に甘んじていたのである。李氏《りし》朝鮮の太祖《たいそ》・李成桂《りせいけい》は元来、高《こう》麗《らい》の将軍であったが、一三九二年（日本では南朝と北朝が第百代後小松《ごこまつ》天皇で合一した年）、みずから高麗王の位を奪い、明《みん》の太祖（洪武帝《こうぶてい》）より朝鮮王と名乗ることを許されたのである。

日本だけが首長は天皇、あるいは日本皇帝と名乗った。聖徳太子《しょうとくたいし》が隋《ずい》の国に最初の使者（小《お》野妹子《ののいもこ》）を送ったとき、その国書に「天子」「東天皇」という言葉を使ったという話は、あまりにも有名である。その文言《もんごん》を見て、隋《ずい》の煬帝《ようだい》が「悦《よろこ》ばず」、すなわち腹を立てたという記録も残っている。しかし、いかにシナの皇帝が腹を立てても、相手は海の向こうであるから征伐《せいばつ》するわけにもいかない。だから、日本ではそのまま皇帝、天皇で通せたという幸福な事情があった。

しかし、朝鮮は地続きであるから、彼の地はずっとシナの属国、つまり彼らの首長は「王」のままであった。ところが日清戦争で日本が勝ち、朝鮮が独立したため、朝鮮民族始まって以来はじめて「大韓帝国」と称し、国王も皇帝と称することができた。その事実は、韓国の独立を実に象徴的に表現しているのである。とはいえ、それは日清戦争が終わってから日韓併合《にっかんへいごう》（216ページ参照）までの十数年間でしかなかった——。

1895
明治28年

露《ロシア》・仏《フランス》・独《ドイツ》の三国干渉《さんごくかんしょう》

西欧によるシナの〝生体解剖《せいたいかいぼう》〟が始まり、満洲《まんしゅう》はロシアの一部となった

日清戦争《にっしんせんそう》の講和条件として、日本は朝鮮を完全な独立国として世界に認めさせ、また遼東《りょうとう》半島と台湾を清国から割譲《かつじょう》されることになった。

朝鮮半島に「大韓帝国《だいかんていこく》」が生まれ、シナから独立したことは朝鮮にとっても日本にとっても慶賀《けいが》すべきことであったが、清国が退《しりぞ》いたと思ったら、今度はロシアが露骨《ろこつ》な干渉をはじめた。ロシアの野心はアジア大陸南下にあり、その目標を満洲《まんしゅう》や朝鮮に定めている。日本が遼東半島を領有するというのは、ロシアにとっては認めがたいことであった。「そこは自分のものだ」というわけである。また清国も、日本との条約を無効にするためなら、ヨーロッパの国にはいかなる報酬を与えてもよいと言い出した。そこで、帝国主義に固まっていたドイツとフランスが「東洋平和」を名目に、ロシアと呼応《こおう》して遼東半島を清国に返還せよと要求した。日清講和条約の正式調印から一週間もたっていなかった。これがいわゆる三国干渉《さんごくかんしょう》である。

日本に選択肢《せんたくし》はなかった。要求を拒否すれば、この三カ国と一戦を交えることになる。すでにロシアは東洋艦隊を南下させ、日本に圧力をかけていた。むろん、日本には勝ち目がない。

東京・恵比寿
ネパールレストラン

クンビラ

SINCE 1978

TEL 03(3719)6115

金比羅

NEPALESE RESTAURANT

クンビラ
KHUMBILA

EBISU TOKYO EST.1978

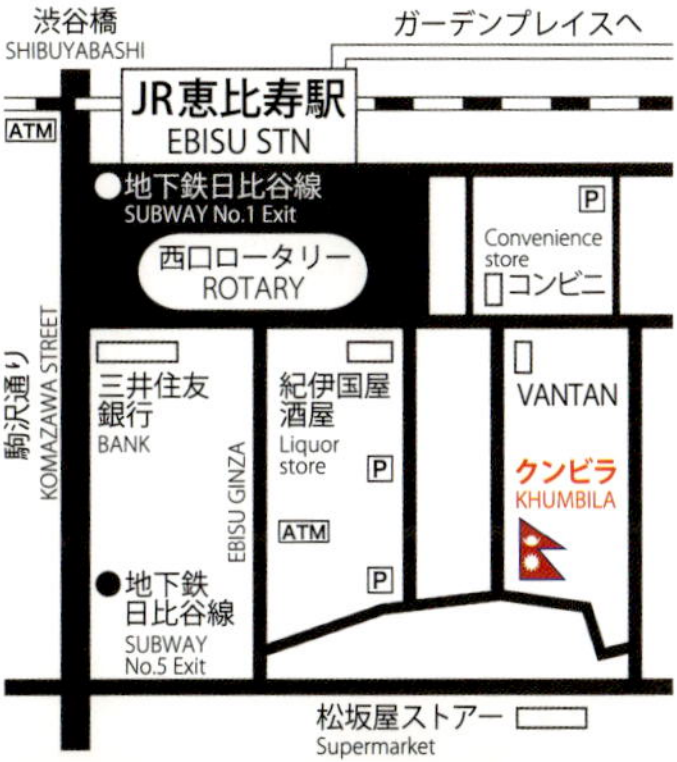

ネパールレストラン

クンビラ

金比羅

TEL 03(3719)6115

株式会社クンビラ
〒150-0022
東京都渋谷区恵比寿南 1-9-11

1-9-11 EBISUMINAMI
SHIBUYAKU-TOKYO

クンビラ Khumbila Ebisu Tokyo
http://www.facebook/khumbila

やむをえず日本が遼東半島を清に返還すると、ドイツは明治三十年にさっそく膠州湾《こうしゅうわん》を占領し、翌年、青島《チンタオ》とともに租借《そしゃく》（実質的な割譲）した。三国干渉には参加していなかったイギリスも威海衛《いかいえい》と九龍《クーロン》を租借し、そしてロシアは何と日本から返還させた遼東半島の旅順《りょじゅん》、大連《だいれん》を租借した。さらにその翌年、フランスが広州湾《こうしゅうわん》を租借することになったのである。「東洋平和」と言ったその舌の根も乾かぬうちに、フランス、ドイツ、イギリスはシナから植民地をむしり取った。そして、実質上、満洲《まんしゅう》はすべてロシアの領土になってしまった。清朝最後の皇帝溥儀《ふぎ》（後の満洲国皇帝）の家庭教師であったレジナルド・ジョンストンも、名著『紫禁城《しきんじょう》の黄昏《たそがれ》』の中で「もうそれは、（ロシアの領土であるトルキスタン、キルギスタンのように）満洲スタンと言ってもいい状況であった」と書いている。

かくして三国干渉を契機にシナの〝生体解剖《せいたいかいぼう》〟が始まった。やくざにものを頼んだのと同じく、シナは列強から「落とし前」をつけさせられたのだ。

この三国干渉は日本国民を激怒させ、国中が騒然とした。これをなだめるため、明治天皇は「遼東還附《かんぷ》の勅語《ちょくご》」を下して国民を諌《いさ》められ、それによって日本国民は「ならぬ堪忍《かんにん》するが堪忍」と思い定めて静まったのであった。

詔勅《しょうちょく》は「百僚臣庶《ヒャクリョウシンショ》、其《ソ》レ能《ヨ》ク朕《チン》カ意《イ》ヲ体《タイ》シ、深《フカ》ク時勢《ジセイ》ノ大局《タイキョク》ニ視《ミ》、微《ビ》ヲ慎《ツツシ》ミ漸《ゼン》ヲ戒《イマシ》メ、邦《ホウ》家《カ》ノ大計《タイケイ》ヲ誤《アヤマ》ルコト勿《ナ》キヲ期《キ》セヨ」と結んでいる。今次大戦の終戦の詔勅に「堪《タ》ヘ難《ガタ》キヲ堪《タ》ヘ忍《シノ》ビ難《ガタ》キヲ忍《シノ》ビ」とあったのと通ずるものがあると言えるだろう。

北里柴三郎《きたざとしばさぶろう》がノーベル賞候補に

明治維新からわずか三十余年で、世界的な学者が続々と登場した

徳川幕府や明治政府が多数の留学生を海外に出したことは特筆すべきであろう。十九世紀末の段階で、留学制度を政策として考えた非白人国は日本だけであった。優秀な若者を海外に送り出して勉強させれば、すぐ西洋文明に追いつけるはずだという確信があったのである。

きわめて独創的だったこの制度は、速《すみ》やかに効果を上げた。一八九六年に発足《ほっそく》したノーベル賞の第一回医学賞の最終候補には、コッホ（結核菌、コレラ菌の発見者）とともに日本の北里柴《きたざとしば》三郎《さぶろう》の名前があったという。実際に受賞したのはドイツのベーリングであったが、ノーベル賞の最終候補に残るほどの評価を得た人物が、明治維新からわずか三十余年で現れていることには、今さらながら驚かされる。西洋人が自分たちしかできないと思い込んでいた自然科学の分野でも、日本人は多くの業績《ぎょうせき》を残すようになったのである。

しかも、ベーリングと北里とは、同じコッホ博士の研究室の同僚であり、ベーリングの受賞理由となったジフテリア菌の血清《けっせい》療法の研究は、彼が北里と破傷風《はしょうふう》菌の共同研究を行い、北里が血清療法を創案したことが原点になっているのだから、〝本家〟の北里にノーベル賞が与え

られていても不思議ではなかった。だが、当時は、現在とは比較にならないほどの人種差別があり、しかもそれが美徳ですらあった時代である。また、当時の医学界はドイツが席巻《せっけん》していたという事情もあり、結局、ノーベル賞はドイツ人ベーリングに与えられたのである。

また、野口英世《のぐちひでよ》は明治四十四年（一九一一）に梅毒の病原体スピロヘータを、マヒ性痴呆《ちほう》患者の大脳の中から発見した。これは精神病の病理を明らかにした最初の成果でもあった。彼もノーベル賞に二回推薦されて最終候補に残っているが、結局、受賞できなかった。

野口と同じころ、鈴木梅太郎《うめたろう》がビタミンB_1を主成分とするオリザニンを発見している。史上初めてビタミン類の発見をした鈴木が受賞しなかったのも、じつに不思議な話である。

細菌学の分野では、赤痢菌《せきりきん》を明治三十年（一八九七）に志賀潔《しがきよし》が発見している。当時、医学の最先端の分野であった細菌学で日本人が多くの発見をしていることは、日本の医学界が世界のトップを走っていた証明であると言うことができよう。医学以外の分野では、この頃、天文学の木村栄《ひさし》が地球の緯度《いど》変化の法則を示す新しい定数「Z項」を発見している。

日本人初のノーベル賞受賞は、大戦後の昭和二十四年（一九四九）、中間子理論《ちゅうかんしりろん》構想を発表した理論物理学の湯川秀樹《ゆかわひでき》が最初だが、これは自然科学で有色人種が受賞した初の例でもある（文学賞ではインドのタゴールが一九一三年＝大正二年に受賞している）。

大東亜戦争《だいとうあせんそう》によって人種差別が通用しなくなり、続々と独立国が出てくる状況にノーベル賞主催国スウェーデンが適応したということであろう。

北清事変《ほくしんじへん》（義和団《ぎわだん》の乱《らん》）

日本軍の勇敢さと品格が日英同盟《にちえいどうめい》の引きがねとなった

「三国干渉《さんごくかんしょう》」（198ページ参照）以降の清国《しんこく》は、西洋列国から領土を好きなように食い荒らされているような状態であり、シナ人たちが白人排斥《はいせき》の感情を抱くようになったのは無理のない話であった。その旗頭《はたがしら》となったのが「扶清滅洋《ふしんめつよう》」（清を扶《たす》け、西洋を滅《ほろ》ぼす）とか「代天行道《だいてんこうどう》」（天に代わって正義を実現する）をスローガンにする「義和団《ぎわだん》」という宗教集団であった。

この義和団が山東省《さんとうしょう》で起こした反乱は清国全体に広がり、とうとう北京《ペキン》を制圧し、同地の公使館区域を包囲するという事態にまで発展した。清国政府は傍観《ぼうかん》するのみで、義和団を排除しようとしないどころか、光緒帝《こうしょてい》はこれをきっかけに諸外国と戦うという詔勅《しょうちょく》まで出したのである。ここに至って、義和団の暴動は内乱から一転して対外戦争になった。清国正規兵が北京の公使館や天津《テンシン》の租界《そかい》を攻撃しはじめたのだ。

列国は驚愕《きょうがく》した。このままでは、公使館員や居留民《きょりゅうみん》が皆殺しになるのは目に見えている。しかし、ヨーロッパから援軍を派遣するのでは間に合わない。そこで、欧米列強はみな日本が救援軍を送ることを望んだ。日本政府は国際社会の反応を恐れて慎重な姿勢をとっていたが、欧州各国の意見を代表する形でイギリス政府から正式な申し入れがあったため、ようやく出兵を承諾した。日本軍は天津城を列国の軍とともに陥落《かんらく》させたが、十万人の清国軍を前に北京になかなか近づけなかったため、日本はさらに援軍の要請《ようせい》を受け、欧米との連合軍の先頭に立って力戦奮闘した。その結果、北京もついに落城した。

この北清《ほくしん》事変において、欧米列国は日本軍の規律正しさに感嘆《かんたん》した。とりわけ彼らを驚かせたのは、日本軍だけが占領地域において略奪《りゃくだつ》行為を行わなかったという事実であった。北京でも上海でも連合軍は大規模な略奪を行ったが、日本軍だけは任務終了後ただちに帰国した。

救援軍の到着まで、北京の公使館区域が持ちこたえたのも日本人の活躍が大きかった。十一カ国の公使館員を中心につくられた義勇軍《ぎゆうぐん》の中で、日本人義勇兵は柴五郎《しばごろう》中佐の指揮の下《もと》、最も勇敢にして見事な戦いぶりをみせた。事件を取材して『北京籠城《ペキンろうじょう》』を書いたピーター・フレミングは、「柴中佐は、籠城中のどの士官よりも有能で経験も豊かであったばかりか、誰からも好かれ、尊敬された。日本人の勇気、信頼性、そして明朗さは、籠城者一同の賞讃《しょうさん》の的になった」と書いている。列国の外交官やマスコミは日本軍の模範的行動を見て印象を一変させ、「同盟相手として信ずるに足りる国である」という親日的感情を抱いた。

大英帝国が日本と同盟を結ぶに至ったのは、これが一つの要因となった。結局、国家間の外交も、人間が動かすものだ。そこには打算もあるだろうが、最終的な決め手となるのはやはり人間的な信頼関係ではないか。そのことを、このときの日本軍の活躍は教えてくれている。

1902
明治35年

日英同盟成立《にちえいどうめい》

世界の常識をくつがえし、ロシアとの開戦を可能にした同盟

三国干渉《さんごくかんしょう》の後、ロシア海軍が遼東《りょうとう》半島沿岸や朝鮮西海の制海権を握ったことは、日本の防衛に大変な脅威となった。「開戦やむなし」の声も高まったが、日本がロシアに勝てる可能性は万に一つもない。日本政府の首脳たちもそう考えていたし、他の欧米諸国もそう思っていた。ところが、日本にとって思わぬ味方が現われた。大英帝国から同盟の提案があったのである。

日英同盟《にちえいどうめい》成立のニュースを聞いて、当時の国際社会は文字どおり仰天した。なぜなら、世界に冠たる大英帝国が、有色人種の小国・日本と同盟を結ぶというのは、当時の常識では考えられないことであったからだ。イギリスの提案を信じなかった人は日本政府内にもたくさんいた。伊藤博文《ひろぶみ》ですら、ロシアと妥協するほうが可能性は高いと見ていたのである。

イギリスはその頃、南アフリカのボーア戦争に手を焼いていた。英陸軍が東アジアでロシアの南下を抑えることは全く不可能とわかったので、東アジアに信頼できる国を求めていたのだが、当時は、イギリスのその頃の苦渋《くじゅう》は日本にはまだよく知られていなかった。イギリスがアジアの植民地を守るためのパートナーとして日本を選んだ背景を考えると、やはり北清事変《ほくしんじへん》で

イギリスの日本観が変わったということ以外にありえないのではないか（202ページ参照）。

もちろん、同盟とは言っても、はるばるヨーロッパからイギリス軍が援軍に来てくれるわけではない。武器供与をしてくれるわけでも、戦費を調達してくれるわけでもない。しかし、かの大英帝国がロシアに対していっさいの便宜《べんぎ》供与を拒絶し、圧力をかけつづけてくれれば、ロシア軍の動きは大いに妨《さまた》げられる。ロシアと同盟関係にある国も、イギリスとの関係上、ロシアを軍事的に助けることはないだろう。そうなれば、小国・日本がロシアに勝つチャンスが生まれるはずだ。日英同盟が結ばれたことが、日本をロシアとの開戦に踏みきらせたのである。

日本にとって日英同盟の持つ意味はまことに大きかったわけだが、およそ二十年間にわたって続いたこの同盟は、日露戦争《にちろせんそう》以後も両国にとって重要な意味を持ちつづけた。イギリスの同盟国ということで、国際社会における日本の信用は大いに高まった。また、日本にアジアを任《まか》せていられたおかげで、イギリスもヨーロッパ大陸での外交に力を集中することができた。

その日英同盟の解消を企《たくら》んだのはアメリカであった。シナ大陸進出を最大の目的にしていたアメリカは、なんとか日本の力を殺《そ》ぎたかった。日本を第一の仮想敵国《かそうてきこく》とみなし、精力的に運動した結果、大正十年（一九二一）のワシントン会議において日英同盟は解消されることになった。そのかわり日・英・米・仏の四国協定が結ばれたのだが、〝共同責任は無責任〟という言葉のとおり、この条約は何の意味もなかった。イギリスとの同盟がなくなったと見るや、アメリカは日本を狙《ねら》い撃《う》ちしはじめ、これ以降、日米関係は悪化の一途をたどる。

日露《にちろ》開戦（日露戦争）

開戦を決意すると同時に講和の準備を始めた明治政府の高度な外交センス

〝国家存亡《そんぼう》の秋《とき》〟という表現があるが、まさに国家の存続を賭けた日露戦争《にちろせんそう》に日本は勝利を収めた。これは世界中の度肝《どぎも》を抜く二十世紀初頭の大事件だった。もちろん、当時世界最強と言われたロシア軍相手に完勝できるなどとは日本政府はまったく考えていなかった。そこで「少しでも日本が優勢になれば、ただちにロシアと講和を結び、できるだけ有利な条件で戦争を終えるしかない」と、その際の講和の仲介《ちゅうかい》を中立的な立場にあるアメリカに依頼していた。

開戦を決意すると同時に和平のための特使を送り、さらにアメリカの世論を日本に有利なように導こうとした明治政府の外交センスの高さは、いくら評価してもしきれるものではない。「いつ、どのようにして戦争を終わらせるか」を、まったく考えずにシナやアメリカ相手の戦争に突入した昭和の政府や軍部を考えると、天と地ほどの違いがある。

さらに、政府は諜報《ちょうほう》活動や謀略《ぼうりゃく》活動にも力を注いだ。そのなかで最大の貢献をなしたのが明《あか》石元《しもと》二郎《じろう》（当時大佐）である。彼が行ったのはロシアの革命勢力の援助であった。その働きは、「数個師団に匹敵した」と言われ、「日露戦争の勝因の一つは明石大佐であった」とされた。明石はヨーロッパ各地に亡命している革命家たちを資金面でも援助し、ロシアにおける反政府暴動や争議を扇動《せんどう》した。明石の活動によってロシア政府は戦争に専心できなくなってしまった。

こうした高度な外交戦略もあって日本は結果的に勝利したわけだが、日露戦争は単に日本がロシアに勝ったというだけの戦争ではない。空前の影響を世界中に及ぼしたのである。

それは、有色人種の国家が最強の白人国家を倒したという事実であり、世界史の大きな流れからすれば、コロンブスが新大陸を発見して以来の影響力を持っていた。

日露戦争がなかったら、あるいは日露戦争に日本が負けていたならば、白人優位の世界史の流れはずっと変わらず、二十一世紀の今日でも、世界は間違いなく植民地と人種差別に満ちていたであろう。日本が強国ロシアを相手に勝ったのを見て、ほかの有色人種にも、自分たちにもできるかもしれないという意識が生まれた。インドでは民族運動が起こり、あの頑迷固陋《がんめいころう》な清朝《しんちょう》政府までが千三百年続いた科挙《かきょ》を廃止し、日本に留学生を送るようになった。日露戦争で日本が勝ったために、白人優位の時代に終止符が打たれたのである。

コロンブスが新大陸を発見するまでは、世界のある地域で起きた事件が別の地域に影響を与えるということは、ほとんどなかった。アレキサンダー大王が現れてもアメリカ大陸には関係がないし、漢《かん》の武帝《ぶてい》の即位がアフリカに影響を及ぼすことはなかった。ところが、新大陸発見によって世界史の流れが変わった。以来四百年、日露戦争における日本の勝利は、その影響が世界に及んだ点で、コロンブスの新大陸発見に匹敵する世界史上の大事件であったのである。

1905
明治38年

奉天会戦《ほうてんかいせん》

世界最強のコサック騎兵《きへい》を封じ込めた秋山好古《あきやましふる》将軍の画期的な戦術

海軍はともかく、陸軍のほうはロシアに対して万に一つも勝ち目がないと世界中から思われていた。世界最強と目されるロシアのコサック騎兵《きへい》に比べ、日本の騎兵はまことに見劣りがした。何しろ徳川三百年の間、騎兵を用いる必要がなかったから、騎兵の運用は明治になって西洋から大急ぎで学んだばかりだし、馬もあわててオーストラリアから輸入して育成したものだった。日露戦争当時の世界中の人々が日本の勝利に耳を疑ったのも無理のない話であった。

そんな状況下にあって日本騎兵の創設者、秋山好古《あきやまよしふる》が考えたのは、いわば逆転の発想であった。騎馬での戦いでは日本人がコサックに勝てるわけがない。だから、コサック兵が現われたらただちに馬から降りて、銃で馬ごと薙《な》ぎ倒《たお》してしまおうと彼は考えたのである。

これは騎兵の存在理由を根本から覆《くつがえ》す発想である。「日本騎兵の生みの親」と言われる秋山将軍のようなエキスパートが、まるで自己否定のようなアイデアを思いつくというのは、普通はできないことである。一種の天才であったと言わざるをえない。

さらに秋山将軍は、当時ヨーロッパで発明されたばかりで、「悪魔的兵器」と言われながらもその威力が戦場では未知数であった「機関銃」を採用した。黒溝台《こくこうだい》における会戦で、日本騎兵の機関銃の前にコサック騎兵は次々と倒され、なす術もなかった。機関銃を中心とした秋山の騎兵集団（歩兵や砲兵を加えたので、秋山支隊と言われた）は、じつに無敗の軍隊であった。その結果、最終決戦となった明治三十八年三月の奉天会戦《ほうてんかいせん》の戦場では、とうとうコサックは前線に現われなかった。機関銃は世界最強のコサックを封じ込めてしまったのである。

もしも秋山将軍の「コロンブスの卵」的な発想による作戦が行われていなければ、神出鬼没《しんしゅつきぼつ》のコサック騎兵は日本軍の戦線を思うままに断ち切り、日本軍は総崩れとなっていたであろう。もちろん秋山は騎兵本来の機動力をも忘れず、少人数の挺身隊《ていしんたい》を作り、ロシアの後方を攪乱《かくらん》して奉天大会戦の勝利に貢献している。

この奉天会戦で秋山の部隊は敵の猛攻を受けながらも敵陣深く進むことに成功し、ついにはロシア軍の中心部近くにまで達した。わずか三千の兵力にすぎない秋山の部隊が出現したことを聞いて、敵将クロパトキンは震《ふる》えあがり、ついにロシア軍に総退却を指令した。日本軍はこの機を逃さず追撃《ついげき》を開始し、二万人のロシア兵を捕虜《ほりょ》にした。言ってみれば、秋山の部隊が奉天会戦の勝敗を決定したようなものであった。

世界中の人々にとって、日本軍の勝利はまるで奇跡を見ているかのようであったと思われる。戦争が終わり、真実が分かったとき、それまで世界中で「陸軍の華《はな》」と呼ばれた騎兵は、世界の陸軍から急速に消滅することになった。どんなに機動力があっても、機関銃の連射の前には何の力もないことが誰の目にも明らかになったからである。そこで、機関銃に負けない機動力を持つものとして、十年後の第一次大戦で、欧州の戦場に戦車が登場してくることとなった。アメリカ軍などでは現在でも「騎兵部隊」という名称こそ残しているが、その実態はヘリコプター部隊である。世界で最も歴史の浅い、したがって最も弱いと思われていた日本騎兵が騎兵の時代を終わらせ、世界の陸軍を変えてしまったのだ。

世界最大の陸軍国ロシアを相手に日本が勝利できた原因として、総司令官大山巖《おおやまいわお》、総参謀長児玉源太郎《こだまげんたろう》をはじめ、当時の日本軍の指揮官たちがみな維新の戦いや西南戦争《せいなんせんそう》の経験者ぞろいであり、実際の戦争を体で知っていた人材であったことも大きかった。

たとえば、第一軍を率いた黒木為楨《くろきためもと》将軍は奉天会戦に先立つ遼陽《りようよう》会戦において、軍事史上類を見ない一個師団二万人による夜襲を実行した。わずか一連隊の兵をロシアの防衛線となっている太子河《たいしが》の川岸に薄く並べ、あたかも黒木軍がそこにいるように見せかけて、その間に渡河して奇襲するという、まさに常識破りの作戦であった。

黒木軍に随行《ずいこう》していたドイツの観戦武官ホフマンが「この作戦は危険すぎるのではないか」と質問した。これに対して、黒木は「私の勘《かん》では、この作戦はうまくいく。まぁ見ていなさい」と答えたという。

この史上空前の奇襲作戦は、みごとに成功した。ホフマン自身が著書に記したところによれば、ホフマンは黒木将軍の手を取り、「将軍、私はこれほど尊い教訓を受けたことがありません」

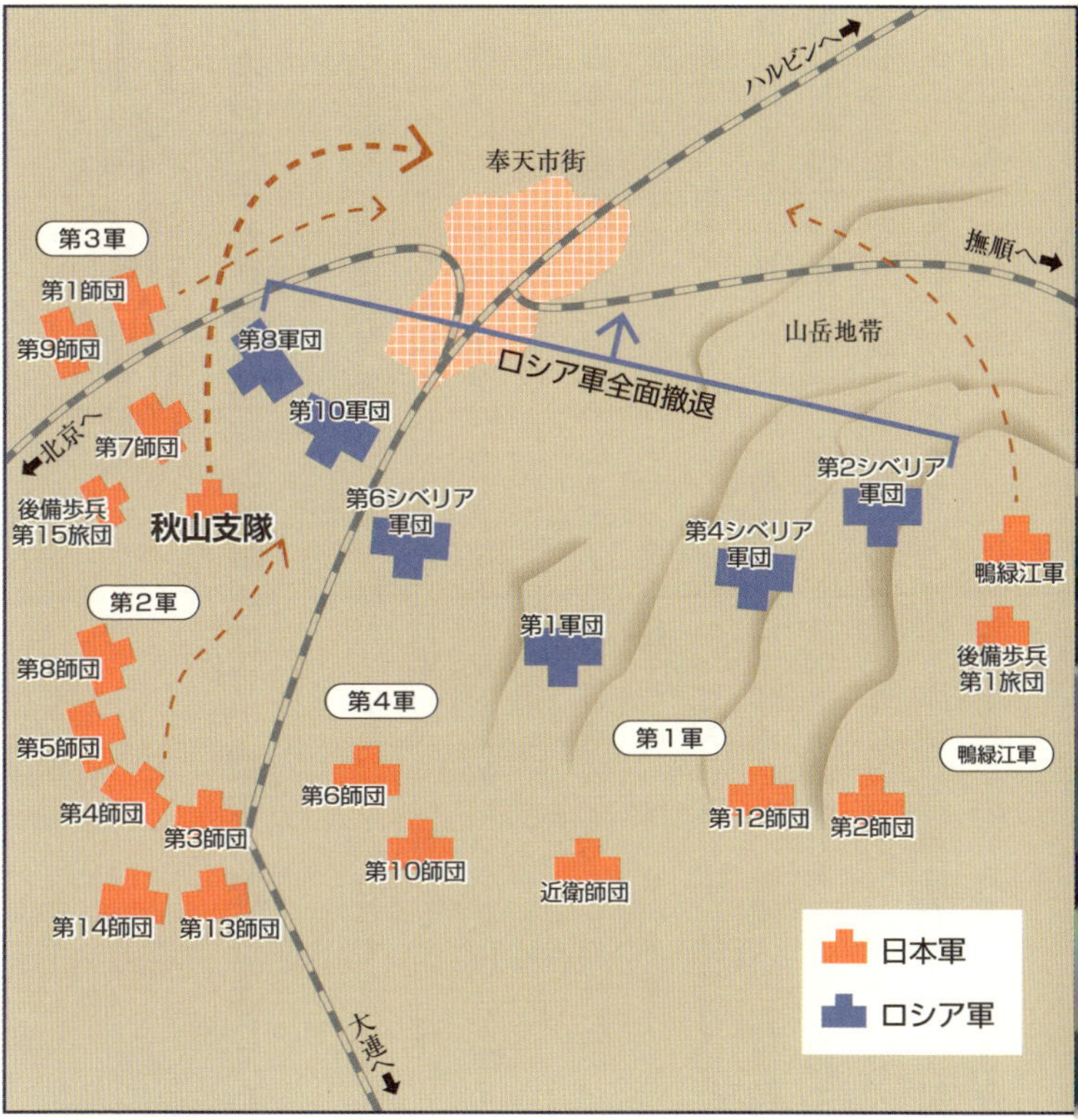

奉天会戦戦線図

と感謝したという。戦場で鍛えられた黒木の〝勘〟は、正しかったのである。

日露戦争における陸軍の司令官たちはみな実戦で学び、鍛えられた人たちばかりであった。大東亜戦争において、教科書どおりの戦法を繰り返して何ら学ぶところのなかった士官学校出のエリート軍人たちが多かったのとは、大いに違うと言わざるをえない。

1905
明治38年

日本海海戦《にほんかいかいせん》

日本の科学力が世界最強の艦隊を葬《ほうむ》り、戦艦の歴史を変えた

日本海海戦《にほんかいかいせん》で日本海軍は、バルト海からはるばる回航してきたロシアのバルチック艦隊相手にパーフェクトな勝利を収め、これに世界の人々は驚愕《きょうがく》した。〝奇跡〟はなぜ起こったのか。
戦力については、当初の海軍の総排水量《そうはいすいりょう》トン数はロシアの半分であった。戦艦の数と大砲の門数もロシアが上回っている。

日本は造船先進国であったイギリスから新造艦を購入していたが、その日本側のプラス面を勘定に入れても、かのバルチック艦隊相手では、せいぜいドローン・ゲームが関の山というのが戦前の予想であった。ところが、終わってみれば日本の軍艦は一隻も沈まず、バルチック艦隊はほとんど全部が沈むか、捕獲《ほかく》された。撃沈された戦艦六、巡洋艦《じゅんようかん》五、駆逐艦《くちくかん》五、他五、捕獲した戦艦二、駆逐艦一、他四という数字は圧倒的である。ウラジオストクまで逃げおおせた軍艦は損傷を受けた巡洋艦一隻と駆逐艦二隻だけであった。日本側の損害は水雷艇《すいらいてい》が三隻、波をかぶって転覆《てんぷく》したのみである。これほどの完全勝利は海戦史上に類例がない。

日露戦争当時の海戦では、いかに敵艦を沈めるかが最大の目標であった。つまり、艦砲で砲

弾を打ち込み、敵艦に穴を開けるということが主だったわけである。だが、つねに波に揺れている敵艦に砲弾を命中させるのは至難《しなん》のわざである。また、仮に命中させたとしても、必ずしも沈没させうるわけではない。戦艦は船体に分厚《ぶあつ》い鉄板や鋼板を用いて、砲弾が貫通しないようにしているからである。装甲《そうこう》した戦艦を沈没させることは容易ではない。

たとえば、日本海海戦においても、東郷平八郎《とうごうへいはちろう》大将の座乗《ざじょう》した旗艦《きかん》「三笠《みかさ》」は敵弾を三十七発も受け、甲板《かんぱん》や舷側《げんそく》に穴が開き、百余人の死傷者が出たが、それでも沈まずに戦いつづけている。戦艦というのは、船底を破られないかぎり、なかなか沈没しないものなのである。

だから、夜陰《やいん》に乗じて水雷艇で戦艦を撃沈するとか、軍港内に停泊している艦船に向けて陸から大砲を打ち込むほうが、ずっと効率的なのだ。実際、日本海軍を苦しめた旅順《りょじゅん》艦隊を最終的に全滅させたのは、二〇三高地から旅順港に打ち込まれた二十八センチ榴弾砲《りゅうだんほう》であった。

にもかかわらず、艦隊同士の直接対決で日本が一方的な勝利を収め得たのは、日本オリジナルの「下瀬火薬《しもせ》」と呼ばれる新式火薬が威力を発揮したからである。

下瀬火薬とは明治二十四年（一八九一）、海軍技師の下瀬雅允《まさちか》によって発明された新型火薬である。これ以降、爆薬の歴史が変わったといっても過言ではない。この火薬が生み出す爆風の力は従来型の数倍にも達し、炸裂《さくれつ》した砲弾のかけらは猛スピードで飛散《ひさん》するから殺傷力《さっしょうりょく》は格段に高い。さらに、気化《きか》した三千度の高熱ガスが塗装《とそう》に引火《いんか》して火事を起こした。

日本軍の砲弾が当たるたびに猛烈な爆発と火災が起き、ロシア海軍の戦闘力はたちまち失われた。少々砲撃の狙いが外れても大損害を与えられたから、日本は圧倒的に有利であった。

　加えて、伊集院《いじゅういん》五郎の開発した伊集院信管《しんかん》によって日本の砲弾が「魚雷《ぎょらい》式」になっていたこと、木村駿吉《しゅんきち》が開発した無線電信機器によって、「敵艦見ユ」の報がいち早く日本の連合艦隊に届いたことは、日本側に決定的な優位を与えた。海戦において実用に耐えうる電信機器を開発したのは、木村が初めてであった。陸軍の機関銃とともに、当時の日本軍がこうした画期的な〝新技術〟を導入したことが日露戦争の帰趨《きすう》を決め、戦争の概念を一変させたのである。

　世界の海軍関係者は衝撃を受けた。「装甲による防御」という考えが、下瀬火薬によって否定されてしまったからである。一九〇六年、イギリス海軍は下瀬火薬に対抗すべく、十二インチ砲十門の砲塔を備える巨大戦艦「ドレッドノート」号を造りだした。これ以来、世界の海軍は〝大艦巨砲《たいかんきょほう》時代〟に突入する。ドレッドノートの出現は既存《きそん》の戦艦をすべて旧式艦にしてしまった。下瀬火薬は、戦艦の歴史を変えたほどの大発明だったのである。

戦艦「三笠」艦上の東郷平八郎元帥（中央）
『三笠艦橋の図』東城鉦太郎・画／㈶三笠保存会所蔵

日韓併合《にっかんへいごう》

伊藤博文《ひろぶみ》暗殺によって日韓関係は予想外の方向に動いた

三国干渉《さんごくかんしょう》に日本が屈したのをみて、「事大《じだい》主義」（強いものにつく）の伝統を持つ韓国は、親露派が力を得、反日・侮日《ぶにち》政策をとるようになって政情は騒然とし、日韓関係も緊張した。そこで日本政府は韓国の富国・近代化が実現するまで外交権を預かろうとした。

明治三十七年（一九〇四）、日韓新条約が日露戦争勃発の半年後に調印され、さらに戦争終結後、協約によって韓国は日本の保護国となった（ある国が他の国を保護国にすることは、当時もいまも普通に行われている）。世界各国もこれを了承した。ところが、初代韓国統監《とうかん》となった伊藤博文《ひろぶみ》は明治四十二年（一九〇九）、満洲《まんしゅう》ハルビン駅で韓国人安重根《あんじゅうこん》に暗殺されてしまう。

超大国ロシアを倒した日本の元勲《げんくん》を暗殺してしまったのだから、韓国政府は震《ふる》え上がった。日本人が激怒したのは言うまでもない。日韓併合《にっかんへいごう》の議論はこうした状況から生まれ、韓国側からも政府・民間を問わず併合の提案があった。英米の新聞も「東アジア安定のために日韓併合を支持する」という姿勢を示した。それで日本は日韓併合条約を締結《ていけつ》したのである。

とはいえ、これは日本にとって大変な負担であった。朝鮮半島が日本の領土である以上、日本軍を置かねばならない。陸軍は二個師団の増設を要求したが、日露戦争を終えたばかりの日本にはそんな経済的ゆとりはどこにもない。師団増設問題は大きな政治問題になった。それでもインフラの整備や教育にも巨額の予算を割《さ》き、日本は韓国の近代化を推進したのである。

戦後、「日韓併合は植民地支配だった」という言われ方をされてきた。だが、「朝鮮人は被支配者ではなく同じ日本国民である」というのが当時の考え方であった。天皇直属の軍人にもコリア人がいて、中将になった人もあった。後に韓国大統領になる朴正煕《ぼくせいき》青年は、士官学校を出て少尉に任官している。これは当時の国際常識から見れば、例外的と言っていいほど人道的なやり方であった。李朝《りちょう》の一族は王公族として皇族に準ずる扱いを受けたし、李王の世子《せいし》、李垠《りぎん》殿下には皇室から配偶者を出されたのである。西洋諸国の場合、植民地の王族や酋長《しゅうちょう》が本国の王室や貴族と同列に置かれ、婚姻関係を結ぶなどというのは、絶対にありえない話であろう。

また、「日韓併合条約は無効である」と言うような人もいるが、昭和四十年（一九六五）、日韓基本条約が締結されたときに、日韓併合条約は有効であることが両国で確認され、賠償金《ばいしょうきん》はないことになった。その結果、日本は韓国に三億ドルの無償贈与、借款《しゃっかん》五億ドルを提供し、韓国は対日賠償を一切求めぬということになっている。したがって、もはや〝戦後補償《ほしょう》〟など持ち出す筋合いのものではない。まして「朝鮮における唯一の合法政権」として韓国と基本条約を結んだのだから、北朝鮮に対する〝戦後補償〟など、日韓基本条約の大前提をくつがえす言語道断の暴論であり、無知としか言いようのない妄言《もうげん》である。

第6章 大正・昭和篇

陸軍観兵式で閲兵する昭和天皇（昭和15年）
『歴史写真』（歴史写真会刊）昭和15年３月号より

米「絶対的排日移民法《ぜったいてきはいにちいみんほう》」成立

人種差別に基づいた感情的な法律が日米開戦の遠因となった

国内を開拓《かいたく》しつくし、新たなるフロンティアを求めてシナ大陸への進出を目論《もくろ》むアメリカにとって、すでにシナで力を得ていた日本は邪魔《じゃま》な存在となっていた。シナ大陸にはヨーロッパ列国も進出しているわけだが、それらは同じ白人の国であるから、どうしても憎悪《ぞうお》は日本にだけ向くことになる。自分たちが行きたいところに有色人種がすでにいたとなれば、それが怒りに変わるのはこの人種偏見の時代には当然であった。しかも国内では日本人移民が西海岸の農地の多くを開拓し、所有しているのである。

加えて、日露戦争の勝利が恐怖心を植えつけた。アメリカが恐れたのは「日本にはバルチック艦隊を沈めた連合艦隊があるのに、我々にはそれに対抗する太平洋艦隊がない」ということであった。アメリカの新聞には「日本軍襲来」というデマ記事さえ流れるようになった。

そこで彼らは法律を変えることで日本人に対抗しようとした。つまり、州ごとに次から次へと排日移民法《はいにちいみんほう》を成立させて、まず日本人移民を締め出そうとしたのである。

日本政府は外交努力を重ね、明治四十一年（一九〇八）には「日米紳士協約」でアメリカ合衆国には移民を送らないというところまで譲歩した。日本がいかに欧米諸国の理性に期待していたかは、国際連盟において「人種差別撤廃《てっぱい》条項」を提案したことでもよく分かる。だが、これは議長であるウィルソン米大統領の発言により否決された。これでアメリカにおける排日運動はいよいよ勢いづき、その総決算という形で生まれたのが、一九二四年（大正十三年）に定められた「帰化《きか》（国籍取得）に不適格なる外国人」についてのいわゆる「絶対的排日移民法《ぜったいてきはいにちいみんほう》」または「帰化不能外国人移民法」と呼ばれる連邦法《れんぽうほう》であった。つまりアメリカは国家全体として全日本人移民を排除する意思を示したのである。

この法律の成立は日本人に大きなショックを与え、対米感情を一変させた。すでにアメリカの排日運動は二十年近く続いていたのだが、日本人の心にはどこかアメリカに対する期待や信頼があった。しかしこれ以来、当然ながら日本は言論界・財界まであげて反米に回った。このとき抱いた日本人の〝怨念《おんねん》〟が、そのまま日米開戦につながったと言っても過言ではない。戦後に出版されたさまざまな回顧録《かいころく》には、「日米開戦を知って、『これは大変なことになった』と思った」と書いてある。もちろん、これは嘘ではない。だが、その一方で当時の日本人の多くが「これでスカッとした」という感情を抱いたことを言わねば、これは真実を語ったことにならないのである。

戦後、「この大戦の遠因はアメリカ移民の問題であり、近因は石油が禁輸されたことである」という主旨のことを昭和天皇がおっしゃった。まことに正鵠《せいこく》を射《い》たご観察だったと思う。

治《ち》安《あん》維《い》持《じ》法《ほう》公布

「天皇制廃止」の暴力的イデオロギーに対抗した〝悪法〟の功罪

一九二二年（大正十一年）、ソヴィエト社会主義共和国連邦が成立し、ロシアにかわって、より恐るべきソ連が誕生した。同年、モスクワおよびペテルスブルクで第四回コミンテルン（ソ連共産党を中心に結成された国際組織）総会が開かれ、世界中から君主制を廃止するという決議がなされた。当然ながら、日本共産党も皇室廃止をめざすことになった。

この決議に対して当時の日本人は恐怖を抱いた。その五年前にソ連共産党はロマノフ王朝のニコライ二世夫妻はじめ、王家の家族を皆殺しにして「君主制の廃止」を行っていたからだ。この「皇室廃止」のひと言で、日本共産党は大衆の支持を失い、実質上、消滅した。

これに対して、政府は大正十四年、治安維持法《ちあんいじほう》を公布した。その主旨はあくまでも暴力とつねにセットになっている共産主義イデオロギーの国内流入と右翼（主張は社会主義）の暴力行動を防ぐことにあった。それ以外の労働運動や社会運動まで取り締まることを考えていなかったことは、治安維持法と同時期に公布された普通選挙法に基づき、昭和三年（一九二八）に行われた最初の普通選挙で社会民衆党、労働農民党、日本労農党といった無産《むさん》政党が議席を獲得しているとからも明らかであろう。

治安維持法によって無実の人まで逮捕《たいほ》・勾留《こうりゅう》されたのは、動かしがたい事実である。だが、隣国ソ連の暴力的イデオロギーやテロ思想に対して対抗措置《そち》をとった日本政府の立場は、今日から見ても理解できるものだし、未然に防いだという点については評価できるのではないか。さらに、この治安維持法によって死刑を宣告された共産党員は一人もいなかった。

治安維持法では天皇の名の下《もと》に取り調べが行われ、裁判を受けることができた。あくまで思想を捨てず、「非転向《ひてんこう》」を貫いたと自慢する共産党員がいるのも、実はそのためである。しかし、その人たちが信じる共産主義の国では、いったん逮捕されると裁判を受ける権利さえ許されず銃殺された人が無数にいる。日本でも、作家小林多喜二《こばやしたきじ》のように警察で拷問《ごうもん》を受けて死んだ人がいたのは事実である。しかし、それは共産主義国家のように最初から取調べもせずに死刑にされたのとは意味が違う。転向や非転向というのは、命があってこそ成り立つ話なのである。

治安維持法を悪と決めつけるのはたやすい。特高《とっこう》（特別高等警察）でさえも最初は反対した法律である。だが、そのような悪法がなぜ成立したかということをも、あわせて考えなければ、歴史から何の教訓も得られないのではないか。「治安維持法は民衆弾圧の道具」と強調されすぎたことによって、現代の政府や警察がマスコミなどを気にしすぎ、思想や宗教が絡《から》む事件に対して非常に臆病《おくびょう》になっているのも、治安維持法の〝亡霊〟に怯《おび》えているからではないかと思う。これを「羹《あつもの》に懲《こ》りて膾《なます》を吹《ふ》く」という。

世界大恐慌《せかいだいきょうこう》

「ホーリー・スムート」法が大恐慌を引き起こし、ドイツや日本を戦争に追い込んだ

一九二九年（昭和四年）に、下院議員ホーリーと上院議員スムートが「ホーリー・スムート法案」を連邦議会《れんぽうぎかい》に提出した。二人は外国製品をアメリカ市場から閉め出して自分の関連する企業の利益を大幅に上げるため、超高率の関税をかけようとしたのである。

こんな法律が通れば世界の貿易は麻痺《まひ》し、不景気になることは目に見えているから、ウォール・ストリートで株式が大暴落し、大不況が起こった。まさにその不景気を打開するために、アメリカ議会はこの法律を翌年成立させた。すると、世界中の国が報復措置《ほうふくそち》をとった。わずか一年半で二十五の国が、アメリカ製品に対する関税を引き上げたのである。

世界大恐慌《せかいだいきょうこう》の真因は、ホーリー・スムート法によってアメリカが自由貿易を捨て、ブロック経済に入ったことである。これに対抗して大英帝国およびその植民地も、カナダで開かれたオタワ会議（一九三二年）においてブロック経済を行うことを決定した。当時の大英帝国といえば、植民地を含めると世界の四分の一を占めるほどの規模である。現在のＥＵ（欧州連合）をしのぐ経済グループが、国際経済から離脱したのだ。

日本が「我々も自給自足圏《じきゅうじそくけん》を作るしかない」と考えたのも当然の展開であった。日本を中心とする経済ブロックを東アジアに作って大不況を生き残ろうという考えは、やがて「日満ブロック政策」（日本と満洲〈中国東北部〉を一つの経済圏とする政策）となった。

絶体絶命の窮地《きゅうち》に立たされたのは、第一次大戦の敗北によってすべての植民地を失い、千三百二十億マルクという巨額の賠償金《ばいしょうきん》を払いつづけていたドイツであった。ブロック経済によって貿易を封じられ、大不況による超インフレと大量の失業者を出した経済的苦境を解決すると言って現われたのが、ヒトラーのナチス（国家社会主義ドイツ労働者党）であった。彼は賠償金支払いを放棄《ほうき》し、社会主義的政策をその大方針として自給自足の可能な国家を建設するための戦争に備えた。ドイツやイタリアのような「持たざる国」では、「持てる国」英米の経済ブロック化に対抗する国家社会主義化（ファッショ化）が国民の絶大な支持を得たのである。第二次世界大戦はドイツや日本が始めたものだとされるが、一九三〇年代のファッショ化の引きがねを引き、ドイツや日本を戦争に追い込む経済体制を作ったのはアメリカとイギリスであった。

そのことを最もよく知っていたのはまさに英米自身で、だからこそ第二次大戦の終結が見え出した一九四四年（昭和十九年）七月、アメリカのブレトン・ウッズで戦後の世界経済を考える会議を開き、自由貿易体制の世界を作る金融機関設置を決めたのである。これは、第二次大戦は自由貿易制度の破壊——その元凶はアメリカのホーリー・スムート法とイギリスのオタワ会議——であったことをアメリカとイギリスが自白したことを示すものであった。

統帥権干犯問題《とうすいけんかんぱん》が起こる

明治憲法の欠陥がリーダー不在の「全体戦《トータルウオー》」に導いた

アメリカの人種差別、ロシア革命、ブロック経済などの難問が日本に押し寄せてきたとき、明治憲法に内在していた欠陥が露《あら》わになった。それが統帥権干犯《とうすいけんかんぱん》問題である。

昭和五年、ロンドンで海軍軍縮会議が開かれた。これは列強海軍の保有艦数の制限を目的としたもので、当時の国際世論や英米両国との力関係などから、日本の首脳はこのロンドン条約を締結《ていけつ》せざるをえなかった。ところが、これに軍部が激しく反発した。

海軍の軍備は明治憲法に規定された「統帥権《とうすいけん》」（軍隊の最高指揮権）にかかわることであり、これは天皇の専権《せんけん》事項だから、政府が勝手に軍縮条約に調印することは天皇の統帥権を干犯《かんぱん》する（権利を侵《おか》す）憲法違反だと、軍部は激しい政府攻撃を行った。条約締結の責任者とされた濱口《はまぐち》雄幸《おさち》首相は東京駅構内で右翼の青年にピストルで狙撃《そげき》され、重傷を負った。

明治憲法には責任内閣の制度がなく、内閣の規定もなければ内閣総理大臣（首相）の規定もないから、内閣が軍隊を指揮するという規定もない（186ページ参照）。また、議会が軍隊を監督するという条文もない。海軍はこの明治憲法の欠陥に気づいたのである。当時の野党政治家はこれを政局の問題にし、マスコミもこれに乗った。日本の悲劇の始まりである。

陸軍も憲法を盾《たて》にとって「政府の言うことを聞く必要はない」と言い始め、満洲《まんしゅう》にいた関東軍《かんとうぐん》は「陸軍中央の言うことも聞く必要はない」とさらに拡大解釈して、昭和六年、本国政府の意向を無視して満洲の諸都市を制圧するという軍事行動を起こした（満洲事変《まんしゅうじへん》）。陸軍首脳は関東軍の暴走に激怒したが、元を正《ただ》せば国家全体の指揮系統を乱した彼ら自身の責任なのである。

政府と軍が対立した時は、統帥権を持ち出せば軍が勝った。統帥権干犯問題によって軍は政府からリーダーシップを奪ったが、しかし、陸軍と海軍が対立したら、それをまとめるリーダーはいなかった。つまり、日本は誰もリーダーシップを発揮できない国になったのである。意見の対立を調整・統合する者が制度的に存在しない政府で、何が出来るであろう。戦時になって設置された大本営《だいほんえい》も、一元機構に見えるものの、その実は名前ばかりであった。

シナ事変から大東亜戦争《だいとうあせんそう》へと、日本は当時の流行語に従えば「全体戦《トータルウオー》」に突入した。戦場の軍人だけではなく、工員も銃後を守る婦人もみんな戦っているのだということである。だからこそ、政略と軍略を統合調整する戦争指導が必要なのに、それを行うのは名目上、天皇になっているだけで、実は誰もいなかったのである。

統帥権干犯問題は、あたかもひろがりゆく癌細胞《がんさいぼう》の如く、日本の政治機構を確実に侵《おか》し、ついに陸海軍の統帥部そのものまで動かなくしてしまったのである。いわば、国家の統治機関の骨髄《こつずい》にまで病巣《びょうそう》が及んだのだ。

満洲国建国《まんしゅうこく》

「五族協和《ごぞくきょうわ》」の理想を掲《かか》げた満洲国の正当性

満洲《まんしゅう》にいた日本陸軍、すなわち関東軍《かんとうぐん》は昭和六年九月十八日、日本政府の方針をまったく無視して満洲の諸都市を制圧し、さらに満洲国の独立を実現させた（昭和七年三月一日建国宣言）。これが満洲事変である。統帥権干犯《とうすいけんかんぱん》問題を盾《たて》に勝手な行動を起こしたのは関東軍将校の暴走としか言いようがないが、しかし、その軍事行動自体は国際法上、何の問題もなかった。

そもそも日露戦争後のポーツマス条約において、日本はロシアから南満洲における権益《けんえき》を譲り受けている。これは当時の清国《しんこく》政権も承認している。しかも、当時、満洲にいた日本人がシナ兵や匪賊《ひぞく》に襲われ、殺害される事件がたびたび起きていた。関東軍はコリア人を含む日本人居留民《きょりゅうみん》の安全を守るために実力行使をしたのであって、外交上、非道なことをやったわけではない。

さらに、関東軍の暴走を別にすれば、満洲国建国自体は悪いことではなかった。満洲は歴史的に見てシナ固有の領土ではない。たしかに満洲は清朝《しんちょう》の一部であったが、これは清朝を建てた女真族《じょしん》（満洲族）が満洲の出身であったからにすぎない。本来、シナ人（漢民族）と満洲人はまったく別の民族なのであり、別の言語系統に属している。万里《ばんり》の長城《ちょうじょう》以北の土地をシナ人が自分の領土と主張することは常識的に言ってもおかしいのだ。

満洲国皇帝となった溥儀《ふぎ》（一九〇六〜六七）は辛亥《しんがい》革命（一九一一〜一二）によって退位させられた最後の清朝皇帝である。「革命」とはいうものの、正確に言えばシナ民族の満洲族王朝に対する独立運動であった。シナ人によって紫禁城《しきんじょう》を追い出された溥儀が、自分の民族の故郷に戻って満洲国の皇帝になるのは当然の話である。別の言葉に言い換えるなら、少数民族が独立し、民族自決を行おうということであった。関東軍は満洲事変からわずか一年後に、溥儀を迎えて満洲国の建国を実現させた。これは事後処理としては決して悪くないし、当時の国際常識から言えば非常に穏健《おんけん》な方法であり、民族自決の観点から言えばむしろ筋の通った話である。

しかも、満洲は日露戦争以後、治安《ちあん》もよくなり、日本人のみならず、シナ人やモンゴル人が急速に流入していた。きちんとした政権が存在しないまま、このような大量流入が続けば、土地の所有権などをめぐって必ずや国際紛争が起こるはずである。満洲に満洲族の本来の皇帝である溥儀が来て統治者となるアイデアは、民族自決のみならず、国際紛争を未然に防ぐという上でも優れたものであった。アメリカが西部開拓にあたって「もともとこの土地はインディアンのものだから」と、インディアンの酋長《しゅうちょう》が治める自治国《じちこく》を作ったであろうか。満洲に満洲族の自治国家を作ろうとした日本と、どちらが〝文明的〟な態度であろう。

たしかに満洲国は、日本の傀儡《かいらい》国家であったかもしれない。だが、溥儀は自らの希望と意思

昭和10年、来日した満洲国皇帝溥儀（車上右）は昭和天皇とともに観兵式を行った
／『歴史写真』（歴史写真会刊）昭和10年5月号より

で満洲国皇帝になったのであり、彼なりに満洲の地に自民族の国家を作りたかったのである。そこのところを見落として満洲国を傀儡国家と呼ぶのは、満洲族に失礼な言い方であろう。満洲国の調査のために国際連盟から派遣されたリットン調査団も、その報告書の中で、「日本の侵略とは簡単に言えない」という主旨の結論を述べている。

満洲国は独立後、目覚《めざ》ましい発展を遂げた。かつて住む人もほとんどなかった〝ノーマンズ・ランド〟が、日本を凌《しの》ぐほど繁栄した地域に一変した。これは、いかに満洲国を認めない人でも否定できない事実である。たとえば南満洲鉄道（満鉄）は世界全体を見渡しても、これほど近代的な鉄道はなかったであろう。また、見事な開発がなされた首都新京《しんきょう》（長春《ちょうしゅん》）や奉天《ほうてん》（瀋《しん》陽《よう》）などの都市は、日本から訪れた旅行者を感嘆《かんたん》させた。

満洲国のスローガンは〝五族協和《ごぞくきょうわ》〟、つまり満洲民族、漢民族、蒙古《もうこ》民族、朝鮮民族、日本民族が共存共栄《きょうぞんきょうえい》するというものであったが、移民の実態を見るかぎり、この理念はみごとに実現しつつあったと言わざるをえない。バチカン（ローマ教皇）を含む当時の世界の独立国の半分近い二十数カ国がその独立を

承認した満洲国は、日本の敗戦とともに十数年で消えてなくなったから、その評価はむずかしいが、ある種の理想に基づいて作られた正当性のある国家であることは間違いない。

ただ、軍部が独走せず、政府が主体となって諸外国の承認のもとに満洲国を独立させていたら少なくとも満洲民族にとっては幸福であったろう。現在のように中国の支配下で少数民族として虐《しいた》げられるようなことはなかったであろう。いまや満洲族はチベット族よりも危《あや》うい運命にあり、地球上から消えかかっていることを忘れてはならない。

二《に》・二《に》六《ろく》事《じ》件《けん》勃発

青年将校たちがめざした〝昭和維新《しょうわいしん》〟は右翼社会主義革命だった

戦後、国家主義者とか軍国主義者と呼ばれているのは、実は右翼の社会主義者たちであった。彼らは天皇という名前を使って、日本を社会主義の国家にしようと考えたのである。

若い軍人たちが右翼社会主義思想に飛びついたのは日本の不況、ことに農村部の窮迫《きゅうはく》が意識にあったからである。社会に対する〝義憤《ぎふん》〟に駆られた青年将校たちが怒りを向けたのが、資本主義と政党政治であった。農民が飢えに苦しんでいるのに、一部の財閥《ざいばつ》が巨利《きょり》を貪《むさぼ》り、政治家たちは、目先の利益だけを追い求め、国民のことを考えようとしない、というわけである。

そこで生まれた陸軍内のグループが、皇道派《こうどうは》と統制派《とうせいは》である。彼らは対立して抗争を繰り返していたが、天皇の名によって議会を停止し、私有財産を国有化して社会主義的政策を実行することを目指す点では同じであった。皇道派はテロ活動によって体制の転覆《てんぷく》を狙《ねら》い、軍の上層部を中心に組織された統制派は、合法的に社会主義体制を実現することをめざした。

天皇のみを崇《あが》める右翼社会主義革命思想により、昭和七年に海軍青年将校の反乱「五《ご》・一五《いちご》事件」が起きて犬養毅《いぬかいつよし》首相が殺された。しかし、犯人の将校たちの刑は最高で禁錮《きんこ》十五年であった。これは犯人たちを「昭和維新《しょうわいしん》の志士」として減刑嘆願《げんけいたんがん》運動が盛り上がったためである。

昭和十一年の二《に》・二六《にろく》事件は、社会主義的正義感に燃え、〝昭和維新〟を唱える皇道派の陸軍青年将校が起こした悲劇である。斎藤実《まこと》内大臣（海軍大将）、高橋是清《これきよ》蔵相、渡辺錠太郎《じょうたろう》教育総監（陸軍大将）などが、兵隊を指揮する青年将校たちに殺された。これによって日本は良識派の斎藤や渡辺を失い、ユダヤ財閥と太いパイプを持っていた高橋を失ったのである。

だが、軍部を中心とした「天皇を戴《いただ》く社会主義的政権」をめざした彼らの目論見《もくろみ》は完全な失敗に終わった。昭和天皇の断固たる決意もあって、反乱軍は鎮圧《ちんあつ》された。

これによって陸軍内の皇道派は勢力を失い、統制派が陸軍の主導権を握ったのである。そしてこれ以後、日本全体も統制派に動かされることになった。政府も議会も二・二六事件以来、恐れをなして軍の意向に逆らえなくなった。統制派の意思は陸軍の意思となり、陸軍の意思は日本の意思であるかのごとき状態になった。しかも、統帥権干犯《とうすいけんかんぱん》問題によって「憲法上」、政府は軍に干渉できないことになっていた（226ページ参照）。

二・二六事件後の広田弘毅《こうき》内閣の時、陸軍と妥協《だきょう》する形で陸・海軍大臣および次官を現役の軍人とする勅令《ちょくれい》が出され、以後は軍部の賛成を得ない組閣は不可能となった。陸海軍大臣の現《げん》役《えき》軍人制の廃止は、山本権兵衛《ごんべえ》内閣の時の陸軍大臣木越安綱《きごしやすつな》中将が、陸軍軍人としてのキャリアを棒に振って実現したものなのに、広田によって再び現役軍人制にもどされてしまった。

日本の政治は二・二六事件の後始末《あとしまつ》のどさくさにまぎれて軍に乗っ取られたのである。

盧溝橋事件《ろこうきょう》

「漁夫《ぎょふ》の利《り》」を狙《ねら》って中国共産党が仕掛けたワナ

二・二六事件以後、軍の意図に逆らうような政治家は、ごく一部の例外を除いていなくなった。日本は国家社会主義への道を驀進《ばくしん》し、ついにシナ事変が起こる。

だが、それが日本軍による〝侵略〟であったかといえば、これは違う。敗戦後に連合軍によって行われた東京裁判は、日本を悪と決めつけるために行われたものであったから、「シナ事変はすべて日本軍の陰謀《いんぼう》で起こされた」という主旨の判決が出た。そして、その結論がそのまま戦後の歴史観に反映された。しかし、ことはそう単純ではない。

シナ事変の発端《ほったん》となった盧溝橋《ろこうきょう》事件は、昭和十二年七月七日の夜十時、盧溝橋に駐屯《ちゅうとん》していた日本軍の一個中隊に向けて、何者かが発砲したことから始まった。周囲にシナ軍（国民政府軍）が駐屯していたから、彼らの仕業《しわざ》ではないかと、日本軍は軍使を派遣することにした。ところが翌八日の早朝四時、再び日本軍に向けた発砲事件が起こった。さすがに日本軍は戦闘態勢に入るのだが、事件が拡大することを恐れて、直前で攻撃を中止する。すると今度は、日本軍が攻撃を始めたと思ったのか、中国軍が攻撃を開始した。これが事件勃発《ぼっぱつ》の真相であった。

この経過を見てもわかるとおり、盧溝橋にいた日本軍には武力衝突を起こそうという意図はまったくなかった。これは日本にとってはまったくの偶発《ぐうはつ》事件であったし、また事件勃発後も、これを拡大して全面的なシナとの武力対決に広げようというつもりはなかった。

さらに、盧溝橋事件については、戦後になって重大な事実が明らかになってきた。

それは、この事件が中国共産党の仕組んだワナであったということである。つまり、日本軍と国民政府軍の衝突を意図的に作り出して中国共産党が「漁夫《ぎよふ》の利《り》」を得ようとしたのだ。盧溝橋の国民政府軍の中に中共軍のスパイが入り込んで、日本軍に向けて発砲したということは、公刊された中国側資料の中に記述されているし、また、日本側でも盧溝橋事件直後、中共軍司令部に向けて「成功せり」という緊急電報が打たれたのを傍受《ぼうじゆ》したという証言もある。

重要なことは、東京裁判も盧溝橋事件の論告とそれにもとづく審査を途中でやめてしまったことである。この事件の発端をよく調べると、責任が日本軍になかったことが明らかになるからだ。やはり、日本軍は盧溝橋事件に「巻き込まれた」のである。

これに対し、「そもそも、そんなところに日本軍がいたこと自体が悪いのだ」という意見が日本で見られる。しかし、日本軍部隊は条約によって駐留《ちゆうりゆう》を認められていたのだ。現在でも、日本や韓国には条約によってアメリカ軍が駐留している。このアメリカ軍に対し、暗夜に発砲すれば、事件が起こって当然であろう。盧溝橋事件はそれと同じであり、また事件から四日目の七月十一日に事態収拾《しゆうしゆう》のため現地協定を成立させたのは、ほめられてよいことであった。

通州《つうしゅう》事件

シナ人による日本人虐殺を歴史から抹殺しようとする〝進歩的〟知識人たち

盧溝橋《ろこうきょう》事件から約三週間後の昭和十二年七月二十九日、北京《ペキン》の東方にあった通州《つうしゅう》で、シナ人の保安隊（冀東《きとう》防共自治政府軍）による大規模な日本人虐殺《ぎゃくさつ》事件が起こった。殺されたのは、通州の日本軍守備隊、日本人居留民《きょりゅうみん》（多数のコリア人も含む）の二百数十名であり、中国兵は婦女子に至るまで、およそ人間とは思えぬような方法で日本人を惨殺《ざんさつ》した。これが、シナ事変が日本の一方的な〝侵略〟ではないことを示す、最も象徴的な「通州事件《つうしゅうじけん》」である。

この通州事件については、戦後ほとんど語られなくなった。岩波書店の浩瀚《こうかん》な『近代日本総合年表』（三版・一九九一年）には七月二十八日までであって、事件のあった二十九日から八月九日までは空白である。このように、現代のほとんどの本には通州事件のことは載っていないし、あったとしても事件の本質を歪《ゆが》めて書いている。なぜなら、この事件のことを言い出すと、「中国は善玉、日本は悪玉」という構図が崩壊《ほうかい》してしまうからである。

東京裁判において通州事件についての論議が却下《きゃっか》されたのも同じ理由からである。事件の目撃者三人の宣誓口供書《せんせいこうきょうしょ》だけは受理されたが、その内容は酸鼻《さんび》を極めた残虐なものであって、とても人間のやることとは思えない。現地の日本軍兵士のみならず、国民の怒りは頂点に達した。もしアメリカ人市民がこんな殺され方をされたらアメリカがどんな行動を起こすか想像してみたらよい。当時の日本人の反シナ感情は、この事件を抜きにして理解することはできない。

東京裁判で通州事件のことが話題になったとき、これを不利な材料と見た人たちは「あの事件は、そもそも日本軍が通州の保安隊施設を誤爆《ごばく》したからだ」と言い立てた。たしかに、虐殺事件の直前に誤爆事件があったのは事実である。

当時のシナ大陸は国民政府のほか、各地に自治政府が乱立して、非常に複雑な事態になっていた。そのため、関東軍の爆撃機が、国民政府軍の兵営を爆撃するつもりで、その隣にあった通州の冀東《きとう》防共自治政府保安部隊の施設を誤爆したのだ。この結果、数名の保安隊員が死亡した。だが、この事件は、ただちに関東軍の責任者が冀東政府を訪問して陳謝《ちんしゃ》したので、一件落着となった。遺族のところにも足を運んでいる。事後処理に手落ちはない。では、なぜ日本人居留民が襲われたのか。

冀東防共自治政府は親日的とされていたが、要するに反日側に寝返《ねがえ》って、誤爆事件以前から虐殺を行う気でいたのである。近年出版された中国側資料によると、彼ら保安隊員は口実を作って、日本人居留民らを通州城内に集合させ、そののち城門を閉めて虐殺を行ったらしい。

進歩的な歴史家や知識人たちは、日本人でありながらこのような事実を故意に隠して、日本がシナを一方的に攻撃していたと言いつづけているのである。

第二次上海《シャンハイ》事変《じへん》

国際世論の同情を集めるため無差別爆撃を行った蔣介石《しょうかいせき》の犯罪

通州《つうしゅう》で虐殺が行われる一方、上海《シャンハイ》でも日本人の生命に危険が及んでいた。居留民《きょりゅうみん》保護のため駐屯《ちゅうとん》していた日本の海軍陸戦隊（米海兵隊とは違い、本格的な陸戦の装備を持っていない。居留民保護のための便宜《べんぎ》的な軍隊）に対し、国民政府軍の蔣介石《しょうかいせき》が戦闘をしかけたのである。

この「第二次上海事変《シャンハイじへん》」も、例によって戦後の東京裁判史観では「日本が蔣介石軍に対して攻撃をしかけた」ということになっている。だが、上海にいた日本海軍陸戦隊四千名に対して蔣介石軍は正規軍十個師団五万人を配置した。日本総領事館と商社の電話線を切断し、多くのシナ人を含む一般市民が逃げられないように道路をすべて封鎖したうえで民間人がいるに決まっているホテルなどを爆撃したのである。その結果、三千六百名あまりの死傷者を出した。この一事をみただけでも、日本が〝侵略〟したというような話でないのは明らかではないか。

蔣介石が狙《ねら》ったのは、「日本がシナを蹂躙《じゅうりん》している」というイメージを作り出し、国際世論の同情を集めようということであった。蔣介石は一般市民を犠牲にすることを厭《いと》わないばかりか、あえて欧米人の被害者を出すことで欧米の目を向けさせようとしたとも言われる。そのようなことで無差別爆撃をやったとすれば、これこそ〝戦争犯罪〟と呼ぶべきものであろう。

八月十三日に蔣介石軍の攻撃が始まり、海軍陸戦隊だけでは日本人居留民を護《まも》りきれないことが分かったので、翌十四日、日本は陸軍の派兵を決めた。すなわち、通州の惨劇を繰り返してはならないということである。急遽《きゆうきよ》派遣された第三師団と第十一師団が上海附近に上陸したのは八月二十三日であり、それまでの十日間の海軍陸戦隊の奮戦は特記に値する。

上海戦線には、中国が十年も前からドイツの参謀将校を招いて作った陣地と武器が待ちかまえており、上陸した日本陸軍は日露戦争の旅順《りよじゆん》攻略戦のような人員の被害を受けた。国民政府が上海地区にトーチカや機関銃陣地などをドイツの参謀将校の指示に従って配備し、日本軍を誘い込もうとしたことは明らかである。第一次欧州大戦で近代的な陣地戦を経験したドイツの参謀将校を招いて堅固《けんご》な陣地を作ってから日本人居留地区に攻撃をしかけ、その救援に来た日本軍を殲滅《せんめつ》することなら可能であると蔣介石は考えたのである。

これは半ば正しかった。日本人居留民の保護に急派された日本軍は、それまで経験したことがないほどの将兵の死傷者を出したのである。この上海での戦闘にケリがついたのは杭州湾《こうしゆう》に急ぎ派遣された第十軍（柳川平助《やながわへいすけ》中将）が上海戦線の背後《はいご》を衝《つ》いたからであった。

いまからみて残念に思うのは、こうした陣地があり、その利用を蔣介石が考えていたことを、日本軍が事前に知らなかったことである。日本陸軍上層部のインテリジェンス（諜報《ちようほう》活動）の怠慢《たいまん》というべきであろう。

企画院《きかくいん》設立

日本を右翼社会主義国家にした官僚《かんりょう》たちの「経済版参謀本部《さんぼうほんぶ》」

軍部の台頭《たいとう》に呼応《こおう》する形で右翼社会主義に傾斜していったのが官僚《かんりょう》たちであった。

大恐慌《だいきょうこう》前の日本の経済政策の基本は言うまでもなく自由主義であり、財閥《ざいばつ》の活動を奨励《しょうれい》こそすれ、統制《とうせい》しようとはしなかった。それが、大恐慌が起こって世界的に自由主義経済が疑問視されるようになると、役人たちは「今こそわれらの出番ではないか」と考えるようになった。国の統制力が強いほど、官僚の権限も大きくなるからである。

世界的不況のいまこそ国が経済を統制して私有財産を制限し、貧富《ひんぷ》の差をなくすべきだと彼らは考えた。もはや政治家にまかせてはおけない、軍部が〝天皇の軍隊〟と言うのなら、東京帝国大学法学部卒業のエリートである自分たちも天皇に直結して、政治家から独立して行動できる、というのが彼らの理屈であった。こうして登場したのが、〝天皇の官僚〟を自称する「新官僚」であった。統制派《とうせいは》が完全掌握《しょうあく》した陸軍とともに、彼らは「革新官僚」として経済統制を推し進め、ナチスばりの全体主義国家をつくろうとしはじめた。それを象徴するのが、二・二六事件の翌年、昭和十二年十月二十五日に創設された企画院《きかくいん》である。

これはシナ事変勃発《ぼっぱつ》に対応するため、戦時統制経済のあらゆる基本計画を一手に作り上げるという目的で作られたものである。言ってみれば「経済版の参謀本部《さんぼうほんぶ》」で、その権限はあらゆる経済分野をカバーする強大なものとなった。

その企画院によって生み出されたのが、国家総動員体制《こっかそうどういんたいせい》であった。日本に存在するすべての資源と人間を、国家の命令一つで自由に動かせるということであり、まさに統制経済が行き着くところまで行ったという観がある。この体制では釘一本、人一人を動かすのでも、政府の命令、つまり官僚が作った文書が必要なのである。昭和十三年に制定された「国家総動員法」によって自由主義経済は封じられ、日本は完全な右翼社会主義の国家となった。もはや議会にそれを止める力はなかった。大正デモクラシーが育てた政党政治はもろくも崩《くず》れ去《さ》ったのである。

そもそも企画院をつくった近衛文麿《このえふみまろ》首相自身、社会主義的政策に共感していた人物だが、革新官僚たちの主張が共産主義に通ずるものであることに初めは気づかなかった。彼は、終戦直前になって「右翼も左翼も同じだということに、ようやく気づいた」と告白している。

昭和二十年(一九四五)二月十四日に近衛が昭和天皇に呈出《ていしゅつ》した上奏文《じょうそうぶん》のなかに「右翼は国体の衣《ころも》を付けた共産主義者であります。……彼らの主張の背後に潜《ひそ》んでいる意図を十分に看取《かんしゅ》できなかったことは、まったく不明の致すところで、何とも申し訳なく、深く責任を感じている次第です」という一節がある。首相として軍人や官僚たちと仕事をした人の最終的意見であるから、まさに注目すべきものであろう。

南京《ナンキン》攻略

自分は逃げ出しながら首都防衛戦を行わせた蔣介石《しょうかいせき》の責任

盧溝橋《ろこうきょう》で始まった日中両軍の衝突は、通州《つうしゅう》、上海《シャンハイ》と飛び火していき、全面戦争の様相を呈《てい》してきた。適当なところで戦争を収束《しゅうそく》させたかった日本軍は南京《ナンキン》攻略をめざした。首都を占領してしまえば、さすがに国民政府も和解に応ずるのではないかという期待があったのである。日本軍はまことに慎重《しんちょう》であった。籠城《ろうじょう》する国民政府軍に対して投降《とうこう》勧告を出し、彼らが拒否したのを確認してから攻撃したのだ。これは当時の国際社会が日中の戦争に注目し、決して日本に同情的ではない多くの外国人ジャーナリストがシナ大陸で注視していたからである。松井石根《いわね》将軍は「後世の模範となるよう行動すべし」と全軍に軍規の徹底を呼び掛けていた。

南京攻略は、昭和十二年十二月十日から始まった。しかし、こともあろうに蔣介石《しょうかいせき》ら国民政府の首脳部は、二十万人近くの市民を置き去りにしたまま、夜間脱出してしまっていた。

当初、国民政府軍の抵抗は激しかったが、途中で唐生智《とうせいち》将軍まで脱出してしまったこともあって戦意は急速に衰え、日本軍は十三日には城内に入ることができた。正式に入城式が行われたのは十七日のことだが、日本軍が南京を陥落《かんらく》せしめたとき、城の中には責任者と呼べるような敵の将軍がいなかったのである。

この南京攻略に関して、いまだに一部で信じられている「南京大虐殺」は東京裁判において連合軍が捏造《ねつぞう》したものである。その論拠はいくらでもあるが、詳しくは本シリーズ『日本の歴史　第6巻　昭和篇』を参照していただきたい。

問題は、蔣介石が首都防衛戦を命じておきながらさっさと脱出してしまい、南京の町と市民を文字どおり「捨て石」にしたこと。さらに南京死守を蔣介石に誓った唐生智将軍も部下を置去りにしてこっそりと逃げ出したため、南京に残ったシナ兵たちは秩序ある降伏ができなくなったことである。このため、陥落間近の中国兵は軍服を捨て、平服に着替えて便衣隊《べんいたい》、つまりゲリラとなり、非戦闘員が居住する安全区に逃げ込んで、隙《すき》あらば日本兵を襲おうとした。ただちに「便衣隊狩り」が行われることになったのは言うまでもない。ハーグ陸戦規定（一八九九年のハーグ平和会議で採択。一九〇七年、第二回ハーグ平和会議で改定）ではゲリラはその場で殺してもかまわないことになっている。ゲリラ戦を始めると、無辜《むこ》の市民にまで犠牲が及ぶことになるから、いかなる理由があってもゲリラ戦はやるべきではないし、やった人間を許してはならないというのが国際社会の常識である。だから日本軍も容赦《ようしゃ》せず、多数の便衣隊を狩り出し、処刑したのである。

ところが、これが東京裁判では「一般人に対する暴行」という話になった。あろうことか、「いったん軍装を脱いで安全区に入ったのであれば、それは民間人と見做《みな》すべきである」という屁《へ》

南京入城式における松井石根将軍。後ろは朝香宮鳩彦王（あさかのみややすひこおう）中将／『支那事変写真帖』より

理屈《りくつ》で、死者が水増しされ、また「便衣隊と間違えて、無辜の市民を多数殺した」ということにされたのである。これはまったくの言いがかりにすぎない。南京の市民の中には、不幸にも便衣隊と間違えられて殺された人はいたであろう。しかし、それはあくまでも遺憾《いかん》な事故であって、これを組織的な「虐殺」と言うことは許されない。

そのことを責めるなら、まずそうした活動をさせた蒋介石の責任を追及するのが筋というものではないか。捕虜《ほりょ》になる資格すら認められていない便衣隊を国民政府が許したときから、無辜の市民が間違って殺されてしまうのは、目に見えていたことである。

さらに言えば、そもそも蒋介石は松井将軍が降伏勧告を出し、開城を求めたときに、これに応じるべきであった。そうすれば、ゲリラ戦などやらずに済んだはずである。正常な判断力を持った指導者なら、首都攻防などという悲惨な道は選ばず、オープン・シティにしてしまう（街を開放する）。首都防衛戦は、

一般市民の生命や財産をも巻き添えにするからである。

南京のことを問題にしたいのであれば、まず問われるべきは、南京防衛という最悪の選択肢を選んだ蔣介石自身の責任である。

結果的に、南京を占領しても戦争は終わらなかった。蔣介石は和解交渉を拒絶し、日本側も近衛《このえ》文麿《ふみまろ》首相が「国民政府を対手《あいて》にせず」と声明し、和平の道を閉ざしてしまったからである。

アメリカが「ハル・ノート」提示

日米戦争に追い込んだ英国・ロシアの陰謀《いんぼう》とアメリカの〝最後通牒《さいごつうちょう》〟

盧溝橋《ろこうきょう》事件に始まったシナ事変（日華事変）はずるずると拡大していったが、その一方で、日本を取り巻く国際環境はますます悪化していった。気がつくと日本は、「ABCD包囲陣」に取り囲まれていた。Aはアメリカ、Bはイギリス（ブリテン）、Cはシナ（チャイナ）、Dはインドネシアを植民地にしていたオランダ（ダッチ）である。

最近の研究によると、この包囲陣を画策《かくさく》したのはイギリスのチャーチル首相であったようだ。第二次欧州大戦において、ドイツ軍の圧倒的な強さにイギリスは風前《ふうぜん》の灯《ともしび》であった。チャーチルは「アメリカを戦争に引きずりこむしかない」と考えたが、ルーズベルト米大統領は「絶対に参戦しない」という公約を掲《かか》げて当選していたのだから、簡単に応じるはずはない。

そこでチャーチルは迂回《うかい》作戦をとり、まず日米戦争が起こるように仕向け、日本と同盟関係にあるドイツとアメリカが自動的に戦うことになるよう仕組んだ。アメリカやオランダを説得してABCD包囲陣で日本を経済封鎖し、鉄鉱石《てっこうせき》一つ、石油一滴入れないようにしたのである。

言うまでもないが、石油や鉄がなければ二十世紀の国家は存続しない。それをまったく封じてしまおうというのだから、これは日本に「死ね」と言っているに等しい。

さらに追い撃ちをかけるように、アメリカは「ハル・ノート」を突きつけてきた。これはシナ大陸や仏領《ふつりよう》インドシナからの即時撤退《そくじてったい》、日独伊三国同盟《にちどくいさんごくどうめい》の破棄《はき》、反日的蔣介石《しょうかいせき》政権の承認など、日本政府がのめるわけがない要求ばかりを書き連《つら》ねてきたものであった。実質的な最後通牒《さいごつうちょう》と言ってもいい。のちに東京裁判のパル裁判官はアメリカの現代史家ノックを引用して、ハル・ノートのような覚書を突きつけられたら、「モナコ王国やルクセンブルグ大公国のような小国でも、アメリカに対して矛《ほこ》を取って立ち上がったであろう」と言っているほどだ。

この「ハル・ノート」は実はハル国務長官の案ではなく、財務省高官ハリー・ホワイトが起《き》草《そう》したものであることが戦後明らかになったが、このホワイトはなんと、戦後、ソ連のスパイ容疑を問われて自殺した人物なのである。つまり、ソ連の指導者スターリンの意向を受けて日本を対米戦争に追い込むために書かれたのが「ハル・ノート」であった。

個人同士でも、息の根をとめるほど相手を追いつめれば、どんなにおとなしい人間でも牙《きば》を剝《む》いて反撃してくるだろう。アメリカが、排日運動を始めてから日本に対して四十年来やってきたのは、そういうことであった。さらに、米国務長官ケロッグは、アメリカ議会における答弁の中で、「国境を越えて攻め入るようなことだけでなく、重大な経済的脅威を与えることも侵略戦争と見なされる」と言っている。ケロッグの定義によれば、石油禁輸は、日本に対して侵略戦争をしかけたものである。日本が開戦に踏み切ったのは無理からぬことだった。

日米開戦

万死《ばんし》に値《あたい》する日本大使館の怠慢《たいまん》によって真珠湾《しんじゅわん》攻撃は「奇襲《きしゅう》」となった

昭和十六年十二月八日、ついに日本は真珠湾《しんじゅわん》攻撃を行う。日米開戦であった。

東京裁判では、「日本は世界に戦争をしかける密議を行っていた」と決めつけられた。だが、当時の日本の状況はそれどころではなかった。海軍が対米戦争の研究を始めたのは石油禁輸の問題が出てからであり、真珠湾攻撃の図上演習《ずじょうえんしゅう》は作戦開始の三カ月前からようやく始まった。まったく〝泥縄式《どろなわしき》〟であった。にもかかわらず日本が謀議《ぼうぎ》をめぐらせたかのような印象があるのは、真珠湾攻撃が「卑怯《ひきょう》な奇襲《きしゅう》攻撃」ということになってしまったせいであろう。このニュースは、戦争に消極的だったアメリカ世論をいっぺんに変え、日本を叩《たた》き潰《つぶ》すことがアメリカ人にとって〝正義〟になったのである。

しかし、実際には日本はまったく奇襲攻撃をするつもりなどなかった。日本政府の計画では、開戦の三十分前に米国務省に国交断絶の通告を渡すことになっていた。それが遅れたのは、ひとえにワシントンの日本大使館の怠慢《たいまん》ゆえであった。

開戦前日の午前中、外務省は野村吉三郎《きちさぶろう》大使に向けて予告電報を送った。「これから重大な外交文書を送るから万端《ばんたん》の準備をしておくように」という内容である。当時はすでに開戦前夜のごとき状況であったにもかかわらず、いったい何を血迷《ちまよ》ったのか、日本大使館の連中は同僚の送別会を行うため、夜になったら一人の当直も置かずに引き上げてしまったのである。

運命の十二月七日（ワシントン時間）、朝九時に出勤した海軍武官が電報の束《たば》が突っ込まれているのを見て「何か大事な電報ではないのか」と連絡したので、ようやく担当者が飛んできたというから、何と情けないことか。あわてて電報を解読して見ると、まさに内容は断交の通告である。しかも、この文書を現地時間午後一時にアメリカに手渡せと書いてある。大使館員が震《ふる》え上がったのは言うまでもない。緊張のためタイプを打ち間違えてばかりでいっこうに捗《はかど》らないので、彼らは米国務省に約束の時間を一時間延ばしてもらうという最悪の判断をした。結局、断交通告を届けたのは真珠湾攻撃から五十五分も経《た》ってからのことであった。

ルーズベルト大統領は、この日本側の失態を最大限に利用した。「奇襲攻撃後にのうのうと断交通知を持ってきた日本ほど、卑劣《ひれつ》で悪辣《あくらつ》な国はない」と世界に向けて宣伝したのだ。いったい、彼らは外交官でありながら、国交断絶の通知を何だと思っていたのであろう。弁解の余地はまったくない。必要だったのは、戦後でもかまわないから本当に切腹をすることであった。そしてそれが世界に報道されることだったのだ。

東京裁判では、日本が真珠湾攻撃を事前に通告する意思のあったことは認められた。だが、日本に有利な事実はなかなか世界の、否《いな》、日本人の知識にもならないのである。

ミッドウェー海戦《かいせん》

第二次大戦全体の分水嶺《ぶんすいれい》となった日米機動部隊の激突

日本軍と互角《ごかく》に戦える敵はアメリカだけであった。イギリスもフランスも、オーストラリアもオランダも、問題にならなかった。日本はまさに破竹《はちく》の勢いで勝ちまくっていたのである。

その日本軍の命運を分けたのがミッドウェー海戦《かいせん》（昭和十七年六月五日〜七日）であった。当時、十隻以上もの航空母艦をもって機動部隊を編成できたのは日本とアメリカだけだった。この海戦は、二国のいわば一騎討ちであった。

普通に考えれば日本は圧倒的に有利であった。日本の主力空母は四隻、アメリカは三隻。しかも一カ月前の珊瑚海《さんごかい》海戦のときは第二級の機動部隊が米空母を撃沈している。にもかかわらず、日本はミッドウェーで惨敗《ざんぱい》した。それは日本が油断しきっていたからである。

無敵を誇っていた零戦の活躍は、このときもまさに鬼神《きしん》のごときものであった。三十六機の零戦はアメリカの戦闘機約五十機を叩《たた》き落《お》として完全に制空権を握り、敵空母から襲ってきた雷撃機《らいげきき》約七十機もほとんどすべて撃墜《げきつい》して、わが方の零戦は、なんと一機も失われなかった。

悲劇は、その直後に雲を利用して来襲した艦上《かんじょう》爆撃機による急降下《きゅうこうか》爆撃によって起こった。

航空母艦の上に護衛《ごえい》の戦闘機を一機も配置しなかったのは、まさに油断としか言いようがない。米雷撃機隊は零戦に撃ち落とされることがわかっていながら、その後の急降下爆撃を成功させるため、進んで囮《おとり》となったのであった。日本の空母は炎上沈没し、日本海軍は完敗した。

俗に「運命の五分間」と言われる。「米空母の気配なし」と判断した南雲忠一《なぐもちゅういち》司令長官は、ミッドウェー島の陸上基地攻撃に作戦を変更、攻撃機の艦船攻撃用魚雷《ぎょらい》を陸上攻撃用の爆弾に換《かん》装《そう》するよう命じた。その作業がまさに終わろうとするころ、「敵空母艦隊発見」の報が入ったのである。南雲司令長官は魚雷から爆弾への再換装《さいかんそう》を命令した。その間に空母は急降下爆撃を受けて、わが軍の攻撃機が次々に誘爆《ゆうばく》し、手のほどこしようがなくなってしまったのである。あと五分敵艦発見が早ければ、再換装があと五分早く終わっていれば……というわけである。

敵艦隊発見の報を受けたとき、空母『飛龍《ひりゅう》』に座乗《ざじょう》していた山口多聞《たもん》少将は、再換装などせず、陸上爆弾搭載のまま攻撃機を発進させるよう進言したが、南雲長官に却下されてしまった。しかし、これは山口少将の言うように、魚雷でなくてもかまわないから、とにかく飛行機を発進させて敵空母の攻撃に向かうべきであったろう。攻撃機は狭い甲板《かんぱん》と格納庫《かくのうこ》で身動きがとれないまま、いたずらに爆発していったのである。

山口少将は、他の三空母がもはや沈没寸前なのをみて、ただ一隻となってしまった空母『飛龍』で敢然《かんぜん》と米機動部隊に向かって反撃を開始し、敵主力空母『ヨークタウン』を大破させる（後に潜水艦伊１６８号が撃沈）。だが、奮戦《ふんせん》むなしく『飛龍』も戦闘能力を奪われると、山口少将は「総員退艦」を命じ、加来止男《かくとめお》艦長（大佐）とともに、自ら艦と運命をともにした。

昭和十九年六月十九日のマリアナ沖海戦では、日本側が一方的にやられるだけであった。アメリカは優れた電波探知機と新型の対空用砲弾を開発していた。さらに、ほとんど無傷で不時着した零戦を手に入れ、これを徹底的に研究して零戦に対抗できる新鋭戦闘機グラマン・ヘルキャットを投入した。しかも日本にはすでに熟練の飛行士がほとんどいなかった。零戦の優位性は失われ、零戦を撃ち落とすのをアメリカでは「マリアナの七面鳥撃《しちめんちょう》ち」と称した。あの恐ろしい零戦は、もはや七面鳥なみになった。日本はまっしぐらに敗戦に向かっていく。

もし日本がミッドウェーで勝っていたら、米陸軍は西海岸に集結せざるを得ず、イギリスを援護《えんご》するどころではなくなっていた。となればドイツがヨーロッパの覇者《はしゃ》となっていたであろう。ミッドウェー海戦はまさに第二次大戦全体の分水嶺《ぶんすいれい》となったのである。

総員退艦命令を出し、自らは『飛龍』と運命をともにする山口多聞少将
『提督の最後』北蓮蔵・画／東京国立近代美術館所蔵（無期限貸与作品）

沖縄《おきなわ》決戦と「大和《やまと》」の最期《さいご》

国と沖縄を救うために必死の攻撃を行った神風特攻隊《かみかぜとっこうたい》

昭和十九年七月七日、サイパン島の日本軍は玉砕《ぎょくさい》し、多くの民間人が自決した。サイパンからは米大型爆撃機の行動範囲に東京が入る。まともなリーダーシップがある国ならば降伏するところだが、日本にはそれができず、東條《とうじょう》内閣が総辞職しただけであった（同年七月十八日）。

同年十月、フィリピンにおけるレイテ湾での戦闘で、初めて神風《かみかぜ》特別攻撃隊が出現した。それまでも〝決死隊〟というのはあったが、〝必死隊〟という概念は、日本軍にもなかった。だが、すでに日本軍が必ず敵を斃《たお》すためにはこれしかなかったのである。続いて硫黄島《いおうとう》、次は沖縄《おきなわ》であった。多数の民間人の住むところが近代戦の戦場になるということを、日本人は初めて体験したことになる。沖縄戦では、大量の神風特攻隊《とっこうたい》が出撃した。そのパイロットの多くは空中戦をできるほどの練度《れんど》をまだ持たない若者たちであった。

アメリカ側が戦後に発表したものに基《もと》づく「カミカゼ」の実態は、伊藤正徳《まさのり》『大海軍を想《おも》う』によると、日本軍が沖縄戦の期間中「カミカゼ」で失った飛行機は約二千八百機、それによって被害を受けた米海軍の軍艦は戦艦十隻、空母九隻、重巡洋艦《じゅうじゅんようかん》三隻、軽巡洋艦《けいじゅんようかん》二隻、駆逐艦《くちくかん》百十八隻、その他四十隻の百八十二隻である。そのうち沈没したのは十三隻であった。アメリカ艦隊司令官のスプルーアンス提督の座乗艦《ざじようかん》もカミカゼの攻撃を受け、二度も別の艦に移らなければならなかった。

沖縄のアメリカ海軍は物質的にも精神的にも打撃を受け、「なお数日、カミカゼの攻撃が衰えない場合は一時退却して、再挙の方法を考えるべし」という説に傾いたという。

特攻攻撃は空中に限らず、水中では魚雷《ぎよらい》を操縦する「回天《かいてん》」が特攻を行った。そして昭和二十年四月、世界最大、そして史上最大の戦艦「大和《やまと》」に沖縄への特攻命令が下った。

大和と連合艦隊の残存部隊九隻は航空機の援護《えんご》もなく、帰還用の重油も持たずに米艦隊に包囲されている沖縄に向かった（帰還用まで積んだという説も出ているが、信じ難《がた》い。大和は沖縄の海岸に乗り上げて艦砲《かんぽう》射撃する予定だったというほうが正しいだろう）。そして、翌四月七日、鹿児島県南方の東シナ海で、米軍機のべ三百五十機の猛攻を受けて大爆発を起こし、沈没した。

カミカゼも戦艦大和も沖縄を救うことはできなかった。しかし、救うために必死の攻撃を繰り返したことはたしかである。日本の最後の戦艦「大和」も三千機に近い特攻機も、沖縄のために出撃したのであり、沖縄の犠牲になったのだ。

本土においても戦禍《せんか》が実にひどかったことは、東京をはじめとする大都市無差別爆撃や原爆でも知られよう。沖縄だけがひどい目にあって、本土は無事だったということはない。一般住民の死傷は沖縄を超えていた。そのことは沖縄の人たちにも無視してもらいたくないと思う。

東京大空襲《だいくうしゅう》・原爆《げんばく》投下

民間人を空から組織的に虐殺することを考えついた英米の非道

結局のところ、東京裁判で突如として「南京《ナンキン》大虐殺」の話が出てきたのは、日本も残虐《ざんぎゃく》行為を行ったという事実を連合国が欲していたからとしか思えない。もう一方の敗者であるドイツは、アウシュビッツのユダヤ人強制収容所などでユダヤ人虐殺を行っていたから、ドイツとの〝バランス〟をとるためにありもしない大虐殺をつくりあげたというのが真相であろう。

しかし、本当に残虐であったのは、日本・ドイツと連合国のどちらであっただろうか。

アメリカは昭和二十年、原爆《げんばく》を広島（八月六日）と長崎（同九日）に落とした。前者はウラニウム爆弾、後者はプルトニウム爆弾である。二度も落としたのは実験のためであったろうとも言われている。広島では十一万以上が死に、長崎では七万以上の人が死んだ（後遺症《こういしょう》のためになくなられた方はさらに多い）。もちろんアメリカは主として一般人が被害にあうことを分かってやったのである。日本が降伏寸前であることも知っていた。にもかかわらず、あえて原爆を落としたのは虐殺のための虐殺であり、人体における原爆の威力を実際に試してみたいという欲求の実現にほかならない。

「戦争を早く終結して犠牲を少なくするために原爆を用いた」とアメリカは自己正当化しているが、それなら初めから毒ガスを使ってもよかったはずだ。この問いに対してアメリカは沈黙しているが、毒ガスを用いなかったのは、日本も報復手段としての毒ガスの準備を進めていたからである。

また、アメリカ軍は新兵器と言ってもよいほど大型の戦略爆撃機B29を用いて日本の各都市を無差別爆撃した。昭和二十年三月十日の東京大空襲《だいくうしゅう》だけでも十万の一般人が一晩で殺された。アウシュビッツでも十万人殺すには何カ月もかかったのではないか。

戦略爆撃というのも新思想であって、初めから軍事目的を限定せず、意図的に市民を大がかりな爆撃の対象にしたのは第二次大戦中のイギリスとアメリカが初めてである。日本はハワイなどを空襲したが、それは厳密に軍艦と軍事施設に限られていた。日本には市民を意図的に大量に殺すという思想がなかったのである。ヒトラーも、はじめはロンドン市街地空襲を禁じていたぐらいである。

英空軍は、一九四二年(昭和十七年)三月、単にドイツ人の戦意を失わせるという目的だけで、無防備の歴史的文化都市リューベックを空襲して焼き払った(ヒトラーはもちろん報復した)。さらに、一九四五年二月十三日にはアメリカ・イギリス両空軍がドレスデンを空襲し、おそらく世界で最も素晴らしいバロック建築の残っていたこの都市を徹底的に破壊した。イギリスは第一波が二百数十機、第二波が五百数十機で市街地を爆撃し、さらにアメリカの四百五十機の

B29が、六十五万個といわれる焼夷弾《しょういだん》を落とし、そのうえ戦闘機が機銃掃射《そうしゃ》を行った。これによって十三万五千人の死者が出たという。

イタリアでも、ベネディクト会修道会発生の地であるモンテカッシノ修道院が英空軍のために破壊しつくされ、修道士と避難民数百人が死んだ。モンテカッシノの丘にいたドイツ軍の司令官はドイツ兵には修道院の周辺に近寄ることを許さなかった。そして空襲の際は修道院の貴重な文献を守って疎開《そかい》させている。ドイツ軍が修道院を陣地にするのは廃墟にされてからのことである。どちら側の軍隊が文明的であったか。この一例をもってしても明らかであろう。

イギリスの歴史家アーノルド・トインビーは、戦後この地を訪れた時、自分の国の飛行機が西欧文明の母とも言うべきこの大修道院を破壊し、多くの修道士らを殺したことを知って、ショックを受けたと書き記している。

ユダヤ人大虐殺の思想がヒトラーの発明であるとすれば、一般市民大虐殺の思想はイギリスとアメリカの発明である。プロペラ四基の重爆撃機をアメリカとイギリスだけが開発したのは、都市爆撃の思想の有無と関係があったと思われる。この両国は、空から民間人を大量に、組織的に殺すことを考えつき、それを実行したのである。

健康な男の多くは出征《しゅっせい》していて、町に残っているのは主として老人・女・子供であることは分かっていたにもかかわらず、東京に対する絨毯《じゅうたん》爆撃にはじまり広島・長崎への原爆投下に至る空襲の思想は、一般市民、とくに日本人のなかの弱者をも殺しつくすことであった。

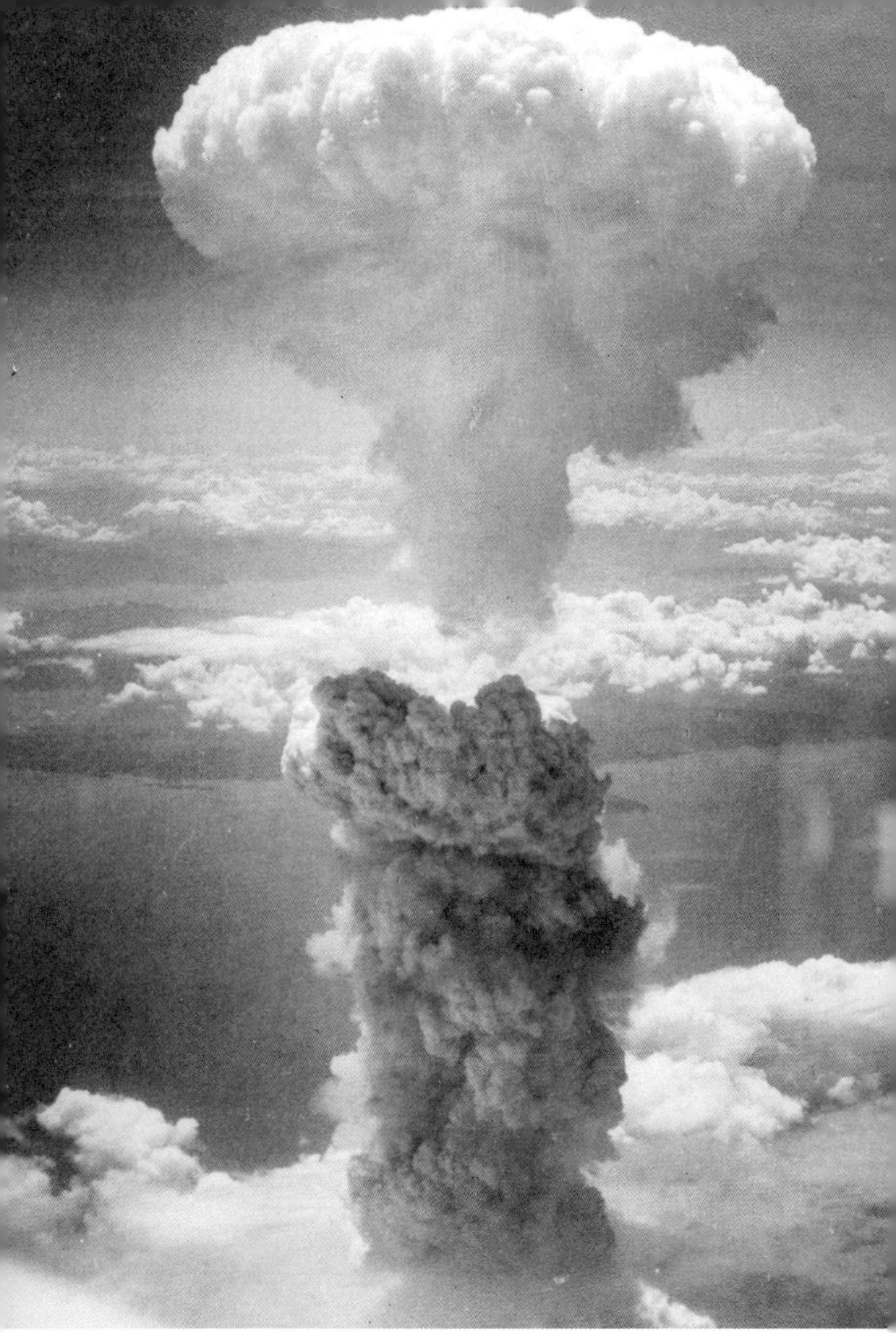

長崎に投下された原爆のキノコ雲

第7章　戦後篇

サンフランシスコ講和条約に署名する吉田茂首相（昭和26年）→270ページ
写真提供：共同通信社

1945
昭和20年

ポツダム宣言受諾《じゅだく》

日本の敗戦は「無条件降伏《むじょうけんこうふく》」ではなかった

日本の戦後はポツダム宣言の受諾《じゅだく》によって始まった。

昭和二十年八月十五日、日本は、米・英・中華民国（あとからソ連も加わった）による対日共同宣言「ポツダム宣言」を受諾《じゅだく》、天皇陛下の終戦の詔《みことのり》がラジオで放送された。

日本が「無条件降伏《むじょうけんこうふく》した」と誤解している人がいるが、そうではない。ポツダム宣言は「我らの条件以下の如《ごと》し」という提案《オファー》である。日本政府に対しての「日本の陸海軍に無条件降伏させよ」という条件をも含むオファーであって、日本は「有条件」の下で降伏したのである。

アメリカでは、日本をドイツと同じように無条件降伏させようという意見が強かった。しかし日本とドイツは違う。ヒトラーも死に、政府もなく、交渉相手がなくなったドイツとは異なり、日本は交渉相手としての政府が残っていた。だから、スティムソン米陸軍長官は、日本に無条件降伏を強制したならば、日本はどこまでも戦い抜き、硫黄島《いおうとう》や沖縄のように米軍にも多大な損害が出るかもしれないから、「軍隊だけの無条件降伏にすべきだ」と言ったのである。

さらに、日本側の問い合わせに対し、「天皇家は存続させる。究極的な政治形態を決める権利は日本人にある」という答えを得たからこそ、日本はポツダム宣言を受諾したのである。

もっとも陸軍上層部は「負けたのは海軍であって、陸軍はまだ戦える」と主張し、強硬《きょうこう》に反対した。こういう状況のもとで最終的な決断を下《くだ》したのは天皇であった。それまで憲法上沈黙を守らざるを得なかった天皇陛下がついに口を開かれたのである。それが、残虐な無差別爆撃を行った米軍を非難しつつ、日本人と世界全体に深く思いを致して発せられた「終戦の詔書《しょうしょ》」であった。

昭和二十年九月二日、東京湾に停泊《ていはく》するミズーリ号上でポツダム宣言受諾の調印式が行われた。これは「宣言」を「条約」にする儀式である。この段階では、まだ戦争は終わっていない。戦争は講和条約の発効で終わるのだから、休戦状態ということである。にもかかわらず、連合国側は降伏ということに重きを置いた。

そして九月六日にトルーマン米大統領から占領軍（連合国軍）最高司令官マッカーサーに「連合国と日本とは契約的基礎の上に立つものではなく、無条件降伏を基礎とするものであって、日本はマッカーサーの命令を遵守《じゅんしゅ》するものとする」という内容の通達があった。

つまり、トルーマンはポツダム宣言の契約に違反したのである。これに対して日本は一切の責任はない。アメリカ側が勝手に破ったのだ。

こうしてマッカーサー元帥《げんすい》はまるで日本が無条件降伏したかのような占領政策を行い、「国民の主権」は空虚《くうきょ》な大義名分と化したのである。

ＧＨＱの日本占領

日本人から誇りと歴史を奪おうとした占領政策

昭和二十年八月、度重《たびかさ》なる空襲と原爆とで疲弊《ひへい》しきった日本に、マッカーサー率《ひき》いる占領軍（進駐軍《しんちゅうぐん》）がやって来た。連合国軍総司令部、すなわちＧＨＱである。彼ら占領軍は、戦勝国になったからといって第一次大戦までの文明国が決して行わなかったような政策をとった。

まず、苛酷《かこく》な言論統制である。戦前の日本にも検閲《けんえつ》はあったが、×や〇印で伏字《ふせじ》にされたので消したことがわかる。しかしＧＨＱは検閲があったことがわからないように書き換えさせ、刷り直させた。紙の入手が困難な時代だから、新聞社や出版社にしてみれば大損害だし、反抗したら新聞や雑誌が発行できなくなるので、自己規制せざるを得なくなった。そこから生まれたのが、何事についても「そんなこと言ってもいいんですか」という戦後の日本人の卑屈《ひくつ》さだ。

戦前の日本人には皇室に対する以外、そんなメンタリティはなかった。これは現在まで続いている問題である。北朝鮮の核の脅威に対しても、朝日新聞が「核の議論をすることすらいけない」と言うのがその一例である。新聞が「議論」をしてはいけないという発想は、メディアの自殺にほかならない。占領下に生まれた日本のマスコミの悪癖《あくへき》である。

そして連合国軍総司令部は、天然資源もない日本がなぜ近代戦を戦えたのかと考え、それが「日本精神」のゆえであると気づくと、「神道指令《しんとうしれい》」と「教育改革」によって「日本精神」を排除しようとした。「神道指令」では国家神道を廃止し、神社を極限まで抑え込んだ。これはあってはならないことだ。神社は長い歴史のなかで日本人の精神の根本を形づくってきた。いわば日本人の心のよりどころと言ってよい。現在のアメリカが、たとえばイラクに対して「イスラム指令」など出すだろうかと考えてみればよい。

さらに、「日本を民主主義国家にしなければならない」という建前《たてまえ》の「教育改革」によって、アメリカが自国では最も重要視する、国をたたえ国に忠誠を誓う行為を禁止した。つまり、日の丸を掲揚《けいよう》させず、君が代を歌わせなかった。いまだに日の丸・君が代を「軍国主義の象徴」とし、「悪」とする反日教育思想にとらわれたまま教壇《きょうだん》や法廷《ほうてい》に立っている日本人も多い。彼らはマッカーサーの子分であり続けているのだ。

また、「戦争協力者を公職《こうしょく》から排除する」という名目による「公職追放令《ついほうれい》」で、二十万六千人以上もの人々の職を奪い、メディアに出る口も封じた。これで筋の通った有能な人材が各界から追われ、戦前戦中は日陰《ひかげ》の身だった共産主義者たちやその共鳴者《きょうめいしゃ》たち、亜流《ありゅう》の左翼言論人《げんろんじん》が息を吹き返して教育界・大学・マスコミに入り込み、日本が何でも悪いという「自虐史観《じぎゃくしかん》」を日本に蔓延《まんえん》させることになった。

GHQと彼らがめざしたのは日本人を骨抜きにし、日本の歴史を奪うことだったのである。

東京裁判《とうきょうさいばん》が始まる

国際法を無視した勝者によるリンチ

「東京裁判《とうきょうさいばん》」とは儀式化した復讐劇《ふくしゅうげき》であると言ってもいい。この裁判は戦争の勝者が既存《きそん》の法律によらずに敗者を裁《さば》いた一方的なものであって、その正当性からして疑わしい。だいたい裁判官が戦勝当事国からしか出ていないというのはおかしな話であろう。本来は中立国からだけ出せばいい。それが無理なら戦勝国と同数の裁判官を敗戦国から出して裁くべきである。

そんななかで毅然《きぜん》として日本国の弁護をした清瀬一郎《きよせいちろう》弁護人は、裁判の管轄権《ジュリスデクション》の法的根拠を問題にした。この指摘にウェッブ裁判長は最後まで答えられなかった。さらに清瀬弁護人は、ウェッブ裁判長がニューギニアの戦犯問題で検事役を兼務《けんむ》していたことを指摘し、裁判長としての資格を問うて裁判官忌避《きひ》を行ったが、連合国軍最高司令官マッカーサーの命令で任命されたのだから認められないということになった。法的に自分の地位を守ることすらできず、マッカーサーの命令でのみ動いた裁判だったのである。

アメリカ人の弁護人であるファーネス、ブレークニーらも、「国際法上合法である戦争で人を殺しても罪になるはずがない」「公正を期すために中立国の判事を入れよ」などと東京裁判の問題点を指摘した。ブレークニーは「原爆を投下したものが裁《さば》く側にいる。長崎、広島に投下された原爆の残虐性《ざんぎゃくせい》は誰が裁くのか」という主旨の発言をしている（アメリカ人弁護人の一人は「被告の無罪を確信し、裁判自体が不法であると思うようになった」と公開の場で述べている）。判事の中でただ一人の国際法学者だったインドのパル判事も、日本の無罪を主張した。しかし、こうした弁論の同時通訳はただちに中断され、日本の新聞に載ることもなかった。

要するに、連合国側には真実を明らかにする意図などなく、その目的は日本をおとしめることのみであった。採用された資料のほとんどは連合国側のもので、日本側が提出した通州《つうしゅう》事件（236ページ参照）の目撃者の口述書や、満洲国《まんしゅうこく》建国の正当性を示すレジナルド・ジョンストンの著書『紫禁城《しきんじょう》の黄昏《たそがれ》』などの資料はにべもなく却下《きゃっか》された。日本側の言い分は「自己弁護」として黙殺《もくさつ》され、「南京《ナンキン》大虐殺」というありもしない事件がでっち上げられた。

だが結局、この裁判のメインテーマだった「侵略戦争の共同謀議《きょうどうぼうぎ》」は証明されなかった。そのような事実はないのだから当然である。しかし、判決では二十五人がA級戦犯とされ、東條英機《とうじょうひでき》など七人が死刑となった。東京裁判は戦争を始めた国家指導者などのA級を裁くものであったが、この判決はシナや東南アジア各地で行われた日本人の戦犯裁判に飛び火し、捕虜《ほりょ》虐待《ぎゃくたい》などを命じた戦場の指揮官（B級）、それを実行した兵隊（C級）などが戦犯として処刑された。そのほとんどは誤解に基《もと》づく悲劇であった。

このような悪辣《あくらつ》きわまる裁判が生み出した「東京裁判史観」に蝕《むしば》まれた日本人はいまも多い。

1946
昭和21年

日本国憲法公布《にほんこくけんぽう》

主権のない時代に押しつけられた国際法違反の〝憲法〟

新憲法（日本国憲法《にほんこくけんぽう》）は、日本の新しい出発と平和の象徴《しょうちょう》として扱われてきた。とくに第九条を宗教のように信奉《しんぽう》している日本人さえいる。

だが、新憲法が昭和二十一年十一月三日に公布され、翌年五月三日に施行《しこう》された時点でも、占領下の日本には主権がなかった。そのことを最もわかりやすく示した例は、新憲法が発令された後でも、日本の刑法によらずに日本国内で死刑が執行《しっこう》された（東京裁判）ことである。「主権のない時代に主権の発動たる憲法ができるわけがないではないか」というのがまっとうな憲法に対する考え方であろう。つまり、「日本国憲法」とは占領軍が〝植民地〟日本の統治を都合よく行うための「占領政策基本法」だったのである。言い換えれば、日本国憲法は条約憲法で、ふつうの憲法ではない。「日本国民の総意に基《もと》づいて」などいないことは明白である。

条約憲法だから、条約の終結時、つまり独立回復時に日本国憲法を失効《しっこう》させ、主権の発動たる憲法、つまり普通の憲法を新たに制定すべきであった。現在、日本国憲法を改正しようという議論があるが、主権のない時代に作られた憲法を改正したりしたら、その憲法に正統性《レジテマシー》を与えたことになる。だから、内容は同じでもいいが、いまの憲法は一度失効させねばならない。

GHQは憲法の草案《そうあん》をわずか十日あまりでつくって日本に押しつけた。日本人による「憲法草案委員会」の仕事の九十九パーセントは占領軍の原案を翻訳することだった。これは明らかに国際法違反である。近代戦時国際法の基本を定めた「ハーグ陸戦規定」に、「勝者が敗者の主権を無視して恒久的《こうきゆうてき》な立法を行ってはならない」と明確に定められているからである。

日本国憲法前文には、「平和を愛する諸国民の公正と信義に信頼して、われらの安全と生存を保持しようと決意した」(傍点渡部)と記されているが、国民を生かすも殺すも他国に委《ゆだ》ねるということの部分だけを読んでも、「これは憲法ではありません」と言っているに等しい。

しかも我々の周囲には、わが国の領土を侵そうとしているロシア、中国、韓国、それに日本人を拉致《らち》して恥じない北朝鮮が取り巻いているのである。そういう国々に日本人が自分の安全と生命を信頼してあずけようというのだろうか。とても一主権国家の憲法とは言えない。

日本が終戦以来、六十年以上にわたって平和であったのは第九条のおかげだと言う人たちがいるが、日米同盟があるからソ連が手を出さなかっただけなのである。こんなわかりきったことに目をつぶって、第九条があったから平和なのだと言う人は正気なのかと問いたい。

憲法、「constitution（コンスティトゥーション）」は直訳すれば「体質」という意味だ。つまり憲法は国の体質であって、昔、「国体」と訳していたのが正しい。国の体質が変われば、どこの国でも憲法を時代に合わせて変えている。それが本来の姿なのだ。

1951
昭和26年

サンフランシスコ講和条約《こうわじょうやく》

アメリカがあわてて結んだ講和条約によって日本は国際社会に復帰した

東京裁判が終わってから二年後の昭和二十五年、米ソの対立を背景として朝鮮半島で自由主義国と社会主義国の武力衝突《ぶりょくしょうとつ》（朝鮮戦争）が起こった。日本の敗戦後、あっという間に、シナもモンゴルも満洲《まんしゅう》もシベリアも、東アジア全大陸が共産主義になっていたのである。

日本が東京裁判で主張した「共産主義の脅威」が正しかったことを知ったアメリカは、日本を独立させて自分たちの陣営に引き込むため、あわててサンフランシスコ講和条約《こうわじょうやく》を結び（昭和二十六年九月八日）、賠償金《ばいしょうきん》もとらなかった。それまでの「日本は悪」という彼らの思い込みは、現実の「共産主義の脅威」の前にすっかり吹き飛んでしまったのである。

戦艦大和《やまと》や零戦を作ったほどの力を持つ日本が講和条約を結び、西側につくことをソ連は恐れた。日本の左翼的知識人は血眼《ちまなこ》になって講和条約に反対し、朝日新聞や岩波書店、時の南原《なんばら》繁《しげる》東大総長もソ連ほかを含む「全面講和論」を主張した。日本が四十数カ国と講和条約を結ぶのに反対するソ連とその衛星国わずか二、三カ国を除いて講和条約を結ぶことを「単独講和」だと言って反対したのである。これは実におかしな話だ。元慶応義塾《けいおうぎじゅく》の塾長・小泉信三《こいずみしんぞう》は、「全面講和するためにはアメリカとソ連の話がつかなければならないが、その見込みはない。全面講和を待っていると日本はずっと占領されたままになる。それでもいいのか」と喝破《かっぱ》した。

日本の全権代表であった吉田茂《よしだしげる》首相はすべての党をあげて講和条約にサインをしたかったが、共産党、社会党は最後まで反対した。それほどスターリンの命令は重かったのだ。

中曽根康弘《なかそねやすひろ》内閣の昭和六十年（一九八五）以来、日本政府は「日本は東京裁判を受諾《じゅだく》して国際社会に復帰したのであるから、その判決に沿った外交をしなければならない」と公然と言い出した。これは講和条約第十一条の「日本政府が東京裁判などの諸判決を受諾し……」とあるくだりの「諸判決」を「裁判」と誤訳したためのとんでもない間違いである。日本は「裁判」を受諾したのではなく、個々の「諸判決」を受け入れたのである。だから「A級戦犯《せんぱん》で終身禁錮刑《きんこけい》などの判決を受けた者たちを釈放《しゃくほう》する場合は第十一条後半の手続きを経《へ》て行え」ということになった。それで「戦争犯罪による受刑者の釈放等に関する決議」が与野党一致で可決され、日本政府と議会の手続を踏んで全員を釈放し無罪とした。これで日本には戦犯はいないことになり、「戦犯」の問題は終わったのだ。かくして日本はサンフランシスコ講和条約を締結して国際社会に復帰したのである。ただ、A級戦犯として死刑になった七人は帰ってこない。

東京裁判自体は、日本国を裁《さば》いたものでも、日本人全体を裁いたものでもない。

つけ加えれば、サンフランシスコ講和条約の翌年に結ばれた中華民国政府との平和条約では、この第十一条は除外された。つまり、戦犯についてはいっさい問題とならなかったのである。

1951
昭和26年
1960
昭和35年

日米安保条約《にちべいあんぽじょうやく》調印／新安保条約成立

戦後の平和と繁栄をもたらした〝日米安保〟の新たな形――

戦後、日本の平和が保たれたのは、戦後教育が教えてきたような「憲法第九条のおかげ」ではなく、日米安全保障条約《にちべいあんぜんほしょうじょうやく》、通称〝日米安保《あんぽ》〟があったからである。

日米安保には旧安保と新安保がある。旧安保は昭和二十六年のサンフランシスコ講和条約《こうわじょうやく》調印と同時に吉田茂《よしだしげる》首相が署名したものだ。日本は非武装国となったから、もしも米軍が日本から撤退《てったい》すると言い出したら、事実上軍隊もなく愛国心も奪われた日本が独立を回復したところで丸裸状態である。吉田首相は日本の独立を望みながらも、やむをえずアメリカに日本の防衛を頼み込むような形をとった。したがって、この旧安保条約はアメリカの言い分が主である。

「日本を防衛するのは義務ではないが、アメリカは日本に基地を置き、ほぼ自由に使用できる。それゆえに日本の安全も保障される」というような内容が柱になっていた。

だが、日本が見事に復興《ふっこう》を遂げると、岸信介《きしのぶすけ》首相は占領・被占領の関係ではなく、平等な立場での軍事同盟を結ぶという立場をとり、昭和三十五年（一九六〇）一月に改定安保条約、つまり新安保条約を調印、五月十九日の強行採決の後、六月に成立した。

このとき「六〇年安保闘争《あんぽとうそう》」と呼ばれる激しい抗議行動が起こった。猛烈に反対した社会党・共産党などは日本の独立回復のためのサンフランシスコ講和条約にも猛反対したことを思い出してほしい。最後には安保阻止《そし》国民会議を中心にした三十万人の国会デモがあり、一万人弱の学生が国会に突入する大騒動となった（六月十五日）。だが、岸首相が結んだ改定安保条約の下《もと》で、その後の内閣は安心して経済政策を遂行《すいこう》し、それが日本の繁栄をもたらして今日に至っている。「あの時、安保改定をしなかったら、どうなっていたか」と問いたいくらいである。

岸首相の時代のソ連にかわって、現在、直接の脅威となっているのは中国である。驚異的な経済成長をとげている中国に対して、経済優先の立場から各国は強い態度に出ることができない。中国の露骨《ろこつ》な覇権《はけん》主義にもかかわらず、アメリカは中国への配慮《はいりょ》とイスラム諸国のテロなどに対する自国の防衛で手一杯である。だから、いま新々安保条約が必要な時期にきている。

おそらくそれは、日本も核をアメリカと共有するというものになるだろう。これだけ核が拡散したなかでは、日本が実際に核攻撃を受けたとしても、アメリカが報復の核を撃つ可能性は低い。報復の核を撃ち込めば、今度はアメリカが報復の対象になるからである。

大事なのは、アメリカが安心して日本と共有できるような核を持つ方法を考えるということだ。旧安保条約で吉田首相が頼み込むような形で日本の安全をアメリカに委《ゆだ》ねた時と同じように、いまの中国と核の脅威が同居する世界における日本は、アメリカの軍事力との協同がなければほとんど丸裸の状態であることを認識しなければならない。

1982
昭和57年

第一次教科書問題《きょうかしょもんだい》

日本の歴史教科書の検閲《けんえつ》権と天皇陛下を中国に売り渡した国賊《こくぞく》的行為

昭和五十六年、自民党の教科書制度改革案に危機感を抱いた左翼の人々は、「日本が再び軍国主義の道を歩む」などと政治問題化させ、その上、ばかげたことに韓国や中国にご注進《ちゅうしん》した。さらに翌五十七年六月二十六日、日本の大新聞がいっせいに驚くべきことを報じた。日本の教科書検定で、中国華北《かほく》への「侵略」が「進出」に書き換えられたというのだ。これに対して、中国・韓国は日本政府に抗議を申し入れた。ところが、これは誤報であった。

にもかかわらず、何を血迷《ちまよ》ったか当時の宮澤喜一《みやざわきいち》官房長官が、「近隣《きんりん》の諸国民の感情に配慮した教科書にする」という主旨の発言をし、まったく悪質な「近隣諸国条項」なるものが教科書検定に設《もう》けられる。これは百パーセント日本国内の問題である日本の教科書について、韓国や中国の検閲《けんえつ》権を認めたようなものだ。日本政府の腰抜け謝罪外交が始まったのは、この「第一次教科書問題《きょうかしょもんだい》」が生じたあとである。

宮澤喜一は首相に就任後、さらに国賊《こくぞく》的行為をした。一九八九年（平成元年）に起きた天安門《てんあんもん》事件で、中国は世界中のマスコミが見ている前で民主化を求める一般市民を大量に殺害し、国際的に孤立した。そこで中国は、日本の天皇を招いて自分たちの存在を世界にアピールし、外交上の挽回《ばんかい》をはかろうとした。そして、その中国の要請《ようせい》にしたがって、日本政府は天皇陛下に訪中していただくことを決めてしまったのである（平成四年＝一九九二訪中）。中国の思惑《おもわく》どおり、世界中から閉め出されかけていた中国は国際社会に堂々と戻ることができた。

諸外国の首脳は天皇陛下に会うと皆、緊張する。昭和四十九年（一九七四）に訪日したフォード米大統領も晩餐会《ばんさんかい》の席で震《ふる》えるほど緊張したと言われている。平成二十一年（二〇〇九）にはオバマ米大統領が深々と頭を下げて最敬礼した。それくらい天皇に畏敬《いけい》の念を抱いているのだ。だからこそ、中国は天皇を政治利用した。日本の歴史教科書の検閲権を北京とソウルに売り渡した宮澤首相は、その天皇陛下まで中国に売り渡したのである。

東アジアにおいては、周辺の国がシナを訪ねることは朝貢《ちょうこう》と見なされる。シナの都に日本の天皇が行けば、それは日本がシナの家来になったと見なされる。天皇陛下の訪中で中国は感激し、今後、歴史問題には言及《げんきゅう》しないなどと言ったらしいが、家来になった国との約束を守るはずがない。以後、江沢民《こうたくみん》や温家宝《おんかほう》は、日本に対して非常に傲慢《ごうまん》な態度をとるようになった。

聖徳太子《しょうとくたいし》以来、日本の天皇はシナの皇帝と対等の立場をくずしたことはなかった。その積み上げてきた歴史を宮澤首相と加藤紘一《かとうこういち》官房長官らはいっさい葬《ほうむ》り去ってしまったのだ。

今上《きんじょう》天皇にはぜひ長生きして頂き、中国共産党政権の崩壊《ほうかい》をご覧になられれば、せめてものお慰めになるのではないかと思う。

尖閣《せんかく》諸島・中国漁船衝突事件

戦後の日本人に国家意識を目覚《めざ》めさせた中国の暴挙《ぼうきょ》と日本政府の失態《しったい》

尖閣《せんかく》諸島は明治十八年（一八八五）以降、日本政府が十分な調査を行い、どこの国にも属していないことを確認して明治二十八年に領有《りょうゆう》を宣言し、実効支配してきた島々である。カツオ漁の基地ができ、カツオブシ工場も建設され、当然、住民もいた。敗戦後は米軍の占領下に置かれたが、昭和四十七年（一九七二）、沖縄返還とともに沖縄県石垣《いしがき》市に編入された。これをもってしても、当時の連合国も尖閣諸島が日本国の領土であると認めていたことは明らかである。

ところが、その海域に石油を含む豊かな天然資源があることがわかると、突如中国は領有権《りょうゆうけん》を主張し始めた。昭和五十三年（一九七八）に来日した老獪《ろうかい》な鄧小平《とうしょうへい》が「この議論は後世《こうせい》に譲《ゆず》りましょう」という発言をした。とかく事なかれ主義の福田赳夫《たけお》内閣はその言葉に乗ってしまった。このとき断固「交渉の必要なし」とひとこと言っておけばそれで済んだはずであった。

その後、中国は無断で地下資源を掘り出し始めた。ところが日本側は抗議することなく傍観《ぼうかん》していた。そんな状況下で、平成二十二年九月七日、中国漁船が領海《りょうかい》に侵入し、退去を命じた海上保安庁《かいじょうほあんちょう》の船に体当たりを繰り返すという暴挙《ぼうきょ》に出て、改めて「尖閣問題」が浮上した。

海保は漁船の船長を公務執行妨害《こうむしっこうぼうがい》で逮捕したが、それですまされる話ではない。これは領海侵犯《しんぱん》、漁業権侵犯という重大な罪であり、賠償金《ばいしょうきん》も請求できるはずのものであった。ところが日本の民主党政府はその責任を沖縄の検事局に押しつけ、船長をさっさと釈放《しゃくほう》してしまった。日本政府はその模様を収めたビデオをすぐさま世界に公表すべきであった。そうすれば中国漁船が意図的に衝突してきたこと、船長逮捕のために海保が乗り込んだときの中国漁船乗組員たちの暴力などのいっさいが世界に明らかになったはずである。

民主党政府がビデオを公開しようとしないことを憂《うれ》いた海上保安官（当時）一色正春《いっしきまさはる》によって同年十一月、その一部がインターネットに流れた。にもかかわらず、民主党政府はこのビデオの全貌《ぜんぼう》を依然として隠したままである。領土に対するこの曖昧《あいまい》な態度をみて、ロシア（当時ソ連）が戦後不法占拠《せんきょ》したままの北方領土をメドベージェフ大統領が訪れ、実効支配の意志を示すという事態を招いた。国家は国民と領土と主権によって成り立つ。その主権と領土が侵され、日本の漁民の生命が危険にさらされているというのに、日本政府は放置したままである。いくら日米安保条約があるといっても、それは日本が戦争に巻き込まれた場合のことであって、日本が戦っていないのにアメリカが助けるということはありえない。尖閣列島に少数であっても自衛隊を置き、ヘリコプター基地をつくるなどの具体的な措置《そち》を急ぎ取るべきであろう。

この尖閣事件は、戦後、安閑《あんかん》と暮らしてきた多くの日本人に国家意識を目覚《めざ》めさせたという意味では、ショック療法的な事件と呼ぶべきものであった。

2011
平成23年

東日本大震災《ひがしにほんだいしんさい》

日本史上最低の民主党政府のときに起きた日本国はじまって以来の大災害

日本国はじまって以来の大天災が平成二十三年三月十一日、日本を襲った。天災は自然現象であり、不可避《ふかひ》ではあるが、私はオカルト的な要素をも考えたくなるのである。

この十六年前、平成七年（一九九五）には阪神淡路大震災《はんしんあわじだいしんさい》が起こった。このときの首相は社会党首の村山富市《むらやまとみいち》であった。そして東日本大震災《ひがしにほんだいしんさい》も、国歌、国旗、国民という言葉が大嫌いで、尖閣《せんかく》問題も棚上げにした市民運動上がりの菅直人《かんなおと》政権の下で起こった。

戦後の昭和三十年（一九五五）以来、社会党との睨《にら》み合いのなかで自民党の一党支配が続いた。これがいわゆる「五五年体制」である。その体制の下《もと》で日本は高度経済成長をなしとげた。

しかし、〝壊《こわ》し屋《や》〟小沢一郎《おざわいちろう》が自民党の内紛を引き起こし、多くの小政党が乱立して「五五年体制」が崩れ、そのあげく、いったん政権を離れた自民党は平成六年（一九九四）、社会党の村山富市を首相にするという政界の禁じ手を使って政権に復帰した。そしてその村山内閣のときに阪神淡路大震災とオウム真理教《しんりきょう》による地下鉄サリン事件が起こったのである。

そして平成二十一年（二〇〇九）、民主党が自民党から政権を奪い、鳩山由紀夫《はとやまゆきお》が首相となった。このときの鳩山首相は「日本列島は日本人だけのものではない」という妄言《もうげん》を吐き、小沢一郎幹事長は、天皇の政治利用を画策《かくさく》して中国の習近平《しゅうきんぺい》副主席との特例会見をゴリ押しした。さらに驚くべきことは、土肥隆一《どいりゅういち》民主党議員（その後離党）が、韓国において日本の竹島《たけしま》領有権放棄を求める声明文にサインをするという国賊《こくぞく》行為を行った。

日本人の名誉や人権よりも、チャイナやコリアの主張（そのほとんどはインチキか根拠薄弱《こんきょはくじゃく》な主張）を大切にする政党、外国人から金をもらったり、選挙の際の労務提供を受けたりしても平気で、それが露見《ろけん》しても議員を辞める気のない、そんな人たちに政権を与え、「史上最低の内閣」をつくることを許した国民に、日本の天神地祇《てんじんちぎ》が怒って災いを引き起こしたのではないか――そう考えたくなる人が出てきても不思議ではない。しかし、そのために無辜《むこ》の人々が犠牲になるのではたまらない。震災による福島原発事故に対しても、事実をなかなか公表しようとせず、対策は後手後手に回っている。こちらはすでに政治的な人災と言える状況である。

オカルト的な話は別としても、自衛隊や警察を敵視しながら成長して政治家になった人が首相になると大天災が起こることについて、偶然の暗合とか、ジンクスという言い方は許されるであろう。これから我々日本人は、少なくとも国旗や国歌を尊重し、靖國《やすくに》神社に参拝するような、そして国を護《まも》る自衛隊や海上保安官、治安《ちあん》を護る警察官を尊敬する人たちだけを選挙で当選させなければならない。為政者《いせいしゃ》が天の怒りに触れると、犠牲になるのは国民なのだから。

東日本大震災の被災者の方々に心からご同情申し上げ、一日も早い復興を祈るばかりである。

「日本の歴史」年表

時代	西暦	年号	政治・経済・社会
古代 神代	神代		伊弉諾尊《いざなぎのみこと》・伊弉冉尊《いざなみのみこと》の国産《くにう》み(日本の国土創世《そうせい》)
			天照大神《あまてらすおおみかみ》と素戔嗚尊《すさのおのみこと》が誓約《うけい》を結ぶ ➡12ページ
			瓊瓊杵尊《ににぎのみこと》が葦原《あしはらの》中国《なかつくに》に降臨(天孫降臨《てんそんこうりん》)
大和	紀元前660頃		神武東征《じんむとうせい》 ➡16ページ
			神武天皇、大和平定《やまとへいてい》 ➡18ページ

西暦	年号	文化・文芸

西暦	世界
紀元前3500頃	メソポタミアでシュメール人の都市国家～メソポタミア文明
3000頃	メネス王がエジプト統一
	古代ギリシアでエーゲ文明起こる
2300	インダス文明(～1700)
563	ブッダ誕生
479	孔子歿《こうしぼっ》
399	ソクラテス刑死
334	マケドニアのアレクサンドロス大王、東征開始
221	秦《しん》の始皇帝《しこうてい》、シナ統一
27	ローマが帝政《ていせい》に移行
B.C. / A.D.	この頃、イエス・キリスト誕生

- 200 神功皇后《じんぐうこうごう》が三韓征伐《さんかんせいばつ》 ⬇20ページ
- 270（4世紀後半？） 第十五代応神《おうじん》天皇即位（仲哀《ちゅうあい》天皇と神功皇后の子）
- 485 播磨国《はりまのくに》にいた皇位継承者・弘計王《をけのみこ》が第二十三代顕宗《けんぞう》天皇として即位
- 488 同じく播磨国にいた皇位継承者・億計《おけの》王《みこ》（弘計王の兄）、第二十四代仁賢《にんけん》天皇として即位
- 507 大伴金村《おおとものかなむら》、越前国《えちぜんのくに》から男大迹王《おおどのおおきみ》（応神天皇の五代目の子孫）を迎え、継体《けいたい》天皇即位
- 512 百済《くだら》の依頼により任那《みまな》四県（上哆唎《おこしたり》・下《あろ》哆唎《したり》・娑陀《さだ》・牟婁《むろ》）を割譲《かつじょう》
- 527 磐井《いわい》の乱《らん》（新羅《しらぎ》に攻略された加羅《から》再興のため任那へ向かう近江《おうみの》毛野臣《けなのおみ》軍を筑紫国造《つくしのくにのみやつこ》・磐井が阻止《そし》）

- 226 ササン朝ペルシア建国
- 313 ローマのコンスタンティヌス帝がミラノ勅令を発してキリスト教公認
- 375 ゲルマン民族の大移動が始まる
- 395 ローマ帝国東西分裂
- 481 フランク王国建国

時代	古代
	大和 / 飛鳥

政治・経済・社会

西暦	年号	政治・経済・社会
552		仏教伝来 ↓24ページ
562		任那《みまな》と加羅《から》が新羅《しらぎ》に滅ぼされる
587		用明《ようめい》天皇が仏教に帰依《きえ》
		蘇我馬子《そがのうまこ》・聖徳太子《しょうとくたいし》・泊瀬部皇子《はつせべのみこ》（崇峻《すしゅん》天皇）連合軍が物部守屋《もののべのもりや》を討つ（物部氏滅亡）
592		蘇我馬子、崇峻《すしゅん》天皇を殺害
593		聖徳太子が推古《すいこ》天皇の摂政《せっしょう》となる
603		冠位十二階《かんいじゅうにかい》を制定
604		「十七条憲法《じゅうしちじょうけんぽう》」制定 ↓26ページ
607		小野妹子《おののいもこ》を遣隋使《けんずいし》として煬帝《ようだい》に国書を送る
622		聖徳太子歿《ぼっ》
630		第一回遣唐使《けんとうし》として犬上御田鍬《いぬがみのみたすき》らを送る
643		蘇我入鹿《そがのいるか》、山背大兄王《やましろのおおえのおう》（聖徳太子の子）を討つ

文化・文芸

西暦	年号	文化・文芸
607		聖徳太子・推古天皇が法隆寺建立《ほうりゅうじこんりゅう》
611		聖徳太子、『三経義疏《さんぎょうぎしょ》』を完成させる

世界

西暦	世界
589	隋《ずい》の文帝《ぶんてい》がシナを統一
610	ムハンマド（マホメット）、予言者として活動開始（イスラム教成立）
618	唐《とう》がシナ統一

奈良

西暦	年号	出来事
645	大化1	中大兄皇子《なかのおおえのおうじ》と中臣鎌足《なかとみのかまたり》が蘇我入鹿を討つ(乙巳《いっし》の変)蘇我蝦夷《そがのえみし》自害(蘇我氏滅亡)～大化《たいか》の改新《かいしん》 ↓28ページ
646	2	改新の詔《みことのり》 ↓32ページ
		班田収授法《はんでんしゅうじゅのほう》施行《しこう》(7世紀半ば～後半) ↓32ページ
661		新羅征討軍《しらぎせいとうぐん》を朝鮮半島に送る
663		白村江《はくそんこう》の戦《たたか》いで日本・百済《くだら》連合軍が唐《とう》・新羅《しらぎ》軍に敗れる
667		近江大津宮《おうみおおつのみや》に遷都《せんと》
668		中大兄皇子《なかのおおえのおうじ》即位(天智《てんち》天皇) 近江令《おうみれい》制定
671		天智天皇歿
672		壬申《じんしん》の乱《らん》 ↓34ページ
673		大海人皇子《おおあまのおうじ》即位(天武《てんむ》天皇)
686	朱鳥1	天武天皇歿
694		藤原京《ふじわらきょう》に遷都
701	大宝1	大宝律令《たいほうりつりょう》完成(翌年施行)
710	和銅3	都を奈良《なら》(平城京《へいじょうきょう》)に移す
712	和銅5	『古事記《こじき》』成立 ↓36ページ
713	6	諸国に『風土記《ふどき》』編纂《へんさん》を命ずる

660	百済《くだら》滅亡
668	高句麗《こうくり》滅亡

時代	古代
	奈良

政治・経済・社会

西暦	年号	政治・経済・社会
723	養老7	三世一身《さんぜいっしん》の法《ほう》 ➡33ページ
724	神亀1	聖武《しょうむ》天皇即位、藤原不比等《ふじわらのふひと》（720歿）が臣下として初めて天皇の祖父となる
729	天平1	光明子《こうみょうし》、聖武天皇の皇后となる（光明《こうみょう》皇后）
741	13	聖武天皇、国分寺《こくぶんじ》・国分尼寺《こくぶんにじ》建立の詔《みことのり》
743	15	聖武天皇、盧遮那仏《るしゃなぶつ》（奈良東大寺の大仏）建立の詔 ➡38ページ 墾田永年私財法《こんでんえいねんしざいのほう》 ➡33ページ
757	天平宝字1	養老律令《ようろうりつりょう》施行
764	8	恵美押勝《えみのおしかつ》の乱《らん》　孝謙《こうけん》天皇重祚《ちょうそ》（称徳《しょうとく》天皇）
766	天平神護2	弓削道鏡《ゆげのどうきょう》、法王となる ➡42ページ
769	神護景雲3	宇佐八幡神託《うさはちまんしんたく》事件 ➡42ページ 和気清麻呂《わけのきよまろ》が大隅国《おおすみのくに》に流される
770	宝亀1	称徳《しょうとく》天皇歿

文化・文芸

西暦	年号	文化・文芸
720	養老4	『日本書紀《にほんしょき》』成立 ➡36ページ
751	天平勝宝3	日本最古の漢詩集『懐風藻《かいふうそう》』成立
752	4	東大寺建立（大仏開眼供養《かいげんくよう》） ➡38ページ
753	5	鑑真《がんじん》来日
756	8	聖武《しょうむ》上皇の遺品を東大寺に納める（正倉院《しょうそういん》）
759	天平宝字3	この頃『万葉集《まんようしゅう》』編纂《へんさん》始まる ➡40ページ
770	宝亀1	称徳天皇、百万塔陀羅尼《ひゃくまんとうだらに》を奉納

世界

西暦	世界
750	アッバース朝成立
768	カール（カール大帝）、フランク国王に即位

年	和暦	事項
		道鏡は下野国《しもつけのくに》に配流《はいる》、清麻呂は朝廷に召還《しょうかん》
784	延暦3	長岡京《ながおかきょう》に遷都
794	13	平安京《へいあんきょう》に遷都
802	21	征夷大将軍《せいいたいしょうぐん》・坂上田村麻呂《さかのうえのたむらまろ》が奥州《おうしゅう》（現岩手県）に胆沢城《いざわじょう》を築く
894	寛平6	遣唐使《けんとうし》廃止
901	延喜1	菅原道真《すがわらのみちざね》が大宰府《だざいふ》に流される
935	承平5	平　将門《たいらのまさかど》の乱《らん》（~940）
939	天慶2	藤原純友《ふじわらのすみとも》の乱（~941）

年	和暦	事項
788	延暦7	最澄《さいちょう》、比叡山延暦寺《ひえいざんえんりゃくじ》創建
814	弘仁5	初の勅撰漢詩集《ちょくせんかんししゅう》『凌雲集《りょううんしゅう》』成立
819	10	空海《くうかい》、金剛峯寺《こんごうぶじ》創建
831	天長8	世界最古の百科辞書『秘府略《ひふりゃく》』一千巻完成
		この頃、『竹取物語《たけとりものがたり》』『伊勢物語《いせものがたり》』成立
905	延喜5	初の勅撰和歌集《ちょくせんわかしゅう》『古今和歌集《こきんわかしゅう》』成立（紀貫之《きのつらゆき》ほか編）
935	承平5	紀貫之『土佐日記《とさにっき》』成立
984	永観2	丹波康頼《たんばのやすより》、医術書『医心方《いしんぽう》』編纂《へんさん》
996	長徳2	この頃、清少納言《せいしょうなごん》『枕草子《まくらのそうし》』成立

871	アルフレッド、イングランドの王となる
962	オットー大帝戴冠、神聖ローマ帝国成立
979	宋がシナ統一

時代	古代（平安） → 中世

政治・経済・社会

西暦	年号	事項
1016	長和5	藤原道長《ふじわらのみちなが》が摂政《せっしょう》となる ↓48ページ
1051	永承6	前九年《ぜんくねん》の役《えき》（～62）源頼義《みなもとのよりよし》・義家《よしいえ》が安倍氏《あべし》を討つ ↓52ページ
1083	永保3	後三年《ごさんねん》の役《えき》（～87）源義家《よしいえ》・清原《きよはらの》（藤原）清衡《きよひら》が清原家衡《いえひら》・武衡《たけひら》を討つ ↓52ページ
1086	応徳3	白河上皇《しらかわじょうこう》、院政《いんせい》を開始
1156	保元1	保元《ほうげん》の乱《らん》（源 義朝《みなもとのよしとも》、平 清盛《たいらのきよもり》が味方した後白河《ごしらかわ》天皇側が崇徳《すとく》上皇・藤原頼長《ふじわらのよりなが》側を倒す）、崇徳上皇は讃岐《さぬき》に配流《はいる》 ↓54ページ
1159	平治1	平治《へいじ》の乱《らん》（源義朝と平清盛の戦い）、義朝が敗れ、息子の源頼朝《よりとも》は伊豆《いず》に流される ↓54ページ

文化・文芸

西暦	年号	事項
1001	長保3	この頃、紫式部《むらさきしきぶ》『源氏物語《げんじものがたり》』成立 ↓44ページ
1008	寛弘5	『和泉式部《いずみしきぶ》日記』
1010	7	『紫式部日記』
1018	寛仁2	『和漢朗詠集《わかんろうえいしゅう》』（「君が代」の原典収録）
1063	康平6	源頼義、鎌倉・鶴岡八幡宮《つるがおかはちまんぐう》創建
1124	天治1	藤原清衡《ふじわらのきよひら》、中尊寺金色堂《ちゅうそんじこんじきどう》建立

世界

西暦	事項
1054	キリスト教会がローマ・カトリック教会とギリシア正教会とに分裂
1077	カノッサの屈辱《くつじょく》（神聖《しんせい》ローマ皇帝ハインリヒ四世が教皇《きょうこう》グレゴリウス七世に謝罪）
1096	第一回十字軍《じゅうじぐん》出発
1099	十字軍、エルサレム王国を建国

1167	仁安2	平清盛が太政大臣《だじょうだいじん》となる ↓56ページ
1180	治承4	以仁王《もちひとおう》の令旨《りょうじ》 ↓58ページ
		源頼政《みなもとのよりまさ》、木曾義仲《きそよしなか》、源頼朝挙兵（富士川《ふじかわ》の戦い） ↓59ページ
1181	養和1	平清盛歿
1183	寿永2	倶利伽羅峠《くりからとうげ》の戦い、木曾義仲入京
		平家は都落ち ↓60ページ
1184	3	義仲、源義経《みなもとのよしつね》・範頼《のりより》軍に敗死
		義経、一ノ谷《いちのたに》の戦いで平氏《へいし》を破る
1185	文治1	義経、屋島《やしま》の戦い・壇ノ浦《だんのうら》の戦いで平氏を破る
		安徳《あんとく》天皇入水《じゅすい》、平家滅亡 ↓60ページ
		源頼朝、守護《しゅご》・地頭《じとう》設置の勅許《ちょっきょ》を得る
		頼朝、義経追討《ついとう》を命じる
1189	5	義経、身を寄せていた奥州《おうしゅう》で藤原泰衡《ふじわらのやすひら》に討たれる
		頼朝、奥州藤原氏を滅ぼし、奥州平定
1192	建久3	頼朝、征夷大将軍《せいいたいしょうぐん》となる（鎌倉幕府）

1169	嘉応1	後白河《ごしらかわ》法皇、今様歌謡集《いまようかようしゅう》『梁塵秘抄《りょうじんひしょう》』編纂《へんさん》
1175	安元1	源空《げんくう》（法然《ほうねん》）、専修念仏《せんじゅねんぶつ》を提唱（浄土宗《じょうどしゅう》を開く）
1185	文治1	この頃、西行《さいぎょう》『山家集《さんかしゅう》』
1187-88	3－4	後白河法皇の院宣《いんぜん》による勅撰和歌集《ちょくせんわかしゅう》『千載和歌集《せんざいわかしゅう》』
1191	建久2	栄西《えいさい》、宋《そう》より帰朝《きちょう》して臨済宗《りんざいしゅう》を広める
1198	9	法然《ほうねん》『撰択本願念仏集《せんちゃくほんがんねんぶつしゅう》』
		栄西『興禅護国論《こうぜんごこくろん》』

時代	中世 鎌倉

政治・経済・社会

西暦	年号	事項
1199	正治1	源頼朝歿
		源頼家《よりいえ》が二代将軍就任～北条氏《ほうじょうし》を中心とする十三人の合議制《ごうぎせい》へ
1203	建仁3	源実朝《さねとも》、三代将軍に就任
		頼家は伊豆・修善寺《しゅぜんじ》に幽閉《ゆうへい》(翌年暗殺される)
		北条時政《ほうじょうときまさ》、鎌倉幕府の初代執権《しっけん》となる
1219	承久1	実朝、頼家《よりいえ》の子公暁《くぎょう》に暗殺される ↓66ページ
		公暁、第二代執権北条義時《よしとき》の命により誅《ちゅう》殺《さつ》される　源氏滅亡 ↓66ページ
1221	3	北条氏の執権政治確立 ↓68ページ
		承久《じょうきゅう》の乱《らん》(後鳥羽《ごとば》上皇が幕府に対して挙兵) ↓70ページ
1224	元仁1	北条泰時《やすとき》、第三代執権となる
1232	貞永1	御成敗式目《ごせいばいしきもく》制定 ↓72ページ

文化・文芸

西暦	年号	事項
1205	元久2	『新古今和歌集《しんこきんわかしゅう》』成立
1212	建暦2	鴨長明《かものちょうめい》『方丈記《ほうじょうき》』
1213	建保1	源実朝『金槐和歌集《きんかいわかしゅう》』
1220	承久2	慈円《じえん》『愚管抄《ぐかんしょう》』(末法思想《まっぽうしそう》による歴史書)
1224	元仁1	親鸞《しんらん》『教行信証《きょうぎょうしんしょう》』
1232	貞永1	藤原定家《ふじわらのさだいえ》・撰『新勅撰和歌集《しんちょくせんわかしゅう》』
1235	嘉禎1	藤原定家・撰『百人一首《ひゃくにんいっしゅ》』
1244	寛元2	越前永平寺《えちぜんえいへいじ》創建(道元《どうげん》を招請《しょうせい》)

世界

西暦	事項
1206	チンギス・ハーンがモンゴル統一
1215	イギリスでマグナ・カルタ(大憲章《だいけんしょう》)制定

年	年号	事項
1252	建長4	宗尊親王《むねたかしんのう》、将軍となる（皇族将軍の初め） ↓69ページ
1274	文永11	文永《ぶんえい》の役《えき》（元寇《げんこう》一回目） ↓74ページ
1281	弘安4	弘安《こうあん》の役《えき》（元寇二回目） ↓74ページ
1293	永仁1	鎮西探題《ちんぜいたんだい》設置
1297	5	永仁《えいにん》の徳政令《とくせいれい》〜幕府が衰える
1318	文保2	後醍醐《ごだいご》天皇即位 ↓78ページ
1324	正中1	正中《しょうちゅう》の変《へん》（後醍醐天皇の討幕計画が発覚《はっかく》） ↓80ページ

年	年号	事項
1250	建長2	この頃、『平家物語《へいけものがたり》』成立
		この頃、『源平盛衰記《げんぺいせいすいき》』成立
1253	5	道元『正法眼蔵《しょうぼうげんぞう》』（1231〜53）
		鎌倉建長寺《けんちょうじ》創建（開山《かいざん》・蘭渓《らんけい》道隆《どうりゅう》）
		日蓮《にちれん》、法華宗《ほっけしゅう》を開く
1260	文応1	日蓮『立正安国論《りっしょうあんこくろん》』
1265	文永2	この頃、北条実時《ほうじょうさねとき》、金沢文庫《かなざわぶんこ》創立
1282	弘安5	鎌倉円覚寺《えんがくじ》創建（開山・無学《むがく》祖元《そげん》）
1283	6	無住一円《むじゅういちえん》（道暁《どうぎょう》）編纂《へんさん》の仏教説話集『沙石集《しゃせきしゅう》』
		この頃、唯円《ゆいえん》『歎異抄《たんにしょう》』（親鸞《しんらん》の言行録）
1300	正安2	この頃、史書『吾妻鏡《あずまかがみ》』成立
1330	元徳2	この頃、吉田兼好《よしだけんこう》『徒然草《つれづれぐさ》』

1260	世祖《せいそ》フビライ即位（モンゴル）
1271	モンゴルが国号を元《げん》とする
1274	マルコ・ポーロ、元に赴《おもむ》き フビライ・ハーンに謁見《えっけん》

時代	中世
	鎌倉
	南北朝

政治・経済・社会

西暦	年号	政治・経済・社会
1331	元弘1	元弘《げんこう》の乱《らん》　楠木正成《くすのきまさしげ》挙兵 →80ページ
1332	2	後醍醐天皇、隠岐《おき》に配流《はいる》
		護良親王《もりながしんのう》挙兵　楠木正成、千早城《ちはやじょう》の戦い →80ページ
1333	3	足利高氏《あしかがたかうじ》、六波羅《ろくはら》を破る →80ページ
		新田義貞《にったよしさだ》、鎌倉を攻略～鎌倉幕府滅亡 →80ページ
1334	建武1	建武《けんむ》の中興《ちゅうこう》 →82ページ
1335	2	足利直義《ただよし》が護良親王を暗殺 →84ページ
1336	延元1	湊川《みなとがわ》の戦いで楠木正成戦死
		(正成・正行《まさつら》、桜井の別れ) →86ページ
		後醍醐天皇、吉野《よしの》に移る(南北朝《なんぼくちょう》並立) →86ページ
1338	3	北畠顕家《きたばたけあきいえ》・新田義貞戦死
		足利尊氏《たかうじ》、征夷大将軍《せいいたいしょうぐん》となる(足利幕府)
1339	4	後醍醐天皇歿

文化・文芸

西暦	年号	文化・文芸
1339	延元4	北畠親房《きたばたけちかふさ》『神皇正統記《じんのうしょうとうき》』

世界

西暦	世界
1339	英仏百年戦争がはじまる

西暦	年号	出来事
1348	正平3	四条畷《しじょうなわて》の戦いで楠木正行戦死
1351	6	足利尊氏・直義兄弟が講和
1352	7	南朝へ降《くだ》った尊氏が直義を討つ
1354	9	北畠親房《きたばたけちかふさ》歿
1358	13	足利尊氏歿
1367	22	高麗《こうらい》が倭寇《わこう》禁止を要求
1369	24	楠木正儀《くすのきまさのり》、幕府へ降《くだ》る
1378	天授4	三代将軍・足利義満《あしかがよしみつ》が室町《むろまち》（花の御所《ごしょ》）に移る
1392	元中9（明徳3）	南北朝《なんぼくちょう》統一 ➡90ページ
1399	応永6	応永《おうえい》の乱《らん》（守護大名《しゅごだいみょう》・大内義弘《おおうちよしひろ》が幕府に反乱、敗死）
1402	9	義満《よしみつ》、明《みん》の建文帝《けんぶんてい》から「日本国王（源道義《げんどうぎ》）」に冊封《さくほう》される
1404	11	日明貿易《にちみんぼうえき》（勘合《かんごう》貿易）が始まる
1408	15	足利義満、急死 ➡92ページ

西暦	年号	出来事
1370頃		軍記物語『太平記《たいへいき》』成立
1382	永徳2	足利義満《よしみつ》、相国寺《しょうこくじ》創建（開山・夢窓疎石《むそうそせき》）
1397	応永4	義満、北山第《きたやまだい》（金閣《きんかく》）造営
1400	7	この頃、世阿弥《ぜあみ》『風姿花伝《ふうしかでん》（花伝書《かでんしょ》）』を著す
1439	永享11	上杉憲実《うえすぎのりざね》が足利学校《あしかががっこう》を再興
		最後の勅撰和歌集《ちょくせんわかしゅう》『新続古今和歌集《しんしょくこきんわかしゅう》』成立

1347	ヨーロッパでペストが猛威をふるい、人口が大きく減少
1431	英仏百年戦争でジャンヌ・ダルク処刑

時代	中世		
	室町		戦国

政治・経済・社会

西暦	年号	
1441	嘉吉1	嘉吉《かきつ》の乱《らん》(赤松満祐《あかまつみつすけ》が六代将軍義教《よしのり》を暗殺)
1467	応仁1	応仁《おうにん》の乱《らん》起こる(~77) ⬇96ジペー
1495	明応4	北条早雲《ほうじょうそううん》、小田原城《おだわらじょう》を奪う
1521	大永1	後柏原《ごかしわばら》天皇、践祚《せんそ》後22年にして即位の儀を行う ⬇100ジペー

文化・文芸

西暦	年号	
1448	文安5	この頃、伏見宮貞成親王《ふしみのみやさだふさしんのう》(後崇光院《ごすこういん》)『看聞御記《かんもんぎょき》』(中世の第一級史料)
1470	文明2	この頃、瑞渓周鳳《ずいけいしゅうほう》『善隣国宝記《ぜんりんこくほうき》』(日本初の外交史)
1471	3	東常縁《とうつねより》、宗祇《そうぎ》に古今伝授《こきんでんじゅ》
1481	13	桂庵玄樹《けいあんげんじゅ》・伊地知重貞《いちじしげさだ》、鹿児島で『大学章句《だいがくしょうく》』(朱子《しゅし》の新註)出版
1482	14	足利義政《よしまさ》、東山《ひがしやま》山荘(東山殿《どの》)造営 ⬇98ジペー
1484	16	吉田兼倶《よしだかねとも》、全国の神を合祀《ごうし》する大元宮《だいげんぐう》を建立《こんりゅう》(吉田神道)
1489	延徳1	義政、銀閣《ぎんかく》(慈照寺《じしょうじ》)を建立 ⬇98ジペー
1495	明応4	宗祇《そうぎ》『新撰菟玖波集《しんせんつくばしゅう》』(連歌《れんが》撰集)
1496	5	蓮如《れんにょ》、石山《いしやま》に御坊《ごぼう》を建立(後の石山本願寺《ほんがんじ》)

世界

西暦	
1455	イギリスでバラ戦争が起こる
1456	この頃、グーテンベルクが活版《かっぱん》印刷術を発明
1492	コロンブス、バハマ諸島に到達(アメリカ大陸発見)
1498	ヴァスコ・ダ・ガマがインドのカリカットに到達
1517	ルターの宗教改革
1519	マゼラン、世界一周に出発
1534	ヘンリー八世、首長令《しゅちょうれい》を制定しイギリス国教会成立

安土・桃山

- 1560 永禄3　桶狭間《おけはざま》の戦い（織田信長《おだのぶなが》、今川義元《いまがわよしもと》を破る） ↓102ページ
- 1568 11　信長、十五代将軍足利義昭《あしかがよしあき》を奉じて入京
- 1570 元亀1　姉川《あねがわ》の戦い（信長、浅井《あさい》・朝倉《あさくら》を討つ）
- 1571 2　信長、比叡山延暦寺《ひえいざんえんりゃくじ》を焼き討ち ↓104ページ
- 1572 3　三方ケ原《みかたがはら》の戦い（武田信玄《たけだしんげん》が家康・信長連合軍を破る） ↓106ページ
- 1573 天正1　信長、将軍義昭を追放（室町幕府《むろまちばくふ》滅亡） ↓104ページ
- 1575 3　長篠《ながしの》の戦い（信長・家康連合軍、武田勝頼《かつより》を破る。武田氏滅亡） ↓106ページ
- 1580 8　本願寺《ほんがんじ》の顕如《けんにょ》が信長に降《くだ》り、和睦《わぼく》
- 1582 10　本能寺《ほんのうじ》の変《へん》（明智光秀《あけちみつひで》が謀反《むほん》、信長自害《じがい》） ↓110ページ
- 山崎《やまざき》の戦い（羽柴秀吉《はしばひでよし》、光秀を討つ）
- 秀吉、検地《けんち》を始める（太閤検地《たいこうけんち》）
- 1583 11　賤ケ岳《しずがたけ》の戦い（秀吉、柴田勝家《しばたかついえ》を討つ）
- 1584 12　小牧《こまき》・長久手《ながくて》の戦い（秀吉と織田信雄《おだのぶかつ》・徳川家康連合軍の戦闘） ↓112ページ

- 1543 天文12　ポルトガル人が種子島《たねがしま》に渡来、鉄砲を伝える
- 1549 18　フランシスコ・ザビエル来日（キリスト教伝来）
- 1582 天正10　九州の大名、大友《おおとも》・大村《おおむら》・有馬《ありま》氏がローマに少年使節派遣（天正遣欧使節《てんしょうけんおうしせつ》）

- 1543　ポーランドでコペルニクスが地動説《ちどうせつ》を発表

時代	
戦国	安土・桃山
江戸	江戸

政治・経済・社会

西暦	年号	事項
1585	天正13	秀吉、関白《かんぱく》となる
1586	14	秀吉、太政大臣《だじょうだいじん》となり豊臣姓《とよとみせい》を賜《たまわ》る →114ページ
1588	16	後陽成《ごようぜい》天皇、秀吉の聚楽第《じゅらくだい》に行幸《ぎょうこう》 →114ページ 秀吉、刀狩令《かたながりれい》を発す
1590	18	秀吉、小田原《おだわら》と奥州《おうしゅう》を平定し、全国統一 →114ページ
1592	文禄1	文禄《ぶんろく》の役《えき》（第一次朝鮮出兵《ちょうせんしゅっぺい》） →116ページ
1596	慶長1	明《みん》の国使《こくし》が秀吉に謁見《えっけん》、追い返される →120ページ
1597	2	慶長《けいちょう》の役《えき》（第二次朝鮮出兵） →124ページ
1598	3	秀吉歿 →128ページ
1600	5	関ケ原《せきがはら》の戦い →130ページ
1603	8	徳川家康、征夷大将軍《せいいたいしょうぐん》となり江戸幕府《えどばくふ》を開く →136ページ
1609	14	長崎・平戸《ひらど》に商館を開き、オランダとの貿易開始

文化・文芸

西暦	年号	事項
1587	天正15	豊臣秀吉、バテレン追放令を出す 秀吉、千利休《せんのりきゅう》らと北野の大茶会を催す →114ページ
1595	文禄4	秀吉、京都に方広寺《ほうこうじ》大仏殿を建立《こんりゅう》（翌年の「慶長伏見《けいちょうふしみ》の大地震」で倒壊《とうかい》）
1599	慶長4	徳川家康、三要元佶《さんようげんきつ》に『孔子《こうし》家語《けご》』『六韜三略《りくとうさんりやく》』を印刷・出版させる。以後『貞観政要《じょうがんせいよう》』（1600）、『吾妻鏡《あづまかがみ》』（1601）などを刊行

世界

西暦	事項
1588	スペインの無敵艦隊、イギリス艦隊に大敗
1600	イギリスが東インド会社を設立
1602	オランダが東インド会社を設立

1614	19	大坂冬《おおさかふゆ》の陣《じん》 ↓138ページ
1615	元和1	大坂夏《なつ》の陣《じん》（豊臣氏滅亡）↓138ページ 武家諸法度《ぶけしょはっと》・禁中並公家諸法度《きんちゅうならびにくげしょはっと》を制定
1616	2	家康歿
1627	寛永4	紫衣事件《しえじけん》起こる （朝廷と幕府の対立　1629沢庵《たくあん》ら流罪《るざい》）
1635	12	参勤交代制《さんきんこうたいせい》の確立
1637	14	島原《しまばら》の乱《らん》（天草四郎《あまくさしろう》を大将にキリシタンが中心となって一揆《いっき》を起こす）
1641	18	オランダ商館を長崎の出島《でじま》に移し、鎖国《さこく》が完成 ↓140ページ
1651	慶安4	菊水《きくすい》（楠木正成《くすのきまさしげ》の紋《もん》）の旗《はた》を掲《かか》げた由比正雪《ゆいしょうせつ》の乱《らん》

1612	17	天領《てんりょう》におけるキリスト教の禁止
1624	寛永1	林羅山《はやしらざん》、徳川三代将軍家光《いえみつ》の侍講《じこう》となり朱子学《しゅしがく》を講じる
1655	明暦1	山崎闇斎《やまざきあんさい》、京都で講義を始める～垂加神道《すいかしんとう》を開く
1657	3	徳川光圀《みつくに》、『大日本史《だいにほんし》』編纂《へんさん》開始 ↓142ページ
1662	寛文2	儒者《じゅしゃ》・伊藤仁斎《いとうじんさい》、京都堀川《ほりかわ》に古義堂《こぎどう》を開く
1672	12	河村瑞賢《かわむらずいけん》、東廻り航路に続いて西廻り航路を開く
1673	延宝1	初代市川団十郎《いちかわだんじゅうろう》、江戸で歌舞伎（荒事《あらごと》）を演ずる
1674		関孝和《せきたかかず》『発微算法《はつびさんぽう》』を著し、筆算《ひっさん》による代数《だいすう》の計算法を提示

1620	ピルグリム・ファーザーズ（イギリス清教徒の一団）、アメリカ大陸に上陸
1642	イギリスで清教徒革命

時代：江戸／江戸

政治・経済・社会

西暦	年号	事項
1687	貞享4	五代将軍綱吉《つなよし》、「生類憐《しょうるいあわれ》みの令」を出す
1688	元禄1	大坂堂島《どうじま》に米穀取引所《べいこくとりひきじょ》ができる
1696	9	勘定奉行《かんじょうぶぎょう》・荻原重秀《おぎわらしげひで》、金銀貨改鋳《かいちゅう》
1702	15	赤穂浪士《あこうろうし》が吉良邸《きらてい》討ち入り →144ページ
1705	宝永2	大坂の豪商《ごうしょう》、五代目淀屋辰五郎《よどやたつごろう》、追放・闕所《けっしょ》(江戸でも多くの豪商が追放)
1709	6	綱吉《つなよし》歿
		六代将軍家宣《いえのぶ》、新井白石《あらいはくせき》を登用《とうよう》 →148ページ
		「生類憐《しょうるいあわれ》みの令《れい》」廃止
1710	7	新井白石の進言により閑院宮家《かんいんのみやけ》創設 →148ページ
1711	正徳1	新井白石、朝鮮使節の待遇を簡素化
1714	4	金銀貨改鋳《かいちゅう》(慶長《けいちょう》金銀の品質に戻す)

文化・文芸

西暦	年号	事項
1678	延宝6	初代坂田藤十郎《さかたとうじゅうろう》、大坂で歌舞伎(和事《わごと》)を演ずる
1682	天和2	井原西鶴《いはらさいかく》『好色一代男《こうしょくいちだいおとこ》』
1687	貞享4	浅見絅斎《あさみけいさい》、尊皇思想《そんのうしそう》の書『靖献遺言《せいけんいげん》』刊行
1688	元禄1	井原西鶴『日本永代蔵《にっぽんえいたいぐら》』
1702	15	松尾芭蕉《まつおばしょう》『奥の細道《おくのほそみち》』刊行(芭蕉は1694年没)
1703	16	近松門左衛門《ちかまつもんざえもん》『曾根崎心中《そねざきしんじゅう》』初演
1709	宝永6	新井白石《あらいはくせき》、密入国イタリア人宣教師シドッチを尋問《じんもん》(このときの対話をもとに白石は『西洋紀聞《せいようきぶん》』を著す) →150ページ

世界

西暦	事項
1687	ニュートンが万有引力《ばんゆういんりょく》の法則を発見

西暦	和暦	事項
		絵島《えじま》事件（大奥の女中・絵島と役者生島新五郎《いくしましんごろう》が密会したとして、風紀引締のため共に流《る》罪《ざい》）→152ページ
1716	享保1	吉宗《よしむね》、八代将軍に就任　新井白石を罷免《ひめん》し、享保《きょうほう》の改革《かいかく》を開始 →152ページ
1719	4	相対済令《あいたいすましれい》 →152ページ
1721	6	目安箱《めやすばこ》を設ける
1727	12	大坂堂島《どうじま》に米相場会所《こめそうばかいしょ》設立
1732	17	享保《きょうほう》の大飢饉《だいききん》
1758	宝暦8	宝暦《ほうれき》事件（天皇親政《しんせい》を示唆《しさ》した竹内式部《たけうちしきぶ》が捕えられる）
1767	明和4	明和《めいわ》事件（尊皇攘夷《そんのうじょうい》を唱えた山縣大弐《やまがただいに》が死刑、竹内式部は八丈島《はちじょうじま》に流罪《るざい》）
1772	安永1	上杉鷹山《うえすぎようざん》の米沢藩政《よねざわはんせい》改革が始まる
		田沼意次《たぬまおきつぐ》が老中《ろうじゅう》となる（田沼時代）→154ページ
		この頃からおよそ15年にわたって天変地異《てんぺんちい》が続く →154ページ

西暦	和暦	事項
1729	享保14	石田梅岩《いしだばいがん》、京都で心学《しんがく》の講義をはじめる
1748	寛延1	赤穂義士《あこうぎし》討ち入りを題材にした竹田出雲《たけだいずも》作『仮名手本《かなでほん》忠臣蔵《ちゅうしんぐら》』初演
1755	宝暦5	安藤昌益《あんどうしょうえき》『自然真営道《じねんしんえいどう》』
1759	9	山縣大弐《やまがただいに》『柳子新論《りゅうししんろん》』
1760	10	賀茂真淵《かものまぶち》『万葉考《まんようこう》』
1765	明和2	柄井川柳《からいせんりゅう》『誹風柳多留《はいふうやなぎだる》』（川柳句集）第一編刊行
1770頃		狂歌《きょうか》の太田蜀山人《おおたしょくさんじん》（南畝《なんぽ》）が評判となる
1774	安永3	杉田玄白《すぎたげんぱく》・前野良沢《まえのりょうたく》が西洋医学の翻訳書《ほんやくしょ》『解体新書《かいたいしんしょ》』刊行
1776	5	上田秋声《うえだあきなり》『雨月物語《うげつものがたり》』（怪異短編集）

西暦	事項
1775	アメリカ独立戦争（～1783）

時代	江戸
	江戸

政治・経済・社会

西暦	年号	
1778	安永7	ロシア船が蝦夷地《えぞち》に来航、松前藩《まつまえ》に通商を求める(翌年、拒否)
1782	天明2	天明《てんめい》の大飢饉《だいききん》
		意次、印旛沼《いんばぬま》・手賀沼《てがぬま》の干拓《かんたく》に着手
1784	4	意次、蝦夷地開拓のための調査を命じる →154ページ
1786	6	最上徳内《もがみとくない》らが千島《ちしま》を探検、ウルップ島に至る
		田沼意次失脚
1787	7	松平定信《まつだいらさだのぶ》、筆頭老中《ひっとうろうじゅう》となり寛政《かんせい》の改革《かいかく》が始まる →156ページ
1789	寛政1	棄捐令《きえんれい》(旗本《はたもと》・御家人《ごけにん》の負債《ふさい》を免除《めんじょ》)
1790	2	火付盗賊改方《ひつけとうぞくあらためかた》長官・長谷川平蔵《はせがわへいぞう》の提案により人足寄場《にんそくよせば》を江戸石川島《いしかわじま》に設立 →157ページ

文化・文芸

西暦	年号	
1779	安永8	塙保己一《はなわほきいち》『群書類従《ぐんしょるいじゅう》』(国文学・国史叢書《そうしょ》)編纂《へんさん》開始(1793～1819年刊行)
1785	天明5	林子平《はやししへい》『三国通覧図説《さんごくつうらんずせつ》』でロシアの脅威と蝦夷地《えぞち》開拓の必要性を説く
1789	寛政1	恋川春町《こいかわはるまち》『鸚鵡返文武二道《おうむがえしぶんぶのふたみち》』で寛政の改革を風刺、幕府召喚に応じず自害(?)
1790	2	寛政異学《かんせいいがく》の禁《きん》(朱子学《しゅしがく》以外の学問を禁止)
		本居宣長《もとおりのりなが》『古事記伝《こじきでん》』(全44巻)刊行開始
1791	3	山東京伝《さんとうきょうでん》の洒落本《しゃれぼん》が幕府に摘発《てきはつ》され、京伝は手鎖《てぐさり》、版元《はんもと》の蔦屋重三郎《つたやじゅうざぶろう》は身代《しんだい》半減

世界

西暦	
1789	フランス革命起こる

1792 4 ロシア使節ラクスマン、根室《ねむろ》に来航し通商を要求

1798 10 幕臣《ばくしん》・近藤重蔵《こんどうじゅうぞう》、択捉島《エトロフとう》に「大日本恵土呂府《エトロフ》」の標柱《ひょうちゅう》を建てる

1800 12 伊能忠敬《いのうただたか》、蝦夷地《えぞち》の測量《そくりょう》に向かう

1804 文化1 ロシア使節レザノフ、長崎に来航し貿易を要求

1808 5 間宮林蔵《まみやりんぞう》ら樺太《からふと》探検、間宮海峡《まみやかいきょう》を発見

フェートン号事件（イギリス軍艦が長崎港に侵入）

1821 文政4 伊能忠敬『大日本沿海輿地全図《だいにほんえんかいよちぜんず》』完成（忠敬は1818年歿）

1825 8 異国船打払令《いこくせんうちはらいれい》

1792 4 幕府、前年に刊行された林子平《はやししへい》『海国兵談《かいこくへいだん》』を絶版《ぜっぱん》とし、子平は蟄居《ちっきょ》 ↓162ジペー

1794 6 喜多川歌麿《きたがわうたまろ》、美人画『高名美人六家撰《こうめいびじんろっかせん》』

無名の絵師《えし》・東洲斎写楽《とうしゅうさいしゃらく》が蔦屋《つたや》から作品発表、一年足らずで姿を消す

1797 9 与謝蕪村《よさぶそん》『新花摘《しんはなつみ》』（俳文集《はいぶんしゅう》）

1798 10 本居宣長《もとおりのりなが》『古事記伝《こじきでん》』完成

1802 享和2 志筑忠雄《しづきただお》『暦象新書《れきしょうしんしょ》』（天文学入門書）完成

十返舎一九《じっぺんしゃいっく》『東海道中膝栗毛《とうかいどうちゅうひざくりげ》』初編刊

1807 文化4 滝沢《たきざわ》（曲亭《きょくてい》）馬琴《ばきん》『椿説弓張月《ちんせつゆみはりづき》』（挿絵《さしえ》・葛飾北斎《かつしかほくさい》）刊行開始

1810 7 水戸家『大日本史《だいにほんし》』二十六巻を朝廷に献《けん》じる ↓142ジペー

1804 ナポレオン皇帝即位

1812 ナポレオン、ロシア遠征に失敗

時代	江戸
	江戸

政治・経済・社会

西暦	年号	政治・経済・社会
1828	文政11	シーボルト事件（シーボルトに日本地図を贈った天文方《てんもんがた》・高《たか》橋景保《はしかげやす》ら投獄《とうごく》、シーボルトは翌年国外追放）
1833	天保4	天保《てんぽう》の大飢饉《だいききん》～百姓一揆《ひゃくしょういっき》と打ちこわしが多発
1834	5	水野忠邦《みずのただくに》、老中《ろうじゅう》となる
1836	7	徳川斉昭《とくがわなりあき》、水戸に砲台《ほうだい》を築く
1837	8	大塩平八郎《おおしおへいはちろう》の乱《らん》（元与力《よりき》・大塩平八郎が窮民《きゅうみん》を救うため武装蜂起《ぶそうほうき》）
1839	10	蛮社《ばんしゃ》の獄《ごく》（蘭学《らんがく》の弾圧《だんあつ》。渡辺崋山《わたなべかざん》・高野長英《たかのちょうえい》らが捕えられて処罰《しょばつ》）
1841	12	水野忠邦、天保《てんぽう》の改革《かいかく》を開始 ↓160ページ
1851	嘉永4	漁師《りょうし》・中浜万次郎《なかはままんじろう》（ジョン万次郎）アメリカより帰国
1853	6	ペリー浦賀《うらが》に来航 ↓162ページ ロシア使節プチャーチン、長崎に来航

文化・文芸

西暦	年号	文化・文芸
1814	文化11	滝沢（曲亭）馬琴『南総里見《なんそうさとみ》八犬伝《はっけんでん》』刊行開始
1827	文政10	頼山陽《らいさんよう》『日本外史《にほんがいし》』 ↓158ページ
1828	11	頼山陽『日本楽府《にほんがふ》』 ↓110ページ
1829	12	柳亭種彦《りゅうていたねひこ》『修紫田舎源氏《にせむらさきいなかげんじ》』（挿絵・歌川国貞《うたがわくにさだ》）刊行開始
1830頃		葛飾北斎《かつしかほくさい》『富嶽三十六景《ふがくさんじゅうろっけい》』
1832	天保3	頼山陽『日本政記《にほんせいき》』
1833	4	安藤広重《あんどうひろしげ》『東海道五十三次《とうかいどうごじゅうさんつぎ》』
1852	嘉永5	水戸家『大日本史　紀伝《きでん》』を朝廷と幕府に献じる

世界

西暦	世界
1840	英国と清《しん》のアヘン戦争
1848	マルクス『共産党宣言《きょうさんとうせんげん》』
1853	クリミア戦争（オスマン帝国とロシアが開戦。イギリスなどの参戦によりロシア敗北）

1854	安政1	ペリー、再び来航、日米和親条約調印《にちべいわしんじょうやくちょういん》
1856	3	ハリス、米駐日総領事《べいちゅうにちそうりょうじ》として来日
1858	5	日米修好通商条約調印《にちべいしゅうこうつうしょうじょうやく》 →162ページ
1859	6	安政《あんせい》の大獄《たいごく》始まる（橋本左内《はしもとさない》、梅田雲浜《うめだうんぴん》、頼三樹三郎《らいみきさぶろう》、吉田松陰《よしだしょういん》ら死罪・獄死） →166ページ
1860	万延1	勝海舟《かついしゅう》ら咸臨丸《かんりんまる》で渡米
		桜田門外《さくらだもんがい》の変《へん》 →166ページ
1861	文久1	遣欧使節《けんおうしせつ》出発（福沢諭吉《ふくざわゆきち》、福地源一郎《ふくちげんいちろう》ら随行《ずいこう》）
1862	2	生麦事件《なまむぎじけん》（薩摩藩士《さつまはんし》がイギリス商人を斬殺《ざんさつ》）
1863	3	長州藩《ちょうしゅうはん》が米仏船を砲撃《ほうげき》、米仏軍艦が報復《ほうふく》攻撃。下関戦争《しものせきせんそう》（馬関《ばかん》戦争）起こる
		薩英戦争《さつえいせんそう》（薩摩藩《さつまはん》と英国が交戦）
1864	元治1	池田屋《いけだや》事件（新選組《しんせんぐみ》が尊皇攘夷派《そんのうじょういは》の志士《しし》を襲撃《しゅうげき》）
		第二次下関戦争《しものせきせんそう》（長州と英米仏蘭連合軍の戦い）
1866	慶応2	薩長同盟《さっちょうどうめい》成立

1856	安政3	吉田松陰《よしだしょういん》、松下村塾《しょうかそんじゅく》を開く

1857	セポイの反乱（英国に対するインド民衆の反乱）
1861	アメリカ南北戦争《なんぼくせんそう》

時代	西暦	年号	政治・経済・社会
江戸	1867	慶応3	大政奉還《たいせいほうかん》 ↓170ページ 坂本龍馬《さかもとりょうま》・中岡慎太郎《なかおかしんたろう》暗殺される 王政復古《おうせいふっこ》の大号令《だいごうれい》、小御所会議《こごしょかいぎ》が開かれる ↓170ページ
明治	1868	明治1	鳥羽伏見《とばふしみ》の戦い(戊辰戦争《ぼしんせんそう》始まる) ↓174ページ 五箇条《ごかじょう》の御誓文《ごせいもん》 江戸開城《かいじょう》
	1869	2	版籍奉還《はんせきほうかん》 五稜郭《ごりょうかく》の戦い(箱館戦争《はこだてせんそう》)で榎本武揚《えのもとたけあき》ら降伏《こうふく》(戊辰戦争終わる)
	1871	4	廃藩置県《はいはんちけん》 岩倉米欧使節団《いわくらべいおうしせつだん》(岩倉具視《いわくらともみ》ら)欧米視察に出発 ↓178ページ
	1872	5	陸《りく》・海軍省《かいぐんしょう》を設置(富国強兵《ふこくきょうへい》) 官営富岡製糸場《とみおかせいしじょう》開業(殖産興業《しょくさんこうぎょう》)
	1873	6	徴兵令《ちょうへいれい》布告

時代	西暦	年号	文化・文芸
江戸	1867	慶応3	日本、パリ万国博覧会《ばんこくはくらんかい》に参加
明治	1868	明治1	神仏分離令《しんぶつぶんりれい》〜廃仏毀釈《はいぶつきしゃく》運動
	1872	5	福沢諭吉《ふくざわゆきち》『学問のすすめ』 新橋—横浜間、鉄道開通

西暦	世界
1869	スエズ運河《うんが》開通
1871	ドイツ帝国成立

西暦	年	出来事
		地租改正条例《ちそかいせいじょうれい》公布
1874	7	征韓論《せいかんろん》敗れ、西郷隆盛《さいごうたかもり》・板垣退助《いたがきたいすけ》・江藤新平《えとうしんぺい》ら下野《げや》 ➡180ページ
		板垣退助・後藤象二郎《ごとうしょうじろう》ら民撰議院設立建白書《みんせんぎいんせつりつけんぱくしょ》を提出（自由民権運動《じゆうみんけんうんどう》）
		江藤新平らによる「佐賀《さが》の乱《らん》」
		琉球島民《りゅうきゅうとうみん》を殺害した台湾に対して出兵《しゅっぺい》（台湾出兵）
1875	8	ロシアと千島《ちしま》・樺太交換条約締結《からふとこうかんじょうやくていけつ》
		江華島事件《こうかとうじけん》（朝鮮開国を要求する日本と朝鮮の武力衝突《ぶりょくしょうとつ》）
1876	9	日朝修好条規《にっちょうしゅうこうじょうき》（江華条約《こうかじょうやく》）締結
1877	10	西南戦争《せいなんせんそう》（西郷隆盛《さいごうたかもり》自害） ➡182ページ
1881	14	国会開設の勅諭《ちょくゆ》、自由党《じゆうとう》結成（総裁《そうさい》・板垣退助《いたがきたいすけ》）
1882	15	伊藤博文《いとうひろぶみ》、憲法調査のため渡欧
1883	16	鹿鳴館《ろくめいかん》（官立の欧風社交場《しゃこうじょう》）開館（舞踏会《ぶとうかい》開催などによる鹿鳴館外交）
1885	18	坪内逍遥《つぼうちしょうよう》『小説神髄《しょうせつしんずい》』
1887	20	徳富蘇峰《とくとみそほう》が民友社《みんゆうしゃ》結成、『國民之友《こくみんのとも》』創刊

時代：明治

政治・経済・社会

西暦	年号	できごと
1884	明治17	甲申政変《こうしんせいへん》(朝鮮開国派によるクーデター。清《しん》国《こく》が鎮圧《ちんあつ》) ↓193ページ
1889	22	大日本帝国憲法《だいにほんていこくけんぽう》・皇室典範《こうしつてんぱん》発布 ↓186ページ
1890	23	教育勅語《きょういくちょくご》発布 ↓190ページ 第1回帝国議会《ていこくぎかい》開く
1894	27	朝鮮東学党《とうがくとう》の乱《らん》に清国介入《かいにゅう》。 日本と清国、宣戦布告(日清戦争《にっしんせんそう》) ↓192ページ
1895	28	清と下関条約《しものせきじょうやく》調印、韓国独立・台湾割譲《かつじょう》 露・独・仏が三国干渉《さんごくかんしょう》 ↓196／198ページ 台湾島民の反乱を平定 台湾総督府《そうとくふ》設置
1900	33	義和団事件《ぎわだんじけん》(北清事変《ほくしんじへん》)、日本軍の柴五郎《しばごろう》中佐活躍 ↓202ページ
1901	34	八幡製鉄所《やはたせいてつじょ》創業(重工業の発展)
1902	35	日英同盟《にちえいどうめい》成立 ↓204ページ
1904	37	日露《にちろ》開戦(日露戦争) ↓206ページ

文化・文芸

西暦	年号	できごと
1887	明治20	二葉亭四迷《ふたばていしめい》『浮雲《うきぐも》』(言文一致《げんぶんいっち》体《たい》の小説)
1888	21	三宅雪嶺《みやけせつれい》『日本人』創刊
1890	23	徳富蘇峰『國民新聞《こくみんしんぶん》』創刊 北里柴三郎《きたざとしばさぶろう》、破傷風《はしょうふう》の血清《けっせい》療法《りょうほう》発見 ↓200ページ
1897	30	志賀潔《しがきよし》、赤痢菌《せきりきん》発見 ↓200ページ
1899	32	国産初の活動写真《かつどうしゃしん》公開
1900	33	川上音二郎《かわかみおとじろう》・貞奴《さだやっこ》一座、前年のアメリカ興行に続き、パリ万博《ばんぱく》で公演

世界

西暦	できごと

1905（38）
- 奉天会戦《ほうてんかいせん》 ↓208ページ
- 日本海海戦《にほんかいかいせん》 ↓212ページ
- 日露講和、ポーツマス条約調印
- 日比谷《ひびや》焼き打ち事件（日露講和に反対する民衆の暴動。講和賛成の『國民新聞《こくみんしんぶん》』も襲撃される）

1906（39）
- 韓国統監府《とうかんふ》を設置
- 南満洲鉄道会社《みなみまんしゅうてつどうがいしゃ》（満鉄《まんてつ》）設立

1909（42）
- 伊藤博文、ハルビン駅で韓国人安重根《あんじゅうこん》に暗殺される ↓216ページ

1910（43）
- 明治天皇暗殺を企《くわだ》てたとされる大逆事件《たいぎゃくじけん》（幸徳秋水《こうとくしゅうすい》ら多くの社会主義者・無政府《むせい ふ》主義者が逮捕《たいほ》・処刑《しょけい》）
- 日韓併合《にっかんへいごう》、朝鮮総督府《ちょうせんそうとくふ》設置 ↓216ページ

1911（44）
- 関税自主権《かんぜいじしゅけん》を回復

1905（38）
- 夏目漱石《なつめそうせき》『吾輩《わがはい》は猫《ねこ》である』

1906（39）
- 『大日本史《だいにほんし》』、編纂《へんさん》開始から250年を経《へ》て完成 ↓142ページ

1910（43）
- 鈴木梅太郎《すずきうめたろう》、オリザニンを創製《そうせい》（世界で初めてビタミンを発見） ↓201ページ

1911（44）
- 野口英世《のぐちひでよ》、スピロヘータの純粋培養《じゅんすいばいよう》に成功 ↓201ページ
- 少年向け講談本『立川文庫《たつかわぶんこ》』、立川文明堂《たつかわぶんめいどう》より創刊。『猿飛佐助《さるとびさすけ》』『水戸黄門《みとこうもん》』などが大人気

1911
- 辛亥《しんがい》革命起こる

時代	
明治	大正・昭和
明治	大正

政治・経済・社会

西暦	年号	事項
1912	明治45 大正1	明治天皇崩御《ほうぎょ》　乃木希典《のぎまれすけ》大将夫妻殉死《じゅんし》
		第一次護憲運動《ごけんうんどう》(軍部大臣現役武官制《げんえきぶかんせい》に議会の護憲派が抗議)、桂太郎《かつらたろう》内閣総辞職(大正政変《たいしょうせいへん》)
1914	3	第一次世界大戦に参戦
1915	4	対華《たいか》二十一カ条要求
1918	7	米価《べいか》が暴騰《ぼうとう》、米騒動《こめそうどう》起こる
		連合国の一員として日本軍シベリア出兵《しゅっぺい》(～1922)
		原敬《はらたかし》の政党内閣(政友会《せいゆうかい》)成立
1919	8	朝鮮各地で三《さん》・一独立運動《いちどくりつうんどう》
		中華民国《ちゅうかみんこく》で五四運動《ごしうんどう》(反日《はんにち》・反帝国主義《はんていこくしゅぎ》運動)
1920	9	日本、国際連盟《こくさいれんめい》に正式加入
		ニコライエフスク(尼港《にこう》)でソビエトの共産パルチザンによる日本人居留民《きょりゅうみん》虐殺事件(尼港事件)
		原敬首相、東京駅で中岡艮一《なかおかこんいち》に暗殺される

文化・文芸

西暦	年号	事項
1912	明治45	白瀬矗《しらせのぶ》中尉の南極《なんきょく》探検隊、南極大陸上陸
1913	大正2	斉藤茂吉《さいとうもきち》『赤光《しゃっこう》』(歌集)
1914	3	芸術座《げいじゅつざ》公演『復活《ふっかつ》』劇中歌《げきちゅうか》「カチューシャの唄」(島村抱月《しまむらほうげつ》作、相馬御風《そうまぎょふう》作詞・中山晋平《なかやましんぺい》作曲・松井須磨子《まついすまこ》歌)が大ヒット
1918	7	鈴木三重吉《すずきみえきち》、童謡・童話の児童雑誌『赤《あか》い鳥《とり》』創刊
		徳富蘇峰《とくとみそほう》『近世日本国民史《きんせいにほんこくみんし》』第1巻刊行(1952＝昭和27年完成)

世界

西暦	事項
1912	中華民国《ちゅうかみんこく》成立、宣統帝《せんとうてい》(溥儀《ふぎ》)は退位して清《しん》滅亡
1914	第一次世界大戦勃発
1917	ロシア革命
1919	共産主義の国際組織、第三インターナショナル(コミンテルン)がモスクワで結成
	パリ講和会議、ヴェルサイユ条約調印

昭和

1921（10）
- ワシントン会議で日英米仏四カ国条約調印、日英同盟《にちえいどうめい》廃棄《はいき》 →205ページ

1922（11）
- ワシントン海軍軍縮条約《かいぐんぐんしゅくじょうやく》調印
- 全国水平社《ぜんこくすいへいしゃ》（部落解放運動《ぶらくかいほううんどう》団体）結成
- 日本共産党（第一次）、非合法《ひごうほう》に結成

1923（12）
- 関東大震災《かんとうだいしんさい》

1924（13）
- 多数派政党に基盤《きばん》を置かない（超然内閣《ちょうぜんないかく》）清浦奎吾《きようらけいご》内閣に対し護憲運動《ごけんうんどう》が起こる。清浦内閣は総辞職、護憲三派（政友会・憲政《けんせい》会《かい》・革新倶楽部《かくしんくらぶ》）による加藤高明《かとうたかあき》連立内閣《れんりつないかく》誕生（大正《たいしょう》デモクラシーの高揚《こうよう》）
- 国民的娯楽雑誌『キング』（大日本雄辯會講談社《だいにほんゆうべんかいこうだんしゃ》）創刊
- アメリカで「絶対的排日移《ぜったいてきはいにちい》民法《みんほう》」（連邦法《れんぽうほう》）成立 →220ページ

1925（14）
- 治安維持法《ちあんいじほう》公布 →222ページ
- 普通選挙法《ふつうせんきょほう》公布
- 東京放送局が日本初のラジオ放送開始

1926（15）
- 大正天皇崩御《ほうぎょ》
- 高柳健次郎《たかやなぎけんじろう》、世界初のテレビ実験に成功

1927（昭和2）
- 昭和金融恐慌《きんゆうきょうこう》起こる

1928（3）
- 蔣介石《しょうかいせき》の国民党軍《こくみんとうぐん》北伐《ほくばつ》に対して、第一次山東出兵《さんとうしゅっぺい》

時代	大正・昭和 / 昭和

政治・経済・社会

1928（昭和3）
第二次山東出兵、国民党軍と武力衝突（済《さい》南《なん》事件《じけん》） 第三次山東出兵
張作霖《ちょうさくりん》爆死事件

1930（5）
金輸出解禁《きんゆしゅつかいきん》実施
ロンドン海軍軍縮会議《かいぐんぐんしゅくかいぎ》。日本、条約に調印 ～統帥権干犯問題《とうすいけんかんぱんもんだい》起こる →226ページ
農業恐慌《のうぎょうきょうこう》（農村の疲弊《ひへい》）

1931（6）
柳条湖事件《りゅうじょうこじけん》（満鉄《まんてつ》爆破）～満洲事変《まんしゅうじへん》

1932（7）
シナ十九路軍《じゅうくろぐん》が上海《シャンハイ》租界《そかい》を攻撃、日本海軍陸戦隊《りくせんたい》と交戦（第一次上海《シャンハイ》事変《じへん》）
満洲《まんしゅう》国《こく》建国宣言 →228ページ
五・一五《ごいちご》事件（海軍将校らが犬養毅《いぬかいつよし》首相を暗殺） →232ページ

1933（8）
国際連盟《こくさいれんめい》が派遣したリットン調査団《ちょうさだん》、満州国を調査して報告書を提出 →228ページ
国際連盟脱退

文化・文芸

1929（昭和4）
映画『東京行進曲《とうきょうこうしんきょく》』（菊池寛《きくちかん》原作・溝口健二《みぞぐちけんじ》監督）公開。同名の日本初の映画主題歌（西條八十《さいじょうやそ》作詞・中山晋平《なかやましんぺい》作曲・佐藤千夜子《さとうちやこ》歌）が大ヒット

1931（6）
初の本格的国産トーキー映画『マダムと女房』（五所平之助《ごしょへいのすけ》監督）公開

1933（8）
「東京音頭《とうきょうおんど》」（西條八十《さいじょうやそ》作詞・中

世界

1929
ホーリー・スムート法提出、ニューヨーク株式が大暴落し、世界大恐慌《だいきょうこう》起こる →224ページ

1932
オタワ会議（大英帝国、ブロック経済化） →225ページ

1934 9 シナ国民政府軍《こくみんせいふぐん》と塘沽《タンクー》停戦協定成立

満洲国帝政実施（溥儀《ふぎ》、皇帝となる）↓228ページ

1935 10 美濃部達吉《みのべたつきち》「天皇機関説《てんのうきかんせつ》」問題化

1936 11 二《に》・二《に》六《ろく》事件《じけん》（斎藤《さいとう》実《まこと》内大臣・高橋是清《たかはしこれきよ》蔵相、暗殺される）↓232ページ

1937 12 盧溝橋事件《ろこうきょうじけん》起こる～シナ事変に発展↓234ページ

通州事件《つうしゅうじけん》（シナ冀東《きとう》政府による日本人大虐殺事件）↓236ページ

第二次上海事変↓238ページ

統制経済《とうせいけいざい》推進のため企画院《きかくいん》設立↓240ページ

日独伊防共 協定《ぼうきょうきょうてい》調印

日本軍、南京《ナンキン》攻略↓242ページ

1938 13 国家総動員法《こっかそうどういんほう》発令

1939 14 ノモンハン事件起こる（満洲国とモンゴルの国境線をめぐる日ソ両軍の戦い）↓126ページ

1940 15 日独伊三国同盟《さんごくどうめい》

大政翼賛会《たいせいよくさんかい》創立

山晋平作曲）、盆踊りの曲として全国的に爆発的大流行

1940 15 皇紀《こうき》二千六百年記念式典。国民の祝賀ムード最高潮に

1939 イギリス・フランスが対独宣戦、第二次世界大戦がはじまる

時代	大正・昭和
	昭和

政治・経済・社会

1941（昭和16）

日ソ中立条約《ちゅうりつじょうやく》調印

対日ABCD（アメリカ・イギリス・シナ・オランダ）包囲陣 ↓246ページ

米、日本に対してハル・ノート提示 ↓246ページ

日本軍、ハワイ真珠湾《しんじゅわん》を攻撃（日米開戦） ↓248ページ

マレー沖海戦でイギリス艦隊撃破《かんたいげきは》

1942（17）

マニラ占領《せんりょう》、シンガポール攻略

珊瑚海海戦《さんごかいかいせん》

ミッドウェー海戦 ↓250ページ

米軍ガダルカナル上陸、ソロモン海戦

1943（18）

東京で大東亜会議《だいとうあかいぎ》開催（南京《ナンキン》政府、満洲国《まんしゅうこく》、フィリピン、ビルマなどが参加して大東亜共《きょう》同宣言《どうせんげん》）

1944（19）

米軍サイパン上陸、マリアナ沖海戦

1945（20）

硫黄島《いおうとう》の日本軍全滅

東京大空襲《だいくうしゅう》 ↓256ページ

文化・文芸

1941（昭和16）

満映《まんえい》（満洲《まんしゅう》映画協会）の歌姫李香蘭《りこうらん》（山口淑子《やまぐちよしこ》）、東京日劇《にちげき》でワンマンショー。観客が入りきれず警官隊が出動する騒動に

1943（18）

黒澤明《くろさわあきら》監督デビュー作『姿《すがた》三四郎《さんしろう》』公開

映画『決戦の大空へ』（渡辺邦《わたなべくに》男《お》監督・原節子《はらせつこ》主演）主題歌「若鷲《わかわし》の歌《うた》（予科練《よかれん》の歌《うた》）」（西《さい》條八十《じょうやそ》作詞・古関裕而《こせきゆうじ》作曲）大ヒット

世界

1945

チャーチル（英）、ルーズベルト（米）、スターリン（ソ）、

米軍沖縄に上陸 →254ページ

広島に原子《げんし》爆弾《ばくだん》投下 →256ページ

ソ連、対日宣戦布告《たいにちせんせんふこく》

長崎に原爆《げんばく》投下 →256ページ

ポツダム宣言受諾《せんげんじゅだく》 →262ページ

最後の御前会議《ごぜんかいぎ》～「終戦《しゅうせん》の詔《みことのり》」玉音放送《ぎょくおんほうそう》 →262ページ

東京湾上の戦艦「ミズーリ」で降伏文書《こうふくぶんしょ》調印

GHQ（連合国総司令部《れんごうこくそうしれいぶ》）による占領《せんりょう》開始 →264ページ

1946 21 天皇、人間宣言《にんげんせんげん》

極東国際軍事裁判《きょくとうこくさいぐんじさいばん》開廷（東京裁判《とうきょうさいばん》） →266ページ

日本国憲法《にほんこくけんぽう》公布 →268ページ

1948 23 東京裁判最終判決（東条英機《とうじょうひでき》ら七名に絞首刑執行）

1947 22 戦災孤児《せんさいこじ》を題材にしたNHKラジオドラマ『鐘《かね》の鳴《な》る丘《おか》』（菊田一夫《きくたかずお》作）大ヒット

学制改革《がくせいかいかく》による学校教育《がっこうきょういく》法《ほう》（六・三・三・四制）施行

大戦後の処理について会談（ヤルタ会談）

ドイツ無条件降伏《むじょうけんこうふく》

国際連合《こくさいれんごう》発足

1947 インド独立

GATT《ガット》（関税・貿易に関する一般協定）設立～ブロック経済の終焉《しゅうえん》

1948 イスラエル建国宣言《けんこくせんげん》、第一次中東戦争《ちゅうとうせんそう》（パレスチナ戦争）勃発

時代	戦後 昭和

政治・経済・社会

西暦	年号	政治・経済・社会
1949	昭和24	GHQ経済顧問《けいざいこもん》J・ドッジがドッジ・ライン(デフレ政策)を立案
1950	25	警察予備隊《けいさつよびたい》(陸上自衛隊《りくじょうじえいたい》の前身)設置
1951	26	サンフランシスコ講和条約《こうわじょうやく》 ↓270ジペー
		日米安全保障条約《にちべいあんぜんほしょうじょうやく》(安保《あんぽ》条約)調印 ↓272ジペー
1954	29	ビキニ環礁《かんしょう》におけるアメリカの水爆《すいばく》実験で第五福竜丸《だいごふくりゅうまる》が被爆《ひばく》
1955	30	防衛庁《ぼうえいちょう》・自衛隊《じえいたい》発足
		日本民主党《にほんみんしゅとう》・自由党《じゆうとう》合同して自由民主党《じゆうみんしゅとう》結成。野党《やとう》・社会党《しゃかいとう》との「五五年体制《ごじゅうごねんたいせい》」始まる ↓278ジペー

文化・文芸

西暦	年号	文化・文芸
1949	昭和24	湯川秀樹《ゆかわひでき》、日本人初のノーベル賞受賞(物理学賞)
1950	25	ソニー、日本で初めてテープレコーダーを製作・販売
1951	26	黒澤明《くろさわあきら》監督『羅生門《らしょうもん》』、ヴェネツィア国際映画祭グランプリ獲得
1952	27	徳富蘇峰《とくとみそほう》『近世日本国民史《きんせいにほんこくみんし》』完成
		ジャズ・ブーム
1953	28	NHKテレビ本放送開始
1954	29	黒澤明『七人の侍《しちにんのさむらい》』公開
		第五福竜丸事件をもとに水爆大怪獣《だいかいじゅう》映画『ゴジラ』(監督・本多猪四郎《ほんだいしろう》、特撮《とくさつ》監督・円谷英二《つぶらやえいじ》)製作・公開

世界

西暦	世界
1948	イスラエル建国宣言《けんこくせんげん》、第一次中東戦争《ちゅうとうせんそう》(パレスチナ戦争)勃発
1949	北大西洋条約機構《きたたいせいようじょうやくきこう》(NATO《ナトー》)成立
	中華人民共和国《ちゅうかじんみんきょうわこく》成立
1950	米ソ対立を背景に朝鮮戦争《ちょうせんせんそう》勃発

1956　31
日ソ国交回復
国際連合《こくさいれんごう》加盟

1960　35
日米新安全保障条約《しんあんぜんほしょうじょうやく》調印・発効
272ページ
池田勇人《いけだはやと》首相が所得倍増《しょとくばいぞう》計画・高度経済《こうどけいざい》成長《せいちょう》政策発表

1965　40
日韓基本条約《にっかんきほんじょうやく》調印。日本と韓国、国交正常化

1968　43
小笠原諸島《おがさわらしょとう》が米占領下から日本に復帰

1956　31
原子力委員会発足。翌年、茨城県東海村《とうかいむら》に原子力研究《げんしりょくけんきゅう》所《じょ》設立

1958　33
ホンダ、小型オートバイ「スーパーカブ」発売、世界でベストセラーとなる
若者の間でロカビリー・ブーム

1960　35
ソニー、世界初のトランジスタテレビ発売

1963　38
日本初の本格的な連続TVアニメ『鉄腕《てつわん》アトム』(手塚治《てづかおさ》虫《む》)放送開始

1964　39
坂本九《さかもときゅう》「上を向いて歩こう」が「スキヤキ」のタイトルで世界的大ヒット
東海道新幹線《とうかいどうしんかんせん》開通
東京オリンピック開催

1965
米空軍、北ベトナム爆撃開始(ベトナム戦争)

1966
中国文化大革命《ちゅうごくぶんかだいかくめい》(共産党内部の権力闘争。一千万人規模の犠牲者を出す)

時代	戦後 昭和

政治・経済・社会

西暦	年号	出来事
1968	昭和43	全国に学園紛争が起こる
1969	44	東京大学安田《やすだ》講堂《こうどう》に機動隊が出動、東大紛争《とうだいふんそう》による講堂封鎖解除
1970	45	赤軍派《せきぐんは》、日航機《にっこうき》「よど号」をハイジャック、北朝鮮へ
		三島由紀夫《みしまゆきお》、自衛隊市ヶ谷駐屯地《いちがやちゅうとんち》で決起を促《うなが》した後、割腹《かっぷく》自殺
1972	47	沖縄、日本復帰
		田中角栄《たなかかくえい》首相が訪中、日中国交正常化
1973	48	円が変動相場制《へんどうそうばせい》に移行し円急騰《きゅうとう》、狂乱物価《きょうらんぶっか》・異常インフレが起こる
		産油国《さんゆこく》の原油《げんゆ》価格引き上げ、禁輸措置《きんゆそち》などによる石油危機（オイルショック）
1978	53	日中平和友好条約《にっちゅうへいわゆうこうじょうやく》調印
1979	54	日本的経営を高く評価した米社会学者ヴォーゲルの著書『ジャパン・アズ・ナンバー

文化・文芸

西暦	年号	出来事
1965	昭和40	若者の間でエレキギター・ブーム
1966	41	ビートルズ、日本武道館《にほんぶどうかん》で来日公演
1968	43	司馬遼太郎《しばりょうたろう》『坂《さか》の上《うえ》の雲《くも》』連載開始（産経新聞）
1970	45	大阪で万国博覧会《ばんこくはくらんかい》（万博《ばんぱく》）開催
1978	53	業務用コンピューターゲーム「スペースインベーダー」が大ブーム。社会現象となる
1979	54	国産初の本格的パソコン「PC-8001」（NEC）

世界

西暦	出来事
1971	ニクソン米大統領、ドル防衛策を発表（ドル・ショック。為替《かわせ》変動相場制《へんどうそうばせい》へ）
1972	ニクソン米大統領、中国を電撃訪問《でんげきほうもん》
1979	米中が国交樹立《こっこうじゅりつ》
1980	イラン・イラク戦争

平成

年	和暦	事項
		ワン』、ベストセラー
1980頃		日本の自動車・電化製品が欧米を席捲《せっけん》、貿易摩擦《ぼうえきまさつ》、ジャパン・バッシングが起こる
1982	57	中国・韓国政府が日本の歴史教科書の記述に抗議 ➡274ページ
1987	62	日米半導体協定《にちべいはんどうたいきょうてい》違反としてアメリカが日本製パソコン、カラーテレビに100％報復関《ほうふくかん》税《ぜい》をかけ、戦後初の対日経済制裁《たいにちけいざいせいさい》を実施
1989	昭和64 平成1	昭和天皇崩御《ほうぎょ》
1990	2	株価暴落《かぶかぼうらく》、バブル崩壊《ほうかい》が始まる
1991	3	日本、湾岸《わんがん》戦争多国籍軍《たこくせきぐん》に90億ドル支援
1992	4	宮沢喜一《みやざわきいち》首相訪韓《ほうかん》、〝従軍慰安婦〟問題を公式謝罪

年	和暦	事項
		発売
1983	58	任天堂「ファミリーコンピュータ（ファミコン）」発売
1984	59	宮崎駿《みやざきはやお》原作・脚本・監督による初の長編アニメ『風《かぜ》の谷《たに》のナウシカ』製作・公開
1989	平成1	手塚治虫・松下幸之助《まつしたこうのすけ》・美空《みそら》ひばりなど戦後の昭和を代表する人物の死去が相次ぐ
1990頃〜		携帯電話の普及が進む

1985	ゴルバチョフ書記長《しょきちょう》、ソ連の自由化・民主化（ペレストロイカ）と情報公開《じょうほうこうかい》（グラスノスチ）に着手
1989	天安門事件《てんあんもんじけん》（中国民主化運動を共産党政府が武力弾圧）
	東西〝ベルリンの壁《かべ》〟崩壊《ほうかい》
	ブッシュ米大統領とソ連ゴルバチョフ書記長が会談、東《とう》西冷戦《ざいれいせん》終結宣言（マルタ会談）
	ルーマニアのチャウシェスク共産党書記長夫妻が革命軍によって公開処刑
1990	イラク軍がクウェートに進攻・制圧（中東危機《ちゅうとうきき》）
	東西ドイツ統一
1991	アメリカを中心とした多国《たこく》籍軍《せきぐん》がイラクを攻撃、湾岸《わんがん》戦争《せんそう》始まる

時代	戦後　平成

政治・経済・社会

西暦	年号	出来事
1992	平成4	国連平和維持活動《こくれんへいわいじかつどう》（PKO）協力法案《きょうりょくほうあん》可決
		天皇陛下、訪中 ↓275ページ
1993	5	皇太子殿下ご成婚《せいこん》
		非自民・非共産の細川護熙《ほそかわもりひろ》（日本新党《にほんしんとう》）
		連立内閣発足。五五年体制《ごじゅうごねんたいせい》崩壊 ↓278ページ
1994	6	社会党《しゃかいとう》委員長・村山富市《むらやまとみいち》を首班《しゅはん》とする連立内閣成立、自民党《じみんとう》が政権に復帰 ↓278ページ
1995	7	阪神《はんしん》・淡路大震災《あわじだいしんさい》
		オウム真理教《しんりきょう》による地下鉄サリン事件
		村山首相、戦後50年にあたりアジア諸国に謝罪表明（村山談話）
2001	13	北朝鮮の工作船《こうさくせん》と海上保安庁《かいじょうほあんちょう》巡視船《じゅんしせん》が南シナ海で交戦、工作船は自爆・自沈
2002	14	小泉純一郎《こいずみじゅんいちろう》首相訪朝、金正日《キムジョンイル》総書記と会談
2003	15	有事関連三法成立、イラク復興支援特別措置法《ふっこうしえんとくべつそちほう》成立

文化・文芸

西暦	年号	出来事
1994	平成6	ソニー「プレイステーション」発売
1995	7	「ウィンドウズ95」発売。パソコンとインターネットが普及

世界

西暦	出来事
1991	ソ連崩壊《ほうかい》
1993	EU（欧州連合《おうしゅうれんごう》）発足
2001	アメリカで旅客機4機をハイジャックしたイスラムのテロ組織による同時多発《どうじたはつ》テロ事件（9・11）。米政府、ウサマ・ビンラディン率《ひき》いる「アルカイダ」の犯行と断定
	アフガニスタン紛争《ふんそう》

年		出来事
2004	16	二度目の日朝首脳会談（小泉首相・金総書記）、拉致被害者《らちひがいしゃ》5名帰国
2008	20	田母神俊雄《たもがみとしお》航空幕僚長、「田母神論文」が不適切として更迭《こうてつ》され、退職へ
2009	21	民主党《みんしゅとう》が政権奪取、鳩山由紀夫《はとやまゆきお》内閣発足
2010	22	鳩山内閣総辞職、菅直人《かんなおと》内閣発足
		尖閣事件《せんかくじけん》（尖閣諸島で中国漁船が海上保安庁の巡視船に体当たり）→276ページ
2011	23	ロシアのメドベージェフ大統領、北方領土《ほっぽうりょうど》（国後島《くなしりとう》）訪問、ロシア領であることを主張
		東日本大震災《ひがしにほんだいしんさい》、福島第一原発事故《ふくしまだいいちげんぱつじこ》→278ページ
2012	24	尖閣諸島の国有化
		自民党が政権奪還
		第2次安倍内閣発足
2014	26	集団的自衛権行使を容認する閣議決定
		第2次安倍改造内閣発足
2016	28	オバマ大統領が現職のアメリカ大統領として初の広島訪問

年		出来事
2012	24	山中伸弥教授がノーベル生理学・医学賞受賞
2013	25	富士山が世界遺産登録
		2020年の夏季五輪、東京開催に決定
2014	26	朝日新聞が、従軍慰安婦強制連行について掲載した「吉田証言」が虚偽であったと謝罪
		中村修二、赤崎勇、天野浩教授がノーベル物理学賞受賞

年	出来事
	（米政府、ビンラディンと「アルカイダ」が潜伏するアフガニスタンのタリバーン政府に対し、引き渡しを要求。拒否されたため攻撃開始）
2003	イラク戦争（米英などの連合軍がイラクを攻撃、バグダッド占領～フセイン政権崩壊）
2009	オバマ大統領が就任
2011	アルカイダ司令官ウサマ・ビンラディン、潜伏先のパキスタンで米軍に射殺される
2012	オバマ大統領が再選
2013	朴槿恵が第18代大韓民国大統領に就任
2015	ISの台頭。テロの時代
2016	イギリスの国民投票でEU離脱が過半数を占める

本書は、弊社より二〇一一年六月に発刊された『渡部昇一「日本の歴史」特別版 **読む年表 日本の歴史**』を改訂した新版です。

渡部昇一（わたなべ・しょういち）

上智大学名誉教授。英語学者。文明批評家。1930年、山形県鶴岡市生まれ。上智大学大学院修士課程修了後、独ミュンスター大学、英オクスフォード大学に留学。Dr. phil., Dr. phil. h.c.(英語学)。第24回エッセイストクラブ賞、第1回正論大賞受賞。著書に『英文法史』などの専門書、『文科の時代』『知的生活の方法』『知的余生の方法』『アメリカが畏怖した日本』『取り戻せ、日本を。 安倍晋三・私論』『「日本の歴史」①～⑦』などの話題作やベストセラーが多数ある。2017年4月逝去。

読《よ》む年表《ねんぴょう》 日本《にほん》の歴史《れきし》

2015年1月27日　初版発行
2018年12月19日　第12刷

著　者　渡部　昇一

発行者　鈴木　隆一

発行所　ワック株式会社
東京都千代田区五番町4-5　五番町コスモビル　〒102-0076
電話　03-5226-7622
http://web-wac.co.jp/

印刷製本　図書印刷株式会社

ISBN978-4-89831-711-2

好評既刊